注册会计师全国统一考试备考用书

2017 年注册会计师全国统一考试 四维考霸 

公司战略与风险管理

考试研究组 编

CPA

东北财经大学出版社
Dongbei University of Finance & Economics Press
大连

图书在版编目（CIP）数据

2017年注册会计师全国统一考试四维考霸之公司战略与风险管理／考试研究组编. —大连：东北财经大学出版社，2017.6
（注册会计师全国统一考试备考用书）
ISBN 978-7-5654-2756-5

Ⅰ. 2017… Ⅱ. 考… Ⅲ. ①公司-企业管理-资格参考-自学参考资料 ②公司-风险管理-资格考试-自学参考资料 Ⅳ. F276.6

中国版本图书馆CIP数据核字（2017）第094323号

东北财经大学出版社出版
(大连市黑石礁尖山街217号 邮政编码 116025)
网 址：http：//www.dufep.cn
读者信箱：dufep@dufe.edu.cn
大连图腾彩色印刷有限公司印刷 东北财经大学出版社发行

幅面尺寸：185mm×260mm 字数：433千字 印张：18.5 插页：1
2017年6月第1版 2017年6月第1次印刷

责任编辑：李 栋 曲以欢 王 玲 责任校对：何 莉
封面设计：张智波 版式设计：钟福建

定价：39.00元

教学支持 售后服务 联系电话：（0411）84710309

如有印装质量问题，请联系营销部：（0411）84710711

序 言

注册会计师行业较快发展并不断做强、做大是国家发展的需要，因为建立和完善我国的注册会计师制度，是保证资金市场正常运转、促进我国会计与国际接轨的一个重要途径。随着执业质量和社会公信力的稳步提升，作为会计信息质量的重要鉴证者、市场经济秩序的重要维护者、企业提高经营管理水平的重要参谋，注册会计师已成为维系正常经济秩序、保障各方合法经济利益的重要社会监督力量。

注册会计师的执业资格标准是注册会计师这一职业群体与社会大众的一种契约标准，注册会计师考试是体现这一契约标准的重要途径之一，也是注册会计师行业人才建设和公信力建设的重要保证和基石。1991年，我国财政部注册会计师考试委员会先后发布了《注册会计师全国第一次统一考试、考核办法》、《注册会计师考试命题原则》、《注册会计师全国第一次统考考试工作规则》，从此初步形成了包括规范考试报名条件、考试科目、考试范围、试题结构等内容的考试基本制度以及考试组织管理制度。同年12月7日至8日，我国举办了第一届注册会计师全国统一考试。自此开始，经过二十多年的发展、改革与完善，注册会计师考试已成为国内声誉最高的职业资格考试之一。

近年来，参加我国注册会计师考试的考生人数明显增多，人们对于注会考试的重视程度也越来越高，但是在不断完善考试形式、丰富考试内容、强化考试管理、提升考试质量的过程中，我国注册会计师考试的难度也逐年加大。由于注册会计师考试涵盖的知识量大、知识面广而且更新迅速，又需要合理的应试策略，因此很多人甚至在学习阶段还没结束，就放弃了参加考试的计划。

高难度的考试需要高质量的备考辅导书，高顿财经研究院的研发团队在经过实践检验的名师讲义基础上融合最新注会考试更改，并增加了考霸笔记、微课点拨和智能测评等内容，将重点放在培养读者的专业知识、基本技能和职业道德要求上，形成了四个维度的一系列备考辅助资料，可谓逻辑清晰、结构新颖、内容翔实。“是金子总会发光的”，希望本系列备考辅导书能在广大注册会计师考生群体中引起共鸣，得到认可，也希望高顿财经研究院能再接再厉，多出精品。

在我国财政部制定的《会计改革与发展“十三五”规划纲要》中，我们可以看到，不久的将来，我国注册会计师行业的业务领域将得到显著扩展，在公共部门注册会计师审计、涉税服务、管理会计咨询、法务会计服务等新型业务领域，注册会计师们将大有作为。从另一个角度讲，我国对高品质注册会计师人才的需求将会更加迫切。希望会计教育界的同仁们一起，通过扎实的研究、踏实的工作和不懈的努力，共同为促进中国注册会计师行业的发展做出贡献！

刘永泽

2017年4月

前 言

近年来，报名参加中国注册会计师（CPA）全国统一考试的考生数量逐年攀升，越来越多的人希望通过考取CPA证书，成为财经领域的高端专业人士。但是，注册会计师考试科目多、难度大、周期长，许多考生缺乏相关专业基础知识储备、缺乏坚持备考的决心，在备考过程中遇到了重重困难，往往很快就放弃了。

为此，我们组织编写了本套备考用书，定位为“最懂CPA考生的贴心备考伙伴”，真正从考生视角出发，力求解决考生在备考中可能遇到的“如何学”“学不懂”“考什么”“怎么考”的问题。

本套备考用书共6册，分别对应CPA考试专业阶段的6个考试科目。我们按照中国注册会计师协会公布的考试大纲的考核要求，以中国注册会计师协会组编的考试教材内容为基础，对各科考点进行解构和重塑，并通过名师讲义、考霸笔记、微课点拨和智能测评这四个维度呈现出来：

第一维：名师讲义

以高顿多年CPA教学积累的名师讲义为基础文本，覆盖全面、行文简明、结构清晰、内容精炼，可读性强。

第二维：考霸笔记

我们整理并筛选了超过一百位考霸研究员在备考和教研过程中形成的学习笔记，并以“红字手写体”排版形式，从最真实的备考视角出发，在最自然的学习情境中，集中解决CPA学习者和考生视角下的一系列学习问题，可以说是对CPA备考内容和备考策略的集中展示。

第三维：微课点拨

对于一些仅通过看书仍然无法解决的问题，读者可扫描书中的二维码，获得“名师导学”“拓展讲解”“过来人分享”三个方面的学习点拨。这些微课精准对应到具体知识点，每堂课解决一个具体的问题。考生可以根据自身的学习备考情况扫码听课，提高效率。

第四维：智能测评

每章结尾处“智能测评”的二维码，可连接到高顿智能测评中心。通过在线练习和测评报告，考生可以准确了解自己的知识掌握情况，从而有针对性地复习强化。测试题配有详细的视频解析，方便考生了解解题方法、难点和易错点。

本套备考用书由高顿财经研究院CPA考试研究中心的数十位讲师任主编，一百多位研究员参编，希望通过对“教”与“学”的双向解读，呈现给考生不同于传统学习的全新学习模式，帮助考生更清晰、更精准、更高效地掌握CPA备考内容和备考策略，快速通过CPA考试。

当然，由于编者的时间和水平有限，在编写过程中难免出现一些疏漏和错误。在此，还望各位读者不吝批评指正，帮助我们不断提高和完善。

编　者

2017年4月

目 录

第一章 战略与战略管理 …… (1)

主要内容 …… (1)

第一节 公司战略的基本概念 …… (1)

第二节 公司战略管理 …… (5)

智能测评 …… (12)

第二章 战略分析 …… (13)

主要内容 …… (13)

第一节 企业外部环境分析 …… (13)

第二节 企业内部环境分析 …… (24)

第三节 SWOT分析 …… (38)

智能测评 …… (40)

第三章 战略选择 …… (41)

主要内容 …… (41)

第一节 总体战略（公司层战略） …… (42)

第二节 业务单位战略 …… (57)

第三节 职能战略 …… (70)

第四节 国际化经营战略 …… (96)

智能测评 …… (108)

第四章 战略实施 …… (109)

主要内容 …… (109)

第一节 公司战略与组织结构 …… (109)

第二节 公司战略与企业文化 …… (129)

第三节 战略控制 …… (133)

第四节 战略管理中的权力与利益相关者 …… (143)

第五节 公司治理 …… (147)

第六节 信息技术在战略管理中的作用 …… (159)

智能测评 …… (162)

第五章 风险与风险管理 …… (163)

主要内容 …… (163)

第一节　风险与风险管理概述 …………………………………………………… (163)
第二节　风险管理的目标 ………………………………………………………… (170)
第三节　风险管理基本流程 ……………………………………………………… (171)
第四节　风险管理体系 …………………………………………………………… (176)
第五节　风险管理技术与方法 …………………………………………………… (196)
智能测评 ……………………………………………………………………………… (202)
第六章　内部控制 …………………………………………………………………… (203)
主要内容 ……………………………………………………………………………… (203)
第一节　内部控制概述 …………………………………………………………… (203)
第二节　内部控制的要素 ………………………………………………………… (206)
第三节　内部控制的应用 ………………………………………………………… (218)
第四节　内部控制评价与审计 …………………………………………………… (272)
智能测评 ……………………………………………………………………………… (284)
附录一　注册会计师全国统一考试（专业阶段）历年真题在线练习 …… (285)
附录二　注册会计师全国统一考试（专业阶段）机考系统指导课程 …… (286)
附录三　命题规律总结及备考方法建议 ………………………………… (287)

*本章导学视频

第一章　战略与战略管理

本章属于次重要的考试章节，主要介绍了公司战略的基本概念、战略管理过程和战略变革管理。本章属于统领性、纲要性的章节，是教材内容的基础框架。由于本章是纲要性章节，因此会有一些知识点由后续章节进行补充。建议在第二遍的巩固阶段联系后续章节，加深对本章知识点的理解。

本章重点需掌握：（1）公司战略的概念；（2）公司的使命与目的；（3）公司战略的三个层次；（4）战略管理过程；（5）战略变革管理。其中，需要重点关注战略变革管理，此处主观题出题概率较大。

（✓本章近三年考试分值在8分左右，考试题型一般为客观题和简答题。本章以理解为主，记忆部分内容较少，本章内容相对不多，学习时联系实际案例，会是一个轻松愉快的过程。）

主要内容

第一节　公司战略的基本概念
第二节　公司战略管理

第一节　公司战略的基本概念

◇ 公司战略的定义
◇ 公司的使命、目标与公司战略的功能
◇ 公司战略的层次

一、公司战略的定义

（✓考试题型：选择题，较冷门考点，一般考查知识点的直接还原）

对公司战略的定义有多种表述。可以将战略的概念用传统概念和现代概念来分类。

（一）公司战略的传统概念

波特（Porter M.）对战略的定义堪称公司战略传统定义的典型代表：“……战略是公司为之奋斗的一些终点与公司为达到它们而寻求的途径的结合物。”它强调公司战略的一方面属性——计划性、全局性和长期性。

（二）公司战略的现代概念　突出：有预谋的→一段时间内不再改变→静态的

加拿大学者明茨伯格（Mintzburg H.）将战略定义为“一系列或整套的决策或行动方式”，这套方式包括刻意安排的（或计划性）战略和任何临时出现的（或非计划性）战略。

✓ **传统概念VS现代概念** ✓高频考点　突出：适应环境→随着环境变化而变化→动态的

- 现代概念认为战略只包括为达到企业的终点而寻求的途径，而不包括企业终点本身。
- 从本质区别看，现代概念更强调战略的另一方面属性——应变性、竞争性和风险性。

美国学者汤姆森（Tomson S）1998年指出，“战略既是预先性的（预谋战略），又是反应性的（适应性战略）”。

【总结】（见表1-1）

表1-1　概念总结表

项目	代表人物	战略概念	属性	案例
传统概念	波特	终点+途径	计划性、全局性、长期性	
现代概念	明茨伯格	途径	应变性、竞争性、风险性	华为：战略就是活着
综合概念	汤姆森	—	预先性、反应性	IBM的发家史

（✓选择题高频考点，考查形式一般以小案例形式出现，需要考生判断哪些属于公司的使命，也可以考查知识点的直接还原。）

二、公司的使命、目标与公司战略的功能

公司的使命

（一）公司的使命

公司的使命首先是要阐明企业组织的根本性质与存在理由，一般包括三个方面：

分类需注意（真题考察过）

1.公司目的

公司目的是企业组织的根本性质和存在理由的直接体现。

组织按其存在理由可以分为两大类：营利组织和非营利组织（见表1-2）。

表1-2　组织类型表

组织类型	首要目的	次要目的	举例
营利组织	为其所有者带来经济价值	履行社会责任，以保障企业主要经济目标的实现	企业
非营利组织	提高社会福利、促进政治和社会变革，而不是营利		世界卫生组织；红十字会

首要目的→赚钱；次要目的→为了更好的赚钱

2.公司宗旨

公司宗旨旨在阐述公司长期的战略意向，其具体内容主要说明公司目前和未来所要从事的经营业务范围。公司的业务范围应包括企业的产品（或服务）、顾客对象、市场和技术等几个方面。

3.经营哲学

经营哲学是公司为其经营活动确立的价值观、基本信念和行为准则，

是企业文化的高度概括。经营哲学主要通过公司对利益相关者的态度、公司提倡的共同价值观、政策和目标以及管理风格等方面体现出来。经营哲学同样影响着公司的经营范围和经营效果。

【总结】（见表1-3）

表1-3　**经营哲学影响表**

公司目的	公司目的是企业组织的根本性质和存在理由的直接体现 营利（首要目的：为其所有者带来经济价值，次要目的：履行社会责任）与非营利	公司目的：图个啥； 【案例】 阿里巴巴：让天下没有难做的生意
公司宗旨	公司宗旨旨在阐述公司长期的战略意向，其具体内容主要说明公司目前和未来所要从事的经营业务范围 公司的业务范围应包括企业的产品（或服务）、顾客对象、市场和技术等几个方面	公司宗旨：干个啥； 【案例】 麦肯锡："帮助杰出的公司和政府更为成功。"
经营哲学	经营哲学是公司为其经营活动所确立的价值观、基本信念和行为准则，是企业文化的高度概括 经营哲学主要通过公司对利益相关者的态度、公司提倡的共同价值观、政策和目标以及管理风格等方面体现出来 经营哲学："我是个有原则的企业"。 【案例】同仁堂：修合无人见，存心有天知	【拓展案例】高顿教育

（二）公司的目标（✓较冷门选择题考点，需要掌握财务目标与战略目标的区分，一般以小案例形式出现，需要同学们判断目标的类型）

公司目标是公司使命的具体化。德鲁克对公司目标作了恰如其分的概括："目标是企业的基本战略。"（✓考点）

公司目标是一个体系。建立目标体系的目的是将公司的业务使命转换成明确具体的业绩目标，从而使得公司的进展有一个可以测度的标准。

从整个公司的角度来看，需要建立两种类型的业绩标准：和财务业绩有关的业绩标准以及和战略业绩有关的标准。获取良好的财务业绩和良好的战略业绩要求公司的管理层既建立财务目标体系又建立战略目标体系。目标体系表见表1-4。

表1-4　**目标体系表**

财务目标体系	满意的市场占有率、收益增长率、投资回报率、股利增长率、股票价格评价、良好的现金流以及公司的信任度，等等	与财务数据相关 【案例】 先定个小目标，挣它一个亿
战略目标体系	获取足够的市场份额，在产品质量、客户服务或产品革新等方面压倒竞争对手，使整体成本低于竞争对手的成本，提高公司在客户中的声誉，在国际市场上建立更强大的立足点，树立技术上的领导地位，获得持久的竞争优势，抓住诱人的成长机会，等等	【案例】 让上海迪士尼20年内盈不了利

【注意】

- 财务目标体系和战略目标体系都应该从短期和长期目标两个角度体现出来。细小知识点
- 目标体系的建立需要所有管理者的参与。过于绝对，需额外关注

三、公司战略的层次（✔考试题型：选择题）

公司战略的层次

备考建议：每年必考的选择题考点，一般以小案例的形式出现，需要判断案例中涉及的战略类型，也可以以简单的文字描述的形式出现，考查知识点的直接还原。

学习提示：本知识点与第三章战略选择关联性大。第一次学习，掌握【总结】部分内容即可。学习完毕第三章，回过头再看本知识点，可以加深理解。

一般将战略分为三个层次：总体战略（Corporate strategy）、业务单位战略或竞争战略（Business or Competitive Strategy）和职能战略（Operational Strategy）。

（一）总体战略（公司层战略）

根据企业的目标，选择企业可以竞争的经营领域，合理配置企业经营所必需的资源，使各项经营业务相互支持、相互协调。

（二）业务单位战略（竞争战略）

针对不断变化的外部环境，在各自的经营领域中有效竞争。

（三）职能战略（职能层战略）

主要涉及企业内各职能部门，如营销、财务、生产、研发（R&D）、人力资源、信息技术等，如何更好地配置企业内部资源，为各级战略服务，提高组织效率。

【总结】（见表1-5）

表1-5　公司战略层次归纳表

战略层次	管理层次	侧重点	影响范围
总体战略（公司层战略）	公司最高管理层	业务组合，资源配置	经营领域，整个企业的财务结构和组织结构方面等
业务单位战略（竞争战略）	事业部门管理层	竞争	各业务单位的主管以及辅助人员
职能战略（职能层战略）	职能部门管理层	效率；协同作用	企业内各职能部门，如营销、财务、生产、研发（R&D）、人力资源、信息技术等

✔高频考点

【案例】京东集团旗下包含京东商城、京东金融、拍拍网、京东智能、O2O及海外事业部、京东快递等。

【案例】京东不断加强和充实公司的技术实力，改进并完善售后服务、物流配送及市场推广等各方面的软、硬件设施和服务条件。

【注意】对于一家单业务公司来说，总体战略和业务单位战略只有一个，即合二为一，但是，这家公司仍然拥有三个层次的战略。

【案例】京东快递提供差异化、个性化的配送服务："夜间配""极速达""211限时达"。

第二节　公司战略管理

◇ 战略管理过程

◇ 战略变革管理

一、战略管理过程

（✓较冷门的选择题考点，一般以小案例的形式出现，需要考生根据案例进行分析，考查知识点的灵活运用）

> ✓学习提示：本部分内容是教材战略部分的总体框架。学习时，掌握大标题、备注中的内容和总结，就足以应对考试。若有一些内容不能理解，也比较正常，待学习完后面章节，疑惑都能得到解决。备考建议：建议学完后续章节，回过头再看一次知识点，加深理解。

【拓展案例1】考CPA，不能掐指一算，今年适合考6门

【拓展案例2】大连万达海外买买买

一般说来，战略管理包含三个关键要素：

战略分析——了解组织所处的环境和相对竞争地位；

战略选择——战略制定、评价和选择；

战略实施——采取措施使战略发挥作用。

（一）战略分析——战略管理过程的起点

战略分析的主要目的是评价影响企业目前和今后发展的关键因素，并确定在战略选择步骤中的具体影响因素。战略分析的内容，如图1-1所示。

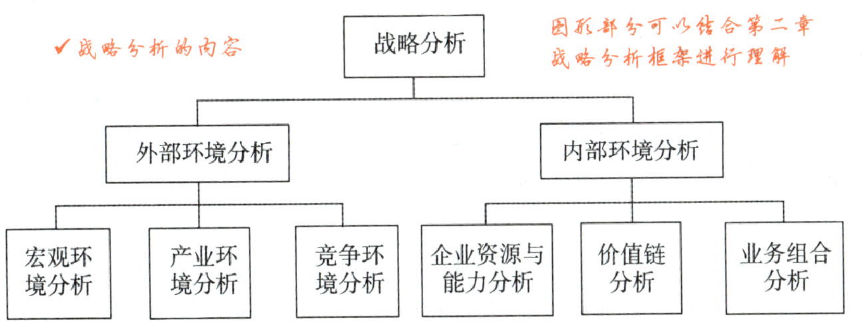

图1-1　战略分析的内容

（二）战略选择

战略选择

战略分析阶段明确了“企业目前处于什么位置”，战略选择阶段所要回答的问题是“企业向何处发展”。

企业在战略选择阶段要考虑可选择的战略类型和战略选择过程两个方面的问题。

1.可选择的战略类型

在公司战略的三个层次上存在着各种不同的战略类型，如图1-2所示。

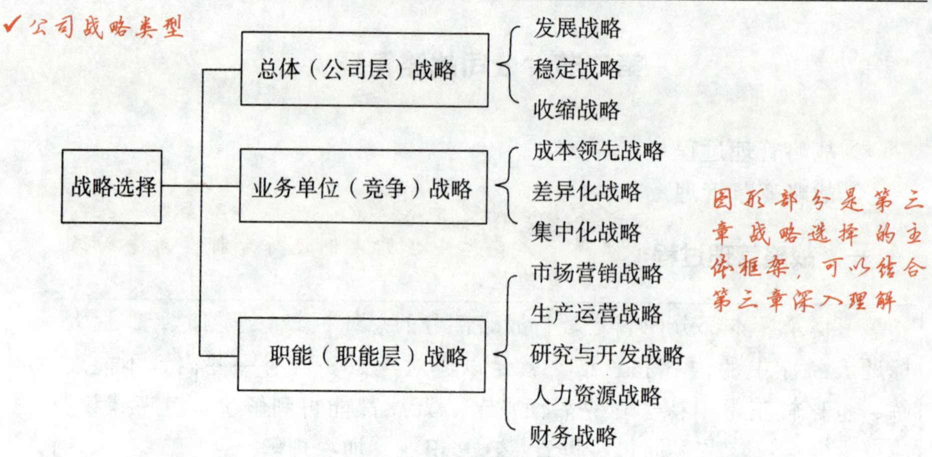

图1-2　战略类型图

2.战略选择过程（✓考试题型：选择题）

约翰逊和施乐斯（Johnson G. & Scholes K.）在1989年提出了战略选择过程的三个组成部分：

（1）制订战略选择方案。

在制定战略过程中，可供选择的方案越多越好。根据不同层次管理人员介入战略分析和战略选择工作的程度，可以将战略形成的方法分为三种形式：

✓选择题爱考的考点，一般以小案例的形式出现，需要考生根据案例描述做判断。

①自上而下的方法。即先由企业总部的高层管理人员制定企业的总体战略，然后由下属各部门根据自身的实际情况将企业的总体战略具体化，形成系统的战略方案。

②自下而上的方法。在制定战略时，企业最高管理层对下属部门不做具体规定，而要求各部门积极提交战略方案。企业最高管理层在各部门提交的战略方案基础上，加以协调和平衡，对各部门的战略方案进行必要的修改后加以确认。

③上下结合的方法。即企业最高管理层和下属各部门的管理人员共同参与，通过上下级管理人员的沟通和磋商，制定出适宜的战略。

三种方法的主要区别在于战略制定过程中对集权与分权程度的把握。企业可以从对企业整体目标的保障、对中下层管理人员积极性的发挥，以及企业各部门战略方案的协调等多个角度考虑，选择适宜的战略制定方法。

【总结】（见表1-6）　　✓细小知识点，提防考试时出选择题

表1-6　**战略选择过程归纳表**

方法	步骤			区别
自上而下	1.高层管理人员制定企业的总体战略	2.下属部门具体化		集权与分权程度
自下而上	1.最高管理层对下属部门不做具体规定	2.下属部门积极提交战略方案	3.最高管理层加以协调和平衡	
上下结合	上下级管理人员的沟通和磋商			

（2）评估战略备选方案。

评估备选方案通常使用三个标准：

①适宜性标准：考虑选择的战略是否发挥了企业的优势，克服了劣势，是否利用了机会，将威胁削弱到最低限度，是否有助于企业实现目标。

【案例】格力拟收购珠海银隆，遭中小股东否决

②可接受性标准：考虑选择的战略能否被企业利益相关者所接受。

③可行性标准：战略收益、风险和可行性分析。

✓选择题爱考的考点，一般以小案例的形式出现，需要考生根据案例描述做判断，评估备选方案的种类，也可以考查知识点的直接还原。

（3）选择战略。 ✓大体了解，提防考试时出选择题

如果由于用多个指标对多个战略方案的评价产生不一致的结果，最终的战略选择可以考虑以下几种方法：

①根据企业目标选择战略。企业目标是企业使命的具体体现，因而，应选择对实现企业目标最有利的战略方案。

②提交上级管理部门审批。对于中下层机构的战略方案，提交上级管理部门审批能够使最终选择的方案更加符合企业整体战略目标。

③聘请外部机构。聘请外部咨询专家进行战略选择，利用专家们广博的知识和丰富的经验，能够提供较客观的看法。

【总结】（见表1-7）

表1-7 **战略备选方案评估归纳表**

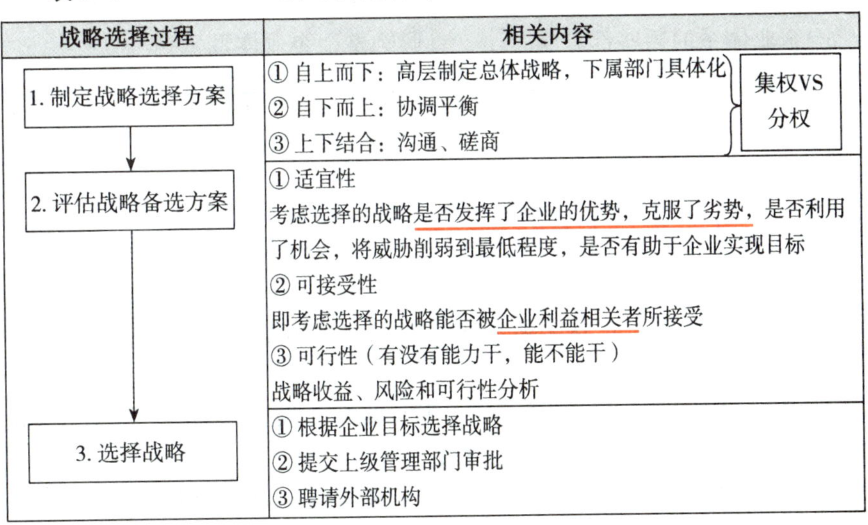

战略选择过程	相关内容
1. 制定战略选择方案	① 自上而下：高层制定总体战略，下属部门具体化 ② 自下而上：协调平衡 ③ 上下结合：沟通、磋商 （集权VS分权）
2. 评估战略备选方案	① 适宜性 考虑选择的战略是否发挥了企业的优势，克服了劣势，是否利用了机会，将威胁削弱到最低程度，是否有助于企业实现目标 ② 可接受性 即考虑选择的战略能否被企业利益相关者所接受 ③ 可行性（有没有能力干，能不能干） 战略收益、风险和可行性分析
3. 选择战略	① 根据企业目标选择战略 ② 提交上级管理部门审批 ③ 聘请外部机构

（三）战略实施 大致了解，几乎不考的选择题考点，若考查一般为知识点的直接还原。

战略实施就是将战略转化为行动。战略实施要解决以下几个主要问题：

（1）为使战略成功，企业需要有一个有效的组织结构。

确定组织结构类型涉及如何分配企业内的工作职责范围和决策权力，如：

①企业的管理结构是高长型还是扁平型；

②决策权力是集中还是分散；

③企业的组织结构类型能否适应公司战略的定位；

（2）保证人员和制度的有效管理。

（3）正确处理和协调公司政治关系。

（4）选择适当的组织协调和控制系统。

（5）协调好战略、结构、文化和控制诸方面的关系。

选择题冷门考点，通常以文字描述性选项出现，考查知识点的直接还原。

【注意】战略管理是一个循环往复的过程，而不是一次性的工作。

管理就是管"财、物、事"，主要是通过"组织、计划、协调、领导、控制"等手段实现。

二、战略变革管理 ★★★非常重要！常可以联系其他章节考查主观题。

（一）战略变革的含义 2017年新增内容，建议通读。

企业战略变革是指企业为了获得可持续的竞争优势，根据所处的内外部环境已经发生或预测会发生或想要使其发生的变化，按照环境、战略、组织三者之间的动态协调性原则，组织、推动企业战略内容发生系统性、可持续性改变的过程。

✔考试题型：选择题或主观题常考一个问题
复习指导：要求会区分渐进性与革命性变革。

（二）渐近性变革与革命性变革的区别（见表1-8）

表1-8　　渐近性变革与革命性变革区别表

渐进性变革的特点	革命性变革的特点
在企业生命周期中常常发生 稳定的推进变化 影响企业体系的某些部分	在企业生命周期中不常发生 全面转化 影响整个企业体系

★较高频选择题考点，一般考查知识点的直接还原。

✔考试题型：选择题(较冷门)或主观题一问(几乎不考)一般考查知识点的直接还原
复习指导：要求掌握4个阶段的名称和相应的特点。

（三）战略变革的发展阶段

提出者：约翰逊（Johnson G.）和施乐斯（Scholes K.）

理论：

（1）连续阶段：在这个阶段中，制定的战略基本上没有发生大的变化，仅有一些小的修正。

（2）渐进阶段：在这个阶段中，战略发生缓慢的变化。这种变化可能是零打碎敲性的，也可能是系统性的。

（3）不断改变阶段：在这个阶段中，战略变化呈现无方向或无重心的特点。

（4）全面阶段：在这个阶段中，企业战略是在一个较短的时间内发生革命性或转化性的变化。

【总结】如图1-3所示。

✓战略变革形式的演变

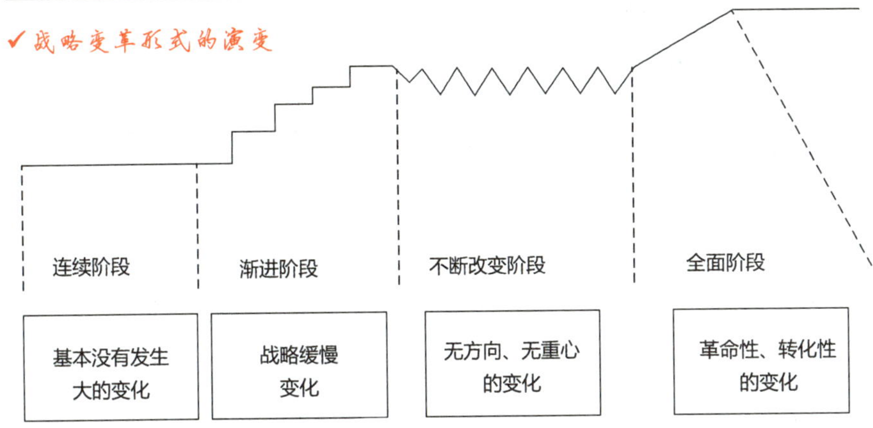

图 1-3　战略变革形式的演变图

（四）战略变革的类型

战略变革的类型

✓学习提示：选择题或主观题爱考的考点，一般以小案例形式出现，需要你判断案例涉及的变革类型，主观题套路与选择题一致，你在判断的基础上要联系案例说明判断原因

复习指导：要求掌握4种类型的名称，并能够根据案例判断变革属于哪种类型

戴富特（Daft R. L.）在1992年对企业为了适应环境和在市场条件下生存而推行的战略变革进行了分类，共有4种类型：

1.技术变革 →【案例】移动4G技术取代3G技术

技术变革涉及工作方法、设备和工作流程等生产产品和服务技术。

2.产品和服务变革 →【案例】云南白药产品：药品→牙膏

包括开发新产品或改进现有产品，这在很大程度上影响着市场机会。

3.结构和体系变革

指企业运作的管理方法的变革，包括结构变化、政策变化和控制系统变化。

4.人员变革 → 关键字：人！价值观！

指企业员工价值观、工作态度、技能和行为方式的转变，目的是确保职工努力工作，完成企业目标。

（五）企业战略变革的主要任务 ✓了解，几乎不考的冷门考点

1.调整企业理念

调整企业理念，首先要确定①企业使命；其次要确立②经营思想；最后要靠行为③准则约束和要求员工，使他们在企业经营活动中必须奉行一系列行为准则和规定。

2.企业战略重新进行定位

根据迈克尔·波特的观点，帮助企业获得竞争优势而进行的战略定位实际上就是在价值链配置系统中从产品范围、市场范围和企业价值系统范围三方面进行定位的选择过程。

3. 重新设计企业的组织结构。

【总结】（见表 1-9）

表 1-9　　企业战略变革的主要任务表

项目	主要任务	具体内容
企业战略变革的主要任务	1. 调整企业理念	（1）确定企业使命 （2）确立经营思想 （3）靠行为准则约束和要求员工
	2. 企业战略重新进行定位	在价值链配置系统中从以下三方面进行定位： （1）产品范围 （2）市场范围 （3）企业价值系统范围
	3. 重新设计企业的组织结构	

（六）战略变革的实现 → ✔知道，有印象即可，几乎不考的选择题考点，万一考查，一般考查知识点的直接还原

在战略变革中对人的行为的掌控是最重要也是最困难的。因此，要保证战略变革的实现需要从变革的支持者、抵制者两个方面入手做好工作，克服变革的阻力，以保证战略变革的实现。

1. 变革的支持者推进战略变革的步骤

（1）高级管理层是变革方面的战略家并决定应该做什么。

（2）指定一个代理人来掌握变革。

高级管理层通常有三种作用：

①如果变革激化了代理人和企业中的利益团体之间的矛盾，高级管理层应当支持代理人；

②审议和监控变革的进程；

③签署和批准变革，并保证将它们公开。

（3）变革代理人必须赢得关键部门管理人员的支持。

（4）变革代理人应督促各管理人员立即行动起来，并给予后者必要的支持。

✔选择题较冷门考点，主观题冷门考点
复习指导：要求掌握三种变化、两个障碍的大标题和大致内容应付选择题即可。

2. 变革受到抵制的原因与实现过程中的障碍

变革受到抵制的原因与实现过程中的障碍

变革受到抵制的原因可能是变革会对人们的境遇甚至下列领域的健康产生重要的影响：

一般以小案例的形式出现，需要判断案例涉及的原因，也可能考查知识点的直接还原。

（1）生理变化。这是由工作模式、工作地点的变化造成的。

（2）环境变化。建立新的关系、按照新的规则工作（这种新规则包括

学习新的工作方式），等。

（3）心理变化。

①迷失方向。例如，当变革涉及设定一种新的角色或者新的关系时，会产生心理变化。

②不确定性可能导致无安全感。尤其是变革涉及工作或者快速的环境适应性，一个短期学习曲线可能导致感觉能力有限。

③无助。如果看到外力引起的变动难以抗拒，个人会感到无助，变革就会受到威胁。

基于上述的不同因素，变革会面临如下障碍（见表1-10）：

表1-10　**变革障碍总结表**

文化障碍	当企业所面对的环境发生了变化，并要求企业适应这种变化以求得生存时，原有文化的惯性会阻碍变革的进程
私人障碍	(1)习惯;(2)经济收入;(3)未知的恐惧;(4)选择性的信息处理

【教材变动】2017年重新表述，建议通读。

3.克服变革阻力的策略 ⟶ ✓考试题型：主观题或选择题。复习指导：要求掌握三种克服阻力的策略（大标题记忆），特别关注变革管理方式的内容。

考情分析：主观题爱考的考点，选择题爱考的考点。选择题一般考查知识点的直接还原，也可以小案例的形式出现，需要考生分析案例涉及的克服阻力的策略。主观题通常以大案例形式出现，一般需要考生提建议，考查知识点的直接默写。大标题必须掌握！

在处理变革的阻力时，管理层应当考虑变革的三个方面：变革的节奏、变革的管理方式和变革的范围。

（1）变革的节奏。（快或者慢）

（2）变革的管理方式。采取适宜的变革管理方式对于构建良好的氛围、明确变革的需求、平息对变革的抵制和恐惧情绪是非常重要的。

- 鼓励冲突领域的对话；
- 为员工提供针对新技能和系统应用的学习课程；
- 做好宣传，与员工进行沟通，广泛地听取员工的意见；
- 鼓励个人参与；
- 必要时采取强硬措施。

关注 ✓注意选择题

（3）变革的范围。应当认真审阅变革的范围，范围很大的转变会带来巨大的不安全感和较多的刺激。

智能测评

扫码听分享	做题看反馈
 亲爱的同学，本章主要介绍战略、战略管理相关的基本概念，考题主要以选择题的形式出现，多属于整体难度不大的送分题，千万不可疏忽哦！ 扫一扫上面的二维码，来听学习导师的分享吧。	 学完马上测！ 请扫描上方的二维码进入本章测试，检测一下自己学习的效果如何。做完题目，还可以查看自己的个性化测试反馈报告。这样，在以后复习的时候就更有针对性、效率更高啦！

（✓本章近三年考试分值为17～21分，考试题型一般为客观题、简答题或综合题）

第二章　战略分析

*本章导学

本章属于重要的考试章节，主要介绍了外部环境分析、内部环境分析和SWOT分析（内外部环境综合分析）的模型与方法。本章内容为战略分析，是战略管理流程的起点，属于信息搜集阶段，回答的问题是“企业目前处于什么位置”。

本章重点需掌握：（1）宏观环境分析（PEST模型）；（2）产业环境分析（产品生命周期分析、波特五力模型和成功关键因素分析）；（3）竞争环境分析（竞争对手分析和战略群组分析）；（4）钻石模型；（5）企业资源与能力分析（着重关注资源与核心能力分析）；（6）价值链分析（基本活动和支持活动、企业资源能力的价值链分析）；（7）业务组合分析（波士顿矩阵和通用矩阵）；（8）SWOT分析。其中，需要重点关注PEST模型、产业环境分析、战略群组、价值链、波士顿矩阵和SWOT分析，主观题出题概率较大。

（✓本章以理解为主，记忆部分内容较少。本章的逻辑结构有时也是解题的关键，因此建议同学们加以掌握。本章模型较多，好在主观题答题有套路，因此背诵量仍然不大，学习过程将是较为轻松的）

主要内容

第一节　企业外部环境分析
第二节　企业内部环境分析
第三节　SWOT分析

第一节　企业外部环境分析

多以模型为主，看到模型要有感觉，知道这个模型大概说了哪些内容。

◇ 宏观环境分析（PEST模型）
◇ 产业环境分析
◇ 竞争环境分析
◇ 国家竞争优势（钻石模型）分析

一、宏观环境分析（PEST模型）

考试题型：主观题或选择题。考试频率：较高频。

复习指导：能根据案例进行信息分类，能判断某句话属于PEST模型中的哪项因素。需要掌握：①模型大标题（能默写）；②每个因素包含的内容，要求会做判断。（背PEST分别代表哪些，会根据给定案例归类）

一般说来，宏观环境因素可以概括为四类，见表2-1。

表 2-1　　宏观环境因素

宏观环境要素	阐释
政治和法律因素（P）	指那些制约和影响企业的政治要素和法律系统，以及其运行状态 政治和法律因素是保障企业生产经营活动的基本条件
	政治和法律因素分析包括以下方面： ①政局稳定状况 ②政府行为 ③路线方针政策 ④各政治利益集团 ⑤法律法规 ⑥国际政治法律因素
经济因素（E）	与政治法律环境相比，经济环境对企业生产经营的影响更直接、更具体
	经济因素分析包含以下方面： ①社会经济结构 ②经济发展水平（国家经济发展的规模、速度和水平） ③经济体制（国家经济组织的形式） ④宏观经济政策 ⑤当前经济状况 ⑥其他一般的经济条件
社会和文化因素（S）	社会和文化因素分析包含以下方面： ①人口因素 ②社会流动性 ③消费心理（从众、求异、攀比、求实） ④生活方式变化 ⑤文化传统 ⑥价值观
技术因素（T）	技术因素分析包含以下方面： ①国家科技体制 ②科技政策 ③科技水平 ④科技发展趋势

【案例】2015 年我国 GDP 增长速度为+6.9%；总量为 67.67 万亿元，体现了我国经济发展水平。

【案例】产业调整，去产能、去库存，体现了我国宏观经济政策。

【案例】元宵节吃汤圆，体现了我国的文化传统。

【案例】互联网+，体现了我国技术因素中科技发展的趋势。

二、产业环境分析

产业的常用定义：一个产业是由一群生产相似替代品的公司组成的。

考试题型：主观题或选择题，客观题考查根据案例判断某一个产品属于哪个产品生命周期。主观题不仅考查判断，还考查生命周期的特点（理解+记忆）。复习指导：建议细致复习，以理解为主。

（一）产品生命周期

1.产品生命周期概述

4个阶段：导入期、成长期、成熟期和衰退期。✓重要，选择题考点

划分依据：以产业销售额增长率曲线的拐点划分。（注意是销售额）。

形状：产业的增长与衰退由于新产品的创新和推广过程而呈“S”形。

生产生命周期图如图2-1所示。

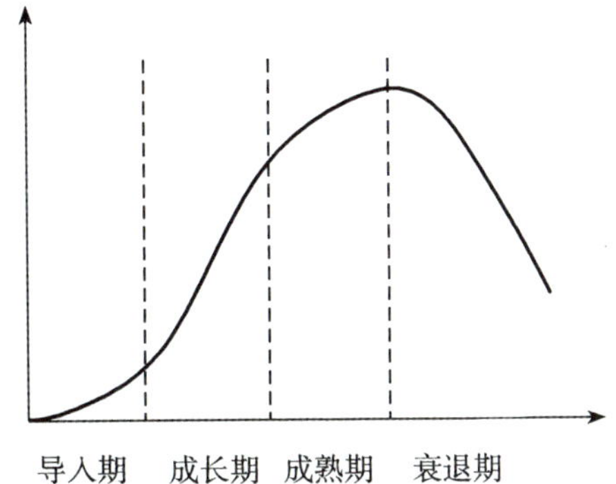

图2-1 生产生命周期图

2.各阶段特征

当产业走过它的生命周期时，竞争的性质将会变化。波特总结了常见的关于产业在其生命周期中如何变化以及它如何影响战略的预测。

各阶段特征见表2-2。

要求根据表格全面掌握→从9个维度阐释导入期、成长期、成熟期、衰退期的特点（理解基础上记忆）。

表2-2 **各阶段特征**

项目	导入期	成长期	成熟期	衰退期
产品特点	不成熟	有较大差异	逐步标准化	差别小
销量	少	上升	基本饱和	下降
消费者	高收入用户会尝试	对质量要求不高	新的客户减少；老客户的重复购买	对性价比要求很高
竞争	很少的竞争对手	竞争加剧	价格竞争	有些竞争者先于产品退出市场
价格	高	最高	开始下降	多数企业退出后，价格才有望上扬
利润	净利润较低	单位产品净利润最高	毛利率和净利润率都下降，利润空间适中	价格、毛利都很低
经营风险	非常高	较高水平	中等	进一步降低

经营风险：风险即不确定性，随产业发展，不确定性逐步降低，经营风险逐步降低。

续表

项目	导入期	成长期	成熟期	衰退期
★战略目标	扩大市场份额，争取成为“领头羊”	争取最大市场份额，并坚持到成熟期的到来	巩固市场份额的同时提高投资报酬率	首先是防御，获取最后的现金流
★战略途径	研发和技术改进；提高产品质量	市场营销；改变价格形象和质量形象	提高效率，降低成本	控制成本，以求能维持正的现金流量；如果缺乏成本控制的优势，就应采用退却战略，尽早退出

主观题判断案例描述的阶段是关键！也是选择题的高频考点。关注不同时期的表述方式。

【总结】(见表2-3) ✓高频考点。导入期：新能源车；成长期：SUV；成熟期：传统轿车；衰退期：老爷车

表2-3　　总结（1）

	导入期	成长期	成熟期	衰退期
产品特征	不成熟	差异化	标准化	差别小
销量	小	扩大	基本饱和	下降
竞争	企业数量少	竞争加剧	价格竞争（最激烈）	有些竞争者先于产品退出市场
利润	净利润较低	净利润最高	毛利率和净利润率都下降，利润空间适中	产品的价格、毛利都很低
经营风险	非常高	高	中	低

复习要求：了解即可，掌握关键字，万一让默写能运用关键字混分数（注意客观题，主观题可能会让默写）。

3.产品生命周期理论的局限性

（1）各阶段的持续时间随着产业的不同而非常不同，并且一个产业究竟处于生命周期的哪一阶段通常不清楚。

（2）产业的增长并不总是呈“S”形。

（3）公司可以通过产品创新和产品的重新定位，来影响增长曲线的形状。

（4）与生命周期每一阶段相联系的竞争属性随着产业的不同而不同。

（二）产业五种竞争力　考试题型：主观题或选择题。

*视频讲解

复习指导：能根据案例做信息分类，能判断某句话属于五力模型中的哪种竞争力（理解为主，但大标题必须掌握→会默写）。

波特认为，在每一个产业中都存在五种基本竞争力量，即潜在进入者、替代品、购买者、供应者与现有竞争者间的抗衡（共同决定产业竞争的强度以及产业利润率）。

√驱动产业竞争的力量（如图2-2所示）

5个标题要会默写。

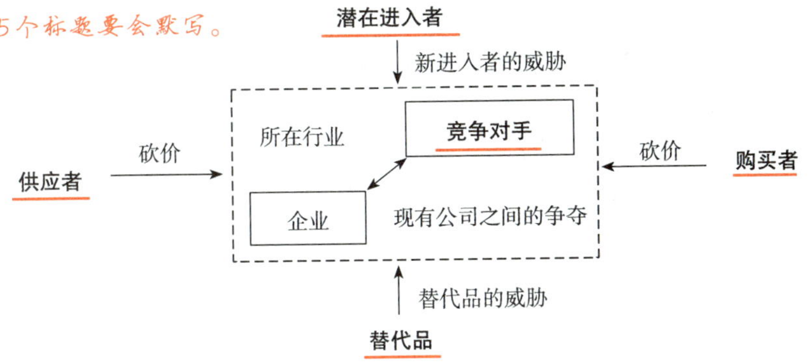

图2-2　产业竞争驱动力图

【注意】 ✓适当关注，选择题冷门考点。

1.在一个产业中，这五种力量共同决定产业竞争的强度以及产业利润率；

2.最强的一种或几种力量占据着统治地位&从战略形成角度来看起着关键性作用。

1.五种竞争力分析

（1）潜在进入者的进入威胁。

潜在进入者将在两个方面减少现有厂商的利润：

①进入者会瓜分原有的市场份额获得一些业务；争夺市场。

②进入者减少了市场集中，从而激发现有企业间的竞争，减少价格-成本差。压缩利润空间。

影响因素：结构性障碍、行为性障碍要分清，并把标题记下来。

进入威胁的大小取决于进入障碍。进入障碍包括：

结构性障碍：呈现的进入障碍

行为性障碍：可能遇到的现有在位者的反击

①结构性障碍（见表2-4）。✓了解，多选题冷门考点。

表2-4　结构性障碍

项目	流派	结构性障碍的种类	具体表现形式
结构性障碍	波特	规模经济、产品差异、资金需求、转换成本、分销渠道、其他优势及政府政策	
	贝恩	规模经济	企业所生产的产品或劳务的绝对量增加时，其单位成本趋于下降 【案例】通常而言，大型超市的价格比零售店便宜，体现了大超市的规模经济。
		现有企业对关键资源的控制	对资金、专利或专有技术、原材料供应、分销渠道、学习曲线等资源及资源使用方法的积累与控制 【案例】舌尖上的中国：一个嘉兴粽子→员工熟练度越高，粽子单位成本越低，体现了学习曲线降低成本的作用。
		现有企业的市场优势	①品牌优势（主要因素，是产品差异化的结果） ②政府政策→【案例】京东：只为品质生活。

✓可能考查多项选择题或主观题，建议掌握：三种结构性障碍的大标题（会默写）以及相关内容（相关内容会以小案例的形式考查客观题，并要求学生判断属于结构OR行为）。

学习曲线VS规模经济 ✓易错易混点

相同点：都会有成本优势（交叉地影响产品成本的下降）。

不同点：规模经济是静态的，学习曲线则是动态的。

【注意】

资本密集型和劳动密集型学习经济和规模经济之间的关系

结论：资本密集型：规模经济很大，学习经济很小

劳动密集型：规模经济很小，学习经济很大

②行为性障碍（战略性障碍）。

a.限制进入定价——降低价格。

b.进入对方领域——进入对方领域是寡头垄断市场上常见的一种报复行为。

【案例】格兰仕与美的：不是冤家不聚头

1999年美的进入微波炉行业，格兰仕在2000年年初宣布将两个系列、八个产品的价格大幅度降低。→体现了限制进入定价

1999年，主要生产空调的美的进入微波炉行业，次年，主营业务为微波炉的格兰仕携资20亿元宣布进入空调行业。→体现了进入对方领域

【总结】（见表2-5）

表2-5　**总结（2）**

进入障碍	结构性障碍	规模经济
		现有企业对关键资源的控制（表现为对资金、专利或专有技术、原材料供应、分销渠道、学习曲线等资源及资源使用方法的积累与控制）
		现有企业的市场优势（品牌优势、政府政策）
	行为性障碍（战略性障碍）	限制进入定价（降低价格）
		进入对方领域（常见于寡头垄断市场）

（2）替代品的替代威胁。

①直接产品替代：即某一种产品直接取代另一种产品。完全替代：有你没我。

②间接产品替代：即由能起到相同作用的产品非直接地取代另外一些产品。

【案例】公共交通：地铁与公共汽车（有你也有我），体现了产品的间接替代。

【注意】衡量替代品威胁的大小主要取决于两种产品的性能-价格的比较。

性价比：性价比越高，替代品威胁越大。

（3）供应者、购买者讨价还价的能力。

影响讨价还价能力的因素和表现形式见表2-6。

表 2-6　　影响讨价还价能力的因素和表现形式

影响讨价还价能力的因素		表现形式
买方（或卖方）的集中程度或业务量的大小		集中度（业务量）↑，议价能力↑ 【案例】团购价、批发价一般都比零售价便宜，体现了业务量越大，议价能力越高。
产品差异化程度与资产专用性程度		产品差异化程度↑，议价能力↑ 相反的，标准化程度越高，议价能力越弱。
		资产专用性程度↑，议价能力↑
纵向一体化程度	购买者	后向一体化，议价能力↑ 【案例】福特保留一部分零部件的生产，是因为后向一体化能够让福特对供应商讨价能力增强。
	供应者	前向一体化，议价能力↑ 【案例】格力一直保有自己的销售渠道，是因为使用自己的销售渠道能增强格力对其他分销商的议价能力。
信息掌握的程度		信息掌握的程度↑，议价能力↑ 【案例】买东西"货比三家"，才不容易买贵，体现了掌握的信息越多，越能够增强自身讨价还价的能力。

注意方向，购买者后向一体化，供应者前向一体化（考点）这个问题可以联系第三章纵向一体化的概念进行理解。

（4）产业内现有企业的竞争。

产业内现有企业的竞争在下面几种情况下可能是很激烈的：

①产业内有众多的或势均力敌的竞争对手。

②产业发展缓慢。人多、竞争对手差不多，两个条件满足一个就行。

③顾客认为所有的商品都是同质的。

④产业中存在过剩的生产能力。

⑤产业进入障碍低而退出障碍高。　进来容易，出去难→人多。

【拓展案例】

家电电商的"三国演义"：国美、苏宁、京东，体现了产业中有势均力敌的竞争对手，且顾客认为他们卖的家电商品是同质的，只是销售渠道不一致。

2.对付五种竞争力的战略✓建议通读，适当关注（冷门考点）。

五种竞争力分析表明了产业中的所有公司都必须面对产业利润的威胁力量。公司必须寻求几种战略来对抗这些竞争力量。

首先，公司必须自我定位，通过利用成本优势或差异优势把公司与五种竞争力相隔离，从而能够超过它们的竞争对手。

其次，公司必须识别在产业中哪一个细分市场中，五种竞争力的影响更少一点，这就是波特提出的“集中战略”。

最后，公司必须努力去改变这五种竞争力。公司可以通过与供应者或购买者建立长期战略联盟，以减少相互之间的讨价还价；公司还必须寻求进入阻绝战略来减少潜在进入者的威胁，等等。

✓建议掌握关键字，一般考查选择题，但不排除主观题概率。建议适当通读一下，属于主观题比较冷门的考点。

3.五力模型的局限性

波特的五力模型在分析企业所面临的外部环境时是有效的，但它也存在着局限性，具体包括：

（1）该分析模型基本上是静态的。然而，在现实中竞争环境始终在变化。

（2）该模型能够确定行业的盈利能力，但是对于非营利机构，有关获利能力的假设可能是错误的。 不适用（非营利机构无盈利能力）。

（3）该模型基于这样的假设：一旦进行了这种分析，企业就可以制定企业战略来处理分析结果，但这只是一种理想的方式。

（4）该模型假设战略制定者可以了解整个行业（包括所有潜在的进入者和替代产品）的信息，但这一假设在现实中并不存在。

着眼于竞争，忽视合作（该点将会引出第六个要素，互补互动作用力）。

（5）该模型低估了企业与供应商、客户或分销商、合资企业之间可能建立长期合作关系以减轻相互之间威胁的可能性。

（6）该模型对产业竞争力的构成要素考虑不够全面。

哈佛商学院教授大卫·亚非（David Yoffie）在波特教授研究的基础上，根据企业全球化经营的特点，提出了第六个要素，即互动互补作用力。✓选择题近几年考查频率高（理解互补互动作用力）。

【案例】房子（产品）+学校（互补品）=学区房（价格↑）。

理论概述：任何一个产业内部都存在不同程度的互补互动（指互相配合一起使用）的产品或服务业务。

可选的战略：控制互补品、捆绑式经营或交叉补贴销售。

（三）成功关键因素分析 ✓考试题型：选择题，以考查原文为主。

定义：公司在特定市场获得盈利必须拥有的技能和资产。

涉及：每一个产业成员所必须擅长的东西，或者说公司要取得竞争和财务成功所必须集中精力搞好的一些因素。

成功关键因素使企业获得成功。

成功关键因素是企业取得产业成功的前提条件。下面三个问题是确认产业的关键成功因素必须考虑的：

✓了解，有印象（多选冷门考点）

（1）顾客在各个竞争品牌之间进行选择的基础是什么？

（2）产业中的一个卖方厂商要取得竞争成功需要什么样的资源和竞争能力？

（3）产业中的一个卖方厂商获取持久的竞争优势必须采取什么样的措施？

【高频考点】 ✓关注：哪些因素会影响成功关键因素。

1.成功关键因素随着产业的不同而不同，甚至在相同的产业中，也会因产业驱动因素和竞争环境的变化而随时间变化。

2.对于某个特定的产业来说，在某一特定时候，极少有超过四个关键

成功因素。甚至在三四个关键成功因素之中，其中也有一两个占据较重要的地位。 3. 随着产品寿命周期的演变，成功关键因素也发生变化。 4. 即使是同一产业中的各个企业，也可能对该产业的成功关键因素有不同的侧重。 5. 成功关键因素是产业和市场层次的特征。

三、竞争环境分析

作为产业环境分析的补充，竞争环境分析的重点集中在与企业直接竞争的每一个企业。竞争环境分析又包括两个方面：

一是从个别企业视角去观察分析竞争对手的实力（竞争对手分析）；

二是从产业竞争结构视角观察分析企业所面对的竞争格局（战略群组分析）。

（一）竞争对手分析　考试题型：选择题。

复习指导：①掌握四个方面的大标题（会默写）；②具体内容大致了解，有印象即可。

对竞争对手的分析有四个方面的主要内容，即竞争对手的未来目标、假设、现行战略和潜在能力，见表2-7。

表2-7　竞争对手分析

竞争对手的未来目标	意义：有利于预测竞争对手对其目前的市场地位以及财务状况的满意程度，从而推断其改变现行战略的可能性以及对其他企业战略行为的敏感性
	对竞争对手未来目标分析从以下3个方面展开： ①竞争对手目标分析对本公司制定竞争战略的作用 ②分析竞争对手业务单位（包括其各个公司实体）的目标的主要方面 ③多元化公司母公司对其业务单位未来目标的影响
竞争对手的假设	意义：了解竞争对手的假设有利于正确判断竞争对手的战略意图
	包括：竞争对手对自身企业的评价和对所处产业以及其他企业的评价
竞争对手的现行战略	目的：揭示竞争对手正在做什么、能够做什么
	在对竞争对手目标与假设分析的基础上，判断竞争对手的现行战略就变得相对容易了
	非常有用的一种方法是，把竞争对手的战略看成业务中各职能领域的关键性经营方针以及了解它如何寻求各项职能的相互联系
★竞争对手的能力	能力分析包括： ①核心能力 ②成长能力 ③★快速反应能力 ④★适应变化的能力 ⑤持久力

✓通读一下，有印象即可。

✓高频考点，需要区分快速反应能力与适应变化能力（易混淆知识点）。

提示：同属于一个战略群组的企业是直接竞争对手。

（二）产业内的战略群组 考试题型：选择题，主观题。

复习指导：建议掌握定义，背诵战略群组分析的意义。

✓定义曾经考过简答题，把握关键字。

定义：战略群组是指某一个产业中在某一战略方面采用相同或相似战略，或具有相同战略特征的各公司组成的集团。

【案例】餐饮行业：肯德基与麦当劳，这两家就是同属于一个战略群组的直接竞争对手。

作用：战略群组分析有助于判断竞争状况、定位以及产业内企业的盈利情况。

如果产业中所有的公司基本认同了相同的战略，则该产业中就只有一个战略群体；就另一极端而言，每一个公司也可能成为一个不同的战略群体。一般来说，在一个产业中仅有几个群组，它们采用特征完全不同的战略。

1.战略群组的特征 ✓通读，有印象即可，多项选择题冷门考点。

用于识别战略群组的特征可以考虑以下一些变量：

（1）产品（或服务）差异化（多样化）的程度；

（2）各地区交叉的程度；

（3）细分市场的数目；

（4）所使用的分销渠道；

（5）品牌的数量；

（6）营销的力度（如广告覆盖面、销售人员的数目等）；

（7）纵向一体化程度；

（8）产品的服务质量；

（9）技术领先程度（是技术领先者还是技术追随者）；

（10）研究开发能力（生产过程或产品的革新程度）；

（11）成本定位（如为降低成本而作的投资大小等）；

（12）能力的利用率；

（13）价格水平；

（14）装备水平；

（15）所有者结构（独立公司或者母公司的关系）；

（16）与政府、金融界等外部利益相关者的关系；

（17）组织的规模。

【注意】 ✓了解即可。

为了识别战略群组，必须选择这些特征的2～3项。选择划分产业内战略群组的特征要避免选择同一产业中所有公司都相同的特征。

✓主观题，好几年都考查过默写（非常重要，必须背）。

2.战略群组分析的意义

战略群组分析有助于企业了解相对于其他企业本企业的战略地位以及公司战略变化可能的竞争性影响。

（1）有助于很好地了解战略群组间的竞争状况，主动地发现近处和远处的竞争者，也可以很好地了解某一群组与其他群组间的不同。

（2）有助于了解各战略群组之间的“移动障碍”。

（3）有助于了解战略群组内企业竞争的主要着眼点。

（4）利用战略群组图还可以预测市场变化或发现战略机会。★★★第三章“蓝海战略的由来”。

四、国家竞争优势（钻石模型）分析

【教材变动】2017年教材调整了知识点的位置，内容并无变化。虽然以前年度从未考过主观题，但由于2017年教材在该知识点增加了一个案例，所以提醒考生：可能考查主观题！出题套路与PEST模型一致。

考试题型：选择题，较冷门考点。备考指导：需要掌握四种要素的名称并理解相应内涵。

1.理论概述（见表2-8）

表2-8 **理论概述**

<table>
<tr><td>提出者</td><td colspan="3">波特</td></tr>
<tr><td rowspan="6">理论概述</td><td>阐述对象</td><td colspan="2">国家竞争优势</td></tr>
<tr><td>决定因素</td><td colspan="2">注意：常常用PEST模型出混淆项（与政治因素无关）。
企业战略 企业结构 同业竞争 ↔ 生产要素 ↔ 需求条件 ↔ 相关与支持性产业（四者两两双向箭头相连）</td></tr>
<tr><td rowspan="4">要素概述</td><td>生产要素</td><td>人力资源、天然资源、知识资源、资本资源、基础设施</td></tr>
<tr><td>需求条件</td><td>主要是本国市场的需求</td></tr>
<tr><td>相关与支持性产业</td><td>这些产业和相关上游产业是否有国际竞争力</td></tr>
<tr><td colspan="2">企业战略、企业结构和竞争对手的表现</td></tr>
</table>

钻石模型分析

2. 钻石模型四要素详述（见表2-9）

表2-9　　　　钻石模型四要素详述

★【案例】荷兰的郁金香世界闻名，在于有相关研究机构支持。

因为不利，所以会发展出其他的优势。

【案例】日本：自然资源较少→JIT。

【案例】德系车的竞争优势源于钢铁、机械、化工、零部件等行业的支持。

要素	阐述	
生产要素	分类1	初级生产要素：天然资源、气候、地理位置、非技术工人、资金等
		高级生产要素：现代通信、信息、交通等基础设施，受过高等教育的人力、研究机构等
	分类2	一般生产要素
		专业生产要素：高级专业人才、专业研究机构、专用的软（硬）件设施等
	【观点】 ①一个国家如果想通过生产要素建立起产业强大而又持久的优势，就必须发展高级生产要素和专业生产要素。如果国家把竞争优势建立在初级与一般生产要素的基础上，它通常是不稳定的【案例】刚果（金）：拥有最大产量的钻矿。 ② 一个国家的竞争优势其实可以从不利的生产要素中形成	
需求条件	国内需求：产业发展的动力（本地客户的本质、预期性需求）	
相关与支持性产业	对形成国家竞争优势而言，相关与支持性产业和优势产业是一种休戚与共的关系，例如产业集群的概念	
企业战略、企业结构和同业竞争	创造与持续产业竞争优势的最大关联因素是国内市场强有力的竞争对手 激烈厮杀后剩下的都是高手【案例】美国汽车的"三国演义"。	

第二节　企业内部环境分析

◇ 企业资源与能力分析
◇ 价值链分析
◇ 业务组合分析

通过内部环境分析，企业可以决定能够做什么，即企业所拥有的独特资源与能力所能支持的行为。

一、企业资源与能力分析

考试题型：选择题（会判断某类资源属于有形资源OR无形资源OR人力资源，题目常以案例的形式给出）。

（一）企业资源分析

考查方式：基本考原文（建议通读原文，会结合小案例，分析企业需要的资源）。

目的：识别企业的资源状况、企业资源方面所表现出来的优势和劣势以及对未来战略目标制定和实施的影响如何。

定义：企业所拥有或控制的有效因素的总和。企业的资源禀赋是其获得持续竞争优势的重要基础（竞争优势的资源基础理论）。

1.企业资源的主要类型　✓选择题考点。频率：每年必考。

复习指导：①大标题有形资源、无形资源、人力资源分别有哪些内容；②能根据案例做判断，并归类。

企业资源主要分为三种：有形资源、无形资源和人力资源。

（1）有形资源。✓易错点：财务资源属于有形资源！（特别爱考）。

定义：是指可见的、能用货币直接计量的资源，主要包括物质资源和财务资源。

包含：

①物质资源包括企业的土地、厂房、生产设备、原材料等，是企业的实物资源。

②财务资源是企业可以用来投资或生产的资金，包括应收账款、有价证券等。

（2）无形资源。

定义：是指企业长期积累的、没有实物形态的，甚至无法用货币精确度量的资源，通常包括品牌、商誉、技术、专利、商标、企业文化及组织经验等。

技术资源：是一种重要的无形资源，它主要是指专利、版权和商业秘密等。技术资源具有先进性、独创性和独占性等特点，使得企业可以据此建立自己的竞争优势。

（3）人力资源。

人力资源是指组织成员向组织提供的技能、知识以及推理和决策能力。

有形资源、无形资源和人力资源的种类和注意事项见表2-10。

表2-10　有形资源、无形资源和人力资源的种类和注意事项

项目	种类	注意事项
有形资源	①物质资源包括企业的土地、厂房、生产设备、原材料等，是企业的实物资源 ②财务资源包括应收账款、有价证券等	• 账面价值 ≠ 战略价值 • 稀缺性的有形资源→获得竞争优势
无形资源	• 通常包括品牌、商誉、技术、专利、商标、企业文化及组织经验等 • 技术资源：专利、版权和商业秘密等	• 资产负债表中无形资产≠企业的全部无形资源 • 无形资源一般都难以被竞争对手了解、购买、模仿或替代，因此，无形资源是一种十分重要的企业核心竞争力的来源
	额外注意：软饮料行业，商誉可以说是最重要的企业资源（选之好感。） 【案例】可口可乐VS百事可乐盲试，百事压倒式胜利，但可口可乐仍然是行业老大。体现了商誉是软饮料行业最重要的企业资源。	
人力资源	组织成员向组织提供的技能、知识以及推理和决策能力（管理者经验） 【案例】乔布斯与苹果：体现了苹果管理者经验是苹果的人力资源。	

2.决定企业竞争优势的企业资源判断标准

在分析一个企业拥有的资源时，必须知道哪些资源是有价值的，可以使企业获得竞争优势。其主要的判断标准见表2-11。

表2-11　**决定企业竞争优势的企业资源判断标准**

（1）资源的稀缺性	不易获得【案例】香港九龙半岛酒店，极佳的地理位置。
（2）资源的不可模仿性	①物理上独特的资源：物质本身的特性所决定的。如极佳的地理位置、采矿权、法律保护的专利技术 【案例】王府井的海底捞店面技术，处于极佳的地理位置，属于物理上独特的资源。
	②具有路径依赖性的资源：必须经过长期的积累才能获得的资源。如训练有素的人员 【案例】海底捞的"街舞拉面"技术，需要长时间积累才能获得（考试中此句话是解题的关键），属于路径依赖性资源。
	③具有因果含糊性的资源：有些资源的形成原因并不能给出清晰的解释 【案例】海底捞文化体现了因果含糊性资源（注：考题中看到文化基本都属于此资源）。
	④具有经济制约性的资源：企业的竞争对手已经具有复制其资源的能力，但因市场空间有限不能与其竞争的情况 【案例】大型超市麦德龙，周围再无大卖场，由于周围的市场空间有限，其他大型超市即便有能力对麦德龙进行模仿，也只能放弃竞争，体现了经济制约性资源。
（3）资源的不可替代性	旅游景点的独特优势难以被其他景点所替代 【案例】北京故宫具有唯一性，体现了资源的不可替代性。
（4）资源的持久性	无形资源和组织资源；【注意】品牌资源 vs 计算机技术

（二）企业能力分析　考试题型：以选择题为主，2014年考查了主观题。复习指导：①五种能力的标题要掌握（能根据案例的提示默写）；②通读大概包括的内容，有印象应付选择题（选择题冷门考点，通常给出案例，问案例描述的属于企业哪种能力）。

1.企业能力概述（见表2-12）

表2-12　　**企业能力概述**

定义	企业配置资源，发挥其生产和竞争作用的能力
来源	企业有形资源、无形资源和组织资源的整合，是企业各种资源有机组合的结果 ✓关注！选择题考点（较冷门，若出现也就是选择题一个选项，考查知识点直接还原）。
包括	研发能力、生产管理能力、营销能力、财务能力和组织管理能力等

2.企业能力详述（见表2-13）

表2-13　　**企业能力详述**

研发能力	研发计划、研发组织、研发过程和研发效果	
生产管理能力	生产过程、生产能力、库存管理、人力管理和质量管理（5个）	
营销能力 关注3个标题，多选题冷门考点	产品竞争能力	产品市场地位、收益性、成长性等方面
	销售活动能力	企业销售组织、销售绩效、销售渠道、销售计划等方面
	市场决策能力以	以产品竞争能力、销售活动能力为基础决策能力
财务能力	筹集资金的能力+使用和管理所筹集资金的能力	
组织管理能力	职能管理体系的任务分工；岗位责任；集权和分权的情况；组织结构（直线职能、事业部等）；管理层次和管理范围的匹配	

保持企业竞争活力的关键因素：产品更新换代↑，产品质量↑，产品成本↓，满足消费者需求↑。

生产活动是企业最基本的活动；可以联系第三章的"生产运营职能战略"。

钱从哪里来？用到哪里去？钱怎么管？

复习指导：联系第四章"战略实施"组织结构方面的知识，可加深理解，辅助记忆。
（建议第二遍复习时进行，有印象即可）

【提示】1.营销能力（见表2-14）

表2-14　　**营销能力**

营销能力	评价指标	分析、衡量对象
产品竞争能力	产品市场地位	市场占有率、市场覆盖率等
	收益性	利润空间和量本利
	成长性	销售增长率、市场扩大率
销售活动能力	销售组织	销售机构、销售人员和销售管理等基础数据的评估
	销售绩效	销售计划完成率和销售活动效率
	销售渠道	销售渠道结构（例如，直接销售和间接销售的比例）、中间商评价和销售渠道管理
	销售计划	
市场决策能力	产品竞争能力	
	销售活动能力	

2.财务能力

【链接】 ✓联系财管（适当了解，考试概率较小）。

筹集资金的能力可以用资产负债率、流动比率和已获利息倍数等指标来衡量；

使用和管理所筹集资金的能力可以用投资报酬率、销售利润率和资产周转率等指标来衡量。

考试题型：以选择题为主。此处考试多以理论考查为主，但在基准分析部分多以案例考查，让考生判断该基准分析是哪种基准。

（三）企业的核心能力

✓选择题偏冷门的考点。

1.核心能力概述（见表2-15）

表2-15　**核心能力概述**

★关键字！是解决核心能力与其他概念辨析问题的关键。

概念	企业在具有重要竞争意义的经营活动中能够比其竞争对手做得更好的能力
来源	企业中各个不同部分有效合作的结果，也就是各种单个资源整合的结果
表现形式	完成某项活动所需的优秀技能、一定范围内企业的技术诀窍、能够形成很大竞争价值的一系列具体生产技能的组合

【提示】 核心能力与竞争

核心能力深深地根植于企业的各种技巧、知识和人的能力之中，对企业的竞争力起着至关重要的作用。

2.核心能力的辨别

（1）企业的能力应同时满足以下3个关键测试才可称为核心能力：

①它对顾客是否有价值？

②它与企业竞争对手相比是否有优势？

③它是否很难被模仿或复制？

✓了解！多选题冷门考点，曾经在综合题中的一问考查过此知识点。

（2）核心能力的辨别方法。

包括功能分析、资源分析以及过程系统分析。其补充说明、优点和缺点见表2-16。

表2-16　**各辨别方法的补充说明、优点和缺点**

辨别方法	补充说明	优点	缺点
功能分析	是识别核心能力的常用的方法	比较有效	只能识别出具有特定功能的核心能力
资源分析		分析实物资源比较容易	分析像商标或者商誉这类无形资源则比较困难
过程系统分析	企业通常还是会用该方法来识别核心能力	对整个系统进行分析→更好地判断企业的经营状况	比较复杂

3.核心能力的评价→注意！要能区分评价的五种方法和辨别的3种方法，以防多选题（偏冷门考点，若考查，多以知识点直接还原为主）。

（1）评价的基础与方法。

企业如何才能知道自己的能力是否强于竞争对手？以下是可以用来比较的几种方法：

①企业的自我评价。

②产业内部比较。

③基准分析。

高频考点，每年必考选择题！本部分多以案例形式考查，让考生根据案例判断基准分析是哪种基准，考试考查非常灵活。

基准分析是比较企业和竞争对手的业绩，包括单个或多种具体活动、系统或过程的比较。

✓了解！选择题一个选项，比较冷门。

最理想的方法是把企业和一流企业相比较，无论它们是否处在同一个产业。另一种方法是把企业与产业内的国内外其他企业进行比较。

④成本驱动力和作业成本法。

优点：与传统的成本会计方法相比能提供更有用的信息。

缺点：比较复杂。

⑤收集竞争对手的信息。

（2）基准分析概述。✓稍微关注一下途径，通读即可，从未考过的冷门考点。

定义：分析同产业内一流企业的产品或服务的一个连续系统的过程。

目的：发现竞争对手的优点和不足→针对其优点，补己之短；根据其不足，选择突破口→帮助企业从竞争对手的表现中获得思路和经验，冲出竞争者的包围，超越竞争对手。

✓了解！选择题一个选项，比较冷门。

①基准对象。

一般来说，能够衡量业绩的活动都可以成为基准对象。

企业可以主要关注以下几个领域：

- 占用较多资金的活动；
- 能显著改善与顾客关系的活动；
- 能最终影响企业结果的活动；等等。

✓多选题冷门考点。

②基准类型。每年必考的选择题考点，比较重要，多以小案例形式考查灵活运用，要求考生根据案例描述判断该基准分析是哪种基准。比较容易混淆，需要掌握五种基准类型，能区分过程或活动基准和一般基准。

*视频讲解

基准对象的不同决定了不同的基准类型，基准类型主要包括内部基准、竞争性基准、过程或活动基准、一般基准、顾客基准五种类型，见表2-17。

表2-17　基准类型

基准类型	基准对象	基准对象的特质
内部基准	企业内部各个部门之间	内部
竞争性基准	竞争对手	直接竞争关系
过程或活动基准	具有类似核心经营内容的企业	不存在直接竞争的关系 例如：生产制造、市场营销、产品工艺、存货管理以及人力资源管理等→偏向具体职能
一般基准	具有相同业务的企业	不存在直接竞争的关系
顾客基准	顾客的预期	顾客，例如顾客满意度等

③基准分析实践。✓选择题十分冷门的考点，从未考过。建议通读，有印象即可，万一考查选择题，步骤要会选。

一个企业进行基准分析的成败主要取决于高层管理人员的行为，他们必须清楚地认识到企业需要改革的地方。

√企业实施基准分析的步骤（如图2-3所示）

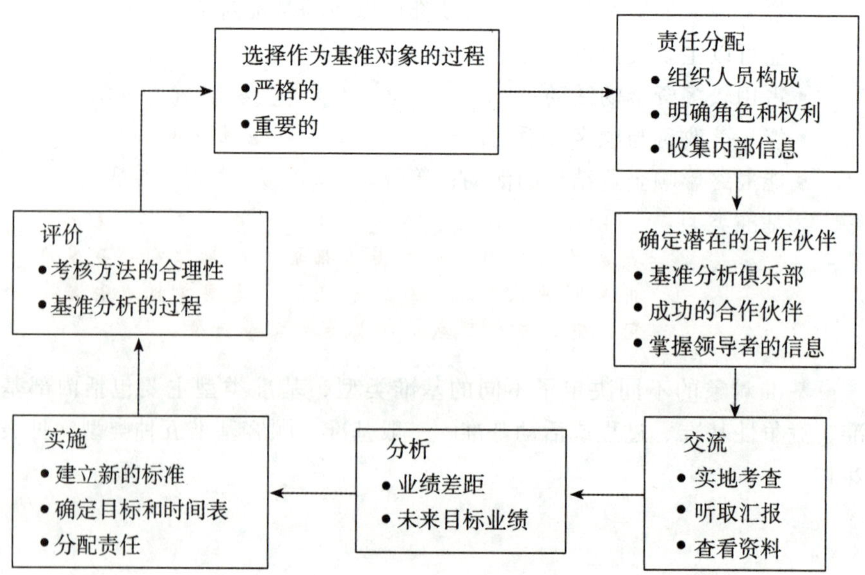

图2-3　企业实施基准分析图

（3）竞争对手分析。✓见本章第一节“竞争对手分析”。

企业核心能力与成功关键因素（见表2-18）。

✓选择题的一个选项，较冷门。提示部分较重要！

提示：获得竞争优势→拥有成功关键因素。

表2-18　　企业核心能力与成功关键因素

概念辨析	章节位置	不同	共同点
企业核心能力	内部环境分析	比竞争对手做得更好的能力	都是公司盈利能力的指示器
成功关键因素	外部环境分析	产业和市场层次的特征	

二、价值链分析

考试题型：主观题、选择题。考试频率：每年必考。多以案例形式考查，考查较为灵活。主观题全部以案例形式考查，要求判断该案例中涉及的价值链活动有哪些（此处要会默写），并能将案例信息做归类。接下来，顺带考查企业资源能力的价值链分析（直接考查默写）。选择题多以案例形式考查，问案例描述的是哪种价值链活动。

复习指导：理论概述通读，了解即可。价值链的5个基本活动，4个支持活动，在理解活动内容的基础上，必须记忆标题。

理论概述见表2-19。

表2-19　　理论概述

提出者	波特
主要观点	企业每项生产经营活动都是其创造价值的经济活动
结论（价值链的定义）	企业所有的互不相同但又相互关联的生产经营活动，便构成了创造价值的一个动态过程，即价值链

价值链日益成为分析公司资源与能力有用的理论框架。价值链把企业活动进行分解，通过考虑这些单个的活动本身及其相互之间的关系来确定企业的竞争优势。

（一）价值链的两类活动

价值链分析将企业的生产经营活动分为基本活动和支持活动两大类。

√价值链图解（如图2-4所示）

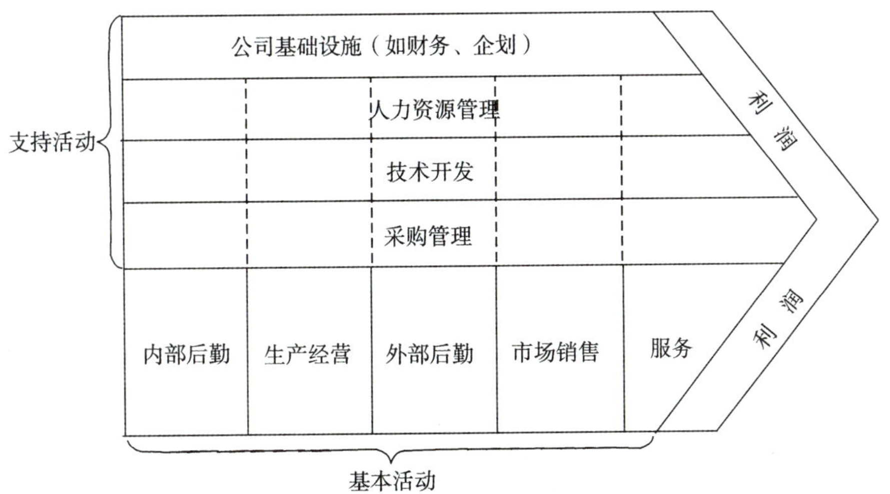

图2-4　价值链图解

*视频讲解

1.基本活动（主体活动）

基本活动，又称主体活动，是指生产经营的实质性活动，一般可以分为内部后勤、生产经营、外部后勤、市场销售和服务五种活动，见表2-20。✓适当关注。

表2-20 基本活动的分类

名称	解释	具体活动形式
内部后勤（进货物流）	与产品投入有关的进货、仓储和分配等活动	原材料的装卸、入库、盘存、运输以及退货等 ✓关键字，适当关注。
生产经营	将投入转化为最终产品的活动	机加工、装配、包装、设备维修、检测等
外部后勤（出货物流）	与产品的库存、分送给购买者有关的活动	✓关键字，适当关注。最终产品的入库、接受订单、送货等
市场销售	与促进和引导购买者购买企业产品的活动	广告、定价、销售渠道等
服务	与保持和提高产品价值有关的活动	培训、修理、零部件的供应和产品的调试等

提示：注意“内部后勤”和“外部后勤”的区别。内部后勤是指原材料相关事项，外部后勤是指产成品相关事项。

2.支持活动（辅助活动）

支持活动，又称辅助活动，是指用以支持基本活动而且内部之间又相互支持的活动，包括采购、技术开发、人力资源管理和企业基础设施，见表2-21。

【举例】法律咨询、外包广告设计等（特别爱考）。

表2-21 支持活动的分类

*视频讲解

名称	解释	具体活动形式
采购	采购企业所需投入品的职能，而不是被采购的投入品本身	采购是广义的，既包括生产原材料的采购，也包括其他资源投入的购买和管理
技术开发	可以改进企业产品和工序的一系列技术活动	广义的概念，既包括生产性技术，也包括非生产性技术 ✓适当关注。
人力资源管理	是指企业对职工的管理	企业职工的招聘、雇用、培训、提拔和退休等各项管理活动 ✓关键字，案例分析题的解题依据。
基础设施	①企业的组织结构、惯例、控制系统以及文化等活动 ②企业高层管理人员 【案例】乔布斯的苹果 注意：厂房建筑物不是价值链中的基础设施（高频选择题考点）。	

提示：注意“采购”和“内部后勤”的区别。采购涉及所有权的转移，内部后勤不涉及。

（二）价值链确定

为了在一个特定产业进行竞争并判定企业竞争优势，有必要确定企业的价值链。从基本价值链着手分析，个体的价值活动在一个特定的企业中得到确认。价值链中的每一个活动都能分解为一些相互分离的活动。

这些活动被分离的基本原则是：

（1）具有不同的经济性；

（2）对产品差异化产生很大的潜在影响；

（3）在成本中比例很大或所占比例在上升。

✓掌握关键字，可能考查多选题。

√复印机生产企业的价值链（如图2-5所示）

✓注意具体问题具体分析：运输服务→采购；产成品运输→外部后勤；原材料运输→内部后勤。（选择题常考，此处是易错点，考试时注意审题）

	公司基础设施				
人力资源管理		招聘、培训		招聘	招聘
技术开发	自动化系统设计	元件设计、机器设计、总装线设计、检测程序、能源管理	信息系统开发	市场研究、销售支持和技术文献	服务手册和程序
采购	运输服务	原材料、其他部件、能源、物资供应、电力/电子部件	计算机服务、运输服务	中介机构服务、物资供应、出差和津贴	备用件出差和津贴
	进货材料搬运、进货检查、部件检查和交货	部件装配总装、调节和检测设备作业	订单处理、装运	广告、促销、销售队伍	服务信誉、备用件系统
	内部后勤	生产经营	外部后勤	市场销售	服务

利润

利润

图2-5 复印机生产企业价值链图

（三）企业资源能力的价值链分析

✓主观题考点，考查方式是根据案例描述分析默写理论，并联系案例进行分析，非常灵活。理解：点（活动）→线（活动之间的联系）→面（连接外部价值链）。

*视频讲解

价值活动和它们之间的联系是组织的竞争优势的源泉。因此，资源分析必须是一个从资源评估到对怎样使用这些资源的评估过程。

企业资源能力的价值链分析要明确以下几点：

1. 确认那些支持企业竞争优势的关键性活动。

2. 明确价值链内各种活动之间的联系。

发生在企业内部，冷门考点。

3. 明确价值系统内各项价值活动之间的联系。

企业与企业之间（企业外部），冷门考点，理解即可。

【拓展案例】 1号店

1. 为让顾客充分享受全新的生活方式和实惠方便的购物，1号店打造了行业标杆式的物流供应链体系。（属于确认那些支持企业竞争优势的关键性活动，案例中就是内部后勤与外部后勤）

2.1号店立足于自身的研发水平，独立研发出多套具有国际领先水平的电子商务管理系统，提升自身的订单处理效率，并在系统平台、采购、仓储、配送和客户关系管理等方面大力投入，打造自身的核心竞争力，以确保高质量的商品能低成本、快速度、高效率地流通。（属于明确价值链内各种活动之间的联系，案例中就是技术开发、采购管理、基础设施等价值链活动相互联系）

3.2014年6月1号店与全家/FamilyMart携手，开通上海地区300个自提点，提供订单包裹24小时自提服务。全家自提点成为1号店继“准时达”“定日达”之后，在物流配送“最后一公里”服务的再一次升级。（属于明确价值系统内各项价值活动之间的联系——企业外部联系，案例中1号店与全家两个企业的价值链发生了联系）

【总结】

1.价值活动的联系不仅存在于企业价值链内部，而且存在于企业与企业的价值链之间。

2.价值系统包括含供应商、分销商和客户在内的各项价值活动之间的许多联系。

3.战略联盟的发展正是基于上述思路

✓从未考过，适当关注，以防与“战略联盟”联系出选择题，最多一个选项。

三、业务组合分析

对于多元化经营的公司来说，还需要将企业的资源和能力作为一个整体来考虑。因此，公司战略能力分析的另一个重要部分就是对公司业务组合进行分析，保证业务组合的优化是公司战略管理的主要责任。波士顿矩阵与通用矩阵分析就是公司业务组合分析的主要方法。

*视频讲解

（一）波士顿矩阵

考查题型：主观题或选择题，必考考点。主观题基本需要根据案例要求，分析某几个产品处于波士顿矩阵的什么位置，然后再问分别该怎么处理（考查波士顿矩阵的运用）。选择题基本以直接考查理论为主，极少考查案例分析。

1.基本概念（见表2-22）✓建议通读，从未考过。

表2-22 基本概念

理论概述	阐述	衡量指标	关键指标
别称	市场增长率-相对市场份额矩阵、波士顿咨询集团法、四象限分析法、产品系列结构管理法等		
提出者	布鲁斯·亨德森（波士顿咨询公司创始人）		
决定产品结构的基本因素	市场引力	市场增长率、目标市场容量、竞争对手强弱及利润高低等	市场增长率：决定企业产品结构是否合理的外在因素
	企业实力	市场占有率以及技术、设备、资金利用能力等	市场占有率：决定企业产品结构的内在要素（直接显示出企业竞争实力）

✓适当关注，最多就是选择题一个选项，出现频率不高。

2. 基本原理

（1）波士顿矩阵图形　✓这个图必须掌握！

波士顿矩阵将企业所有产品从市场增长率和企业市场占有率角度进行再组合。

√波士顿矩阵（如图 2-6 所示）

面积大小反映该业务/产品的收益占企业全部收益的比（了解即可）。

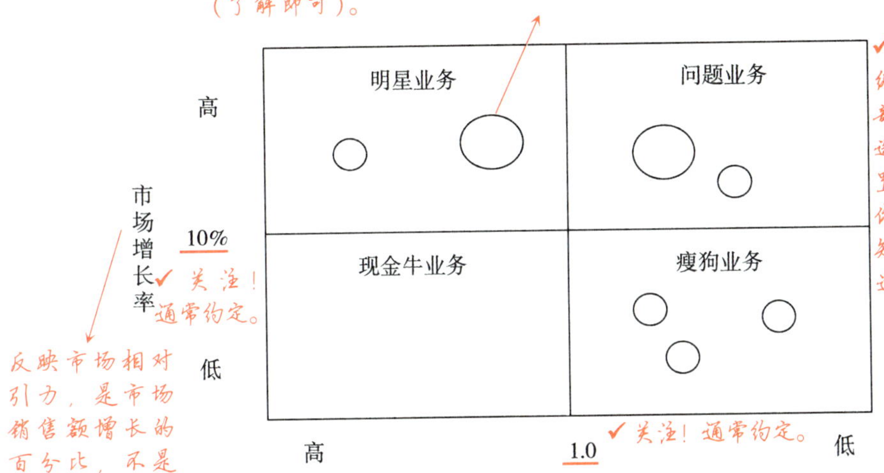

✓要求掌握横、纵轴的含义（此部分是选择题的选项）和业务位置（主观题判断依据）。圆圈涵盖知识较细小，知道一下即可。

相对市场占有率　相对的是最大竞争对手，反映企业的市场竞争地位。

图 2-6　波士顿矩阵

（2）波士顿矩阵的业务类型　★重要！高频考点，是主观题考查矩阵的判断的解题关键！

根据有关业务或产品的市场增长率和企业相对市场占有率标准，波士顿矩阵可以把企业全部的经营业务定位在四个区域中，见表 2-23。

表 2-23　**波士顿矩阵的业务类型**

业务类型	现金流	对策	组织要求
明星	需大量的投资	短期内优先供给资源，支持继续发展，积极扩大经济规模和市场机会，以长远利益为目标，提高市场占有率	事业部形式
问题	通常处于最差的现金流量状态	选择性投资战略，列入企业长期计划中	智囊团或项目组织等形式
现金牛	本身不需投资，反而能为企业提供大量资金	收获战略，即所投入资源以达到短期收益最大化为限	事业部制
瘦狗	不能成为资金的来源	撤退战略，先撤退，再将剩余资源向其他产品转移，最后，整顿产品系列	与其他事业部合并，统一管理

3.波士顿矩阵的运用 ★重要！高频考点，是主观题考查矩阵的判断的解题关键！

充分了解了4种业务的特点后还需进一步明确各项业务单位在公司中的不同地位，从而进一步明确其战略目标。通常有4种战略目标分别适用于不同的业务，见表2-24。

表2-24　**4种战略目标的适用情况**

对策	含义	适用情况
发展	以提高经营单位的相对市场占有率为目标，甚至不惜放弃短期收益	“问题”类业务成为“明星”类业务
保持	投资维持现状，目标是保持业务单位现有的市场占有率	较大的“现金牛”
收割	主要是为了获得短期收益，目标是在短期内得到最大限度的现金收入	处境不佳的“现金牛”类业务及没有发展前途的“问题”类业务和“瘦狗”类业务
放弃	目标在于清理和撤销某些业务，减轻负担，以便将有限的资源用于效益较高的业务	无利可图的“瘦狗”类和“问题”类业务

优点，建议掌握关键字，以防主观题（主观题冷门考点，建议通读浏览）。

4.波士顿矩阵的贡献

波士顿矩阵有以下几方面重要的贡献：

（1）波士顿矩阵是最早的组合分析方法之一，被广泛运用于产业环境与企业内部条件的综合分析、多样化的组合分析、大企业发展的理论依据分析等方面。

（2）波士顿矩阵将企业不同的经营业务综合在一个矩阵中，具有简单明了的效果。

（3）该矩阵指出了每个经营单位在竞争中的地位、作用和任务，从而使企业能够有选择地和集中地运用有限的资金。每个经营业务单位也可以从矩阵中了解自己在总公司中的位置和可能的战略发展方向。

（4）利用波士顿矩阵还可以帮助企业推断竞争对手对相关业务的总体安排。其前提是竞争对手也使用波士顿矩阵的分析方法。

缺点，建议掌握关键字，以防主观题（主观题冷门考点，建议通读浏览）。

5.波士顿矩阵的局限

企业把波士顿矩阵作为分析工具时，应该注意到它的局限性。

（1）在实践中，企业要确定各业务的市场增长率和相对市场占有率是比较困难的。

（2）波士顿矩阵过于简单。

（3）波士顿矩阵事实上暗含了一个假设：企业的市场份额与投资回报是成正比的。但在有些情况下这种假设可能是不成立或不全面的。

（4）波士顿矩阵的另一个条件是，资金是企业的主要资源。但在许多企业内，要进行规划和均衡的重要资源不仅是现金，还有技术、时间和人员的创造力。

（5）波士顿矩阵在具体运用中有很多困难。

（二）通用矩阵 可以在波士顿矩阵的基础上理解；通用矩阵比波士顿矩阵复杂。理解即可（考试频率极低，属于冷门知识点）。

通用矩阵，又称行业吸引力矩阵，是美国通用电气公司设计的一种投资组合分析方法。

1. 基本原理

通用矩阵改进了波士顿矩阵过于简化的不足。

首先，在两个坐标轴上都增加了中间等级；

其次，其纵轴用多个指标反映产业吸引力，横轴用多个指标反映企业竞争地位。

这样，通用矩阵不仅适用于波士顿矩阵所适用的范围，而且对不同需求、技术寿命周期曲线的各个阶段以及不同的竞争环境均适用。9个区域的划分，更好地说明了企业中处于不同竞争环境和不同地位的各类业务的状态。

√通用矩阵（如图2-7所示）

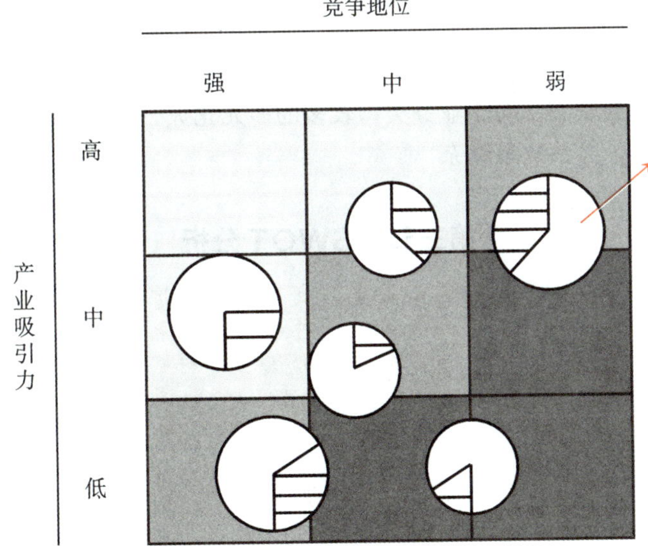

矩阵中圆圈面积的大小与产业规模成正比，图中扇形部分（画线部分）表示某项业务的市场占有率（细小知识点，有印象即可，选择题冷门考点）。

图2-7　通用矩阵

复习指导：①具体指标通读（了解即可）；②适当关注“市场占有率”（选择题极冷门考点）；③指标的计算方法：分级加权平均（了解即可，考试概率低）。

影响产业吸引力的因素，有市场增长率、市场价格、市场规模、获利能力、市场结构、竞争结构、技术及社会政治因素等。评价产业吸引力的大致步骤是，首先根据每个因素的相对重要程度，定出各自的权数；然后根据产业状况定出产业吸引力因素的级数;最后用权数乘以级数，得出每个因素的加权数，并将各个因素的加权数汇总，即为整个产业吸引力的加权值。

影响经营业务竞争地位的因素，有相对市场占有率、市场增长率、买方增长率、产品差别化、生产技术、生产能力、管理水平等。评估企业经营业务竞争地位的原理，与评估产业吸引力原理是相同的。

2.通用矩阵的基本运用（如图2-8所示）

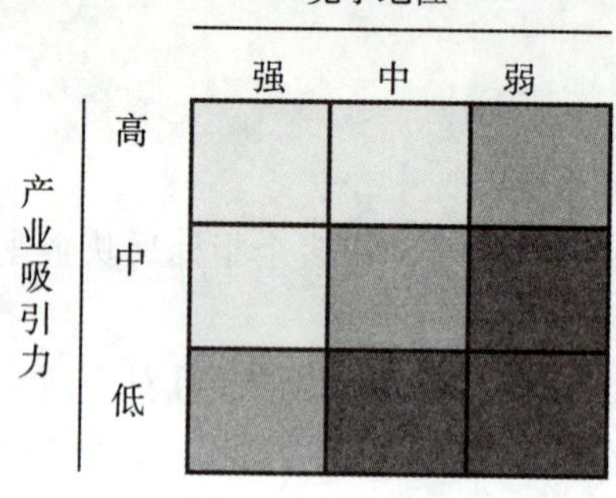

①最适于采取增长与发展战略，企业应优先分配资源；
②应采取维持或有选择地发展的战略，保护原有的发展规模，同时调整其发展方向；
③一般采取停止、转移、撤退战略（运用思路较重要，可参照波士顿矩阵理解，属于选择题考点）。

图2-8　通用矩阵的基本运用

3.通用矩阵的局限　关键思路：太复杂（仅作理解，冷门考点）。

（1）用综合指标来测算产业吸引力和企业的竞争地位，这些指标在不同产业或不同企业的表现可能不一致，评价结果也会由于指标权数分配的不准确而产生偏差。

（2）分划较细，对于业务类型较多的多元化大公司必要性不大，且需要更多数据，方法比较繁杂。

第三节　SWOT分析

◇ 基本原理

◇ SWOT分析的应用

考试题型：主观题、选择题。考试基本都以案例形式进行考查，主观题主要考查在默写模型情况下的案例信息归类整理。选择题主要考查4个小案例分析，考查选项的SWOT分析和运用是否正确，属于常规考点。
备考指导：理解为主，知道SWOT分别代表什么，会两两组合进行分析。

SWOT分析是由美国哈佛商学院率先采用的一种经典的分析方法。它根据企业所拥有的资源，进一步分析企业内部的优势与劣势以及企业外部环境的机会与威胁，进而选择适当的战略。

一、基本原理

SWOT分析是一种综合考虑企业内部条件和外部环境的各种因素，进行系统评价，从而选择最佳经营战略的方法。SWOT的含义、表现和补充说明见表2-25。

表 2-25　　　　　　SWOT 的含义、表现和补充说明

<table>
<tr><th>要素</th><th>含义</th><th>表现</th><th>补充说明</th></tr>
<tr><td>优势（S）</td><td>是指能给企业带来重要竞争优势的积极因素或独特能力</td><td rowspan="2">企业的资金、技术设备、员工素质、产品、市场、管理技能等方面</td><td rowspan="2">判断企业内部的优势和劣势一般有两项标准：
单项的优势和劣势；
综合的优势和劣势</td></tr>
<tr><td>劣势（W）</td><td>是限制企业发展且有待改正的消极方面</td></tr>
<tr><td>机会（O）</td><td>是随着企业外部环境的改变而产生的有利于企业的时机</td><td>政府支持、高新技术的应用、良好的购买者和供应者关系等</td><td rowspan="2">影响企业当前竞争地位或未来竞争地位的主要障碍</td></tr>
<tr><td>威胁（T）</td><td>是随着企业外部环境的改变而产生的不利于企业的时机</td><td>如新竞争对手的出现、市场增长缓慢、购买者和供应者讨价还价能力增强、技术老化等</td></tr>
</table>

提示：内部环境分析，优势、劣势二者选其一(选择题解题关键：不能出现 SW 组合)。

外部环境分析，机会、威胁二者选其一（选择题解题关键：不能出现 OT 组合）。

二、SWOT 分析的应用

SWOT 分析中最核心的部分是评价企业的优势和劣势、判断企业所面临的机会和威胁并做出决策，即在企业现有的内外部环境下，如何最优地运用自己的资源，并且考虑建立公司未来的资源。SWOT 分析的应用见表 2-26。

表 2-26　　　　　　SWOT 分析的应用

<table>
<tr><th colspan="2" rowspan="2">要素</th><th colspan="2">外部环境</th></tr>
<tr><th>机会</th><th>威胁</th></tr>
<tr><td rowspan="2">内部环境</td><td>优势</td><td>增长型战略（SO）</td><td>多种经营战略（ST）</td></tr>
<tr><td>劣势</td><td>扭转型战略（WO）</td><td>防御型战略（WT）</td></tr>
</table>

【扩展案例】滴滴出行

S：滴滴在中国 400 余座城市为近 3 亿用户提供出租车召车、专车、快车、顺风车、代驾、试驾、巴士和企业级等全面出行服务。滴滴拥有 87% 以上的中国专车市场份额；99% 以上的网约出租车市场份额。2015 年，滴滴平台共完成 14.3 亿个订单；成为全球仅次于淘宝的第二大在线交易平台

W：滴滴的市场竞争大多依靠补贴，力图培养民众的消费习惯，但巨额的补贴费用同时也会给滴滴带来不少的隐患，目前为止，成本问题仍然是悬在滴滴头上的“达魔克利斯之剑”

O：Uber把中国业务与滴滴出行合并，接收Uber中国给滴滴带来的，不仅是Uber中国的品牌、业务、数据等全部资产，还有增长的市场占有率

T：2016年10月8日，网约车新政出台，滴滴发表声明：车辆供给骤减、司机大幅减少、网约车车费翻倍和出行效率大幅降低。上海滴滴司机中，只有不到2.44%的司机满足新政要求。而其竞争对手神州专车则表明：静看事态变化，神州专车并无影响

滴滴出行（体现了SWOT分析的运用）

		外部环境	
		机会	威胁
内部环境	优势	增长型战略（SO） 进一步扩张二、三线城市滴滴出行的业务	多种经营战略（ST） 战略投资共享单车平台ofo
	劣势	扭转型战略（WO） 以用户体验为突破口，提高用户黏性	防御型战略（WT） 完善出行安全保障

智能测评

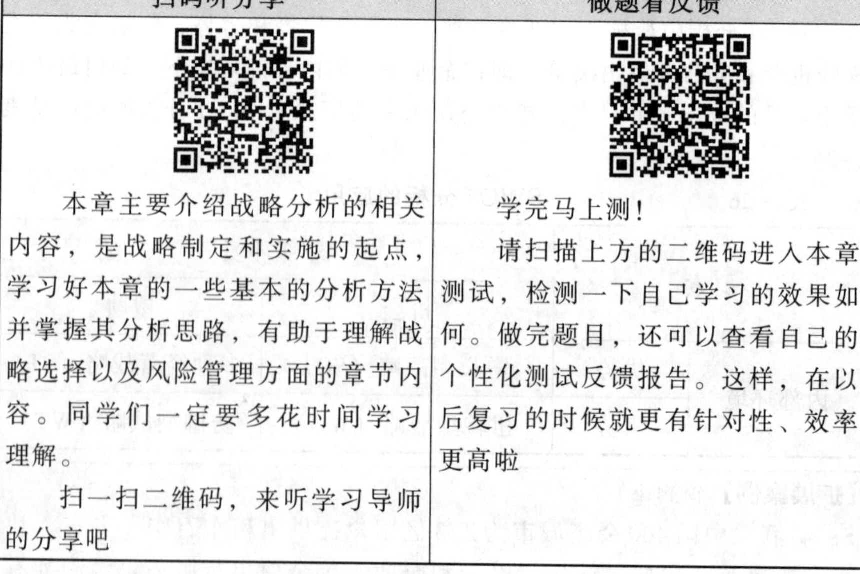

扫码听分享	做题看反馈
本章主要介绍战略分析的相关内容，是战略制定和实施的起点，学习好本章的一些基本的分析方法并掌握其分析思路，有助于理解战略选择以及风险管理方面的章节内容。同学们一定要多花时间学习理解。 扫一扫二维码，来听学习导师的分享吧	学完马上测！ 请扫描上方的二维码进入本章测试，检测一下自己学习的效果如何。做完题目，还可以查看自己的个性化测试反馈报告。这样，在以后复习的时候就更有针对性、效率更高啦

（✓近3年考试中，平均分值为32分左右。本章考试题型涉及各观题、简答题和综合题。本章内容考试考查得非常灵活，大多需要先判断案例材料属于哪种类型的战略，之后再问动因、优缺点之类的问题）

*本章导学视频

第三章 战略选择

本章属于十分重要的章节，主要介绍了总体战略、业务单位战略、职能战略和国际化经营战略的相关内容与理论。本章内容为战略选择，是战略管理流程的第二步，回答的问题是"企业向何处发展"。

本章需重点掌握：（1）公司层战略；（2）发展战略的途径（并购、内部发展和战略联盟）；（3）基本竞争战略；（4）战略钟；（5）中小企业竞争战略；（6）蓝海战略；（7）职能战略；（8）国际化经营的动因、国际市场进入模式、国际化经营的战略类型和新兴市场的企业战略。

（✓本章是复习的重中之重。需要同学在理解的基础之上，进行记忆和背诵。学习本章时，同学们会感觉比较漫长，但使用案例加以理解，学习过程也将比较愉快）

主要内容

第一节 总体战略（公司层战略）　　第三节 职能战略

第二节 业务单位战略　　第四节 国际化经营战略

本章涉及的战略和逻辑结构如图3-1所示。

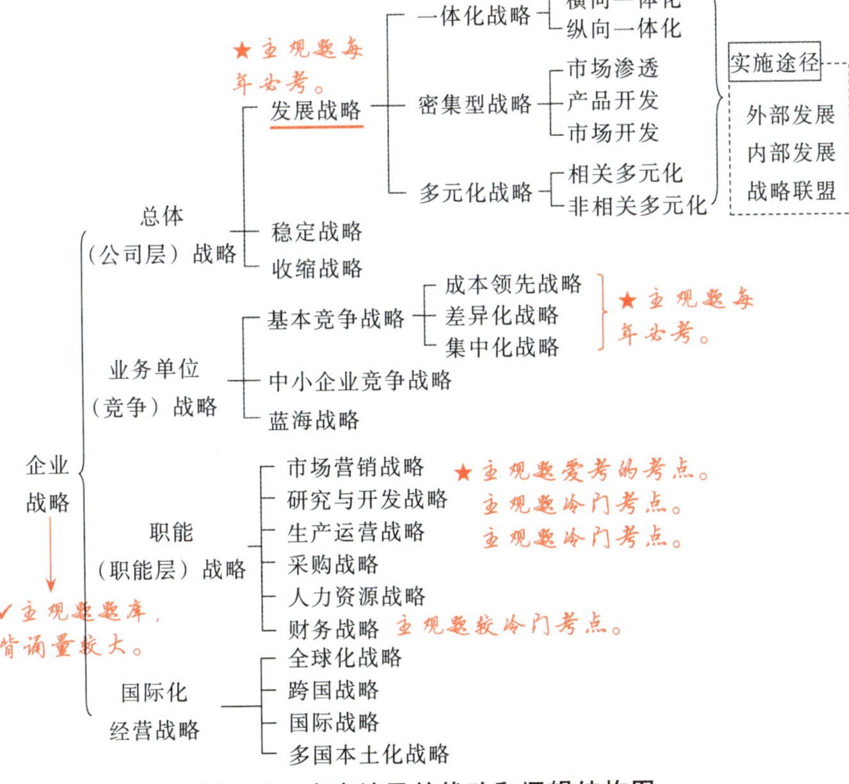

图3-1 本章涉及的战略和逻辑结构图

第一节　总体战略（公司层战略）

◇ 总体战略的主要类型

◇ 发展战略的主要途径

总体战略（公司层战略）是企业最高层次的战略。它需要根据企业的目标，选择企业可以竞争的经营领域，合理配置企业经营所必需的资源，使各项经营业务相互支持、相互协调。公司战略常常涉及整个企业的财务结构和组织结构方面的问题。

一、总体战略的主要类型

★每年必考！题型：主观题、选择题。备考指南：大标题全部要求掌握，要求在理解的基础上，加以记忆，需背诵的重点内容会在后续标出。

企业总体战略可分为三大类：发展战略、稳定战略和收缩战略。

（一）发展战略

企业发展战略强调充分利用外部环境的机会，充分发掘企业内部的优势资源，以求企业在现有的战略基础上向更高一级方向发展。

发展战略主要包括3种基本类型：一体化战略、密集型战略和多元化战略。

1.一体化战略

✓概述

掌握框架，定义理解即可，关键字大致掌握。

✓考试题型：主观题（高频）、选择题（高频）。

一体化战略

一体化战略
- 定义—企业对具有优势和增长潜力的产品或业务，沿其经营链条的纵向或横向延展业务的深度和广度，扩大经营规模，实现企业成长
- 纵向一体化
  - 定义—纵向一体化战略是指企业沿着产品或业务链向前或向后，延伸和扩展企业现有业务的战略
  - 前向一体化指获得分销商或零售商的所有权或加强对他们的控制权的战略（方向不同。）
  - 后向一体化指获得供应商的所有权或加强对其的控制权
- 横向一体化—横向一体化是指企业收购、兼并或联合竞争企业的战略

✓概念图解（如图3-2所示）

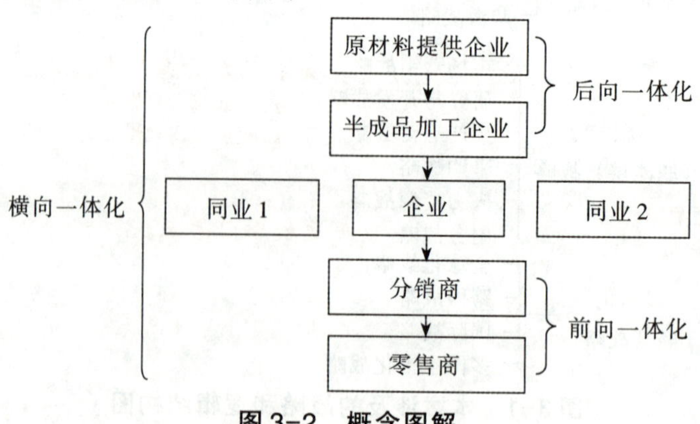

图3-2　概念图解

（1）纵向一体化战略。（需记忆优缺点及风险等）

纵向一体化战略概述见表3-1。

表 3-1 **纵向一体化战略概述**

优点	有利于节约与上、下游企业在市场上进行购买或销售的交易成本，控制稀缺资源，保证关键投入的质量或者获得新客户
缺点	会增加企业的内部管理成本，企业规模并不是越大越好
主要风险	①不熟悉新业务领域所带来的风险 ②纵向一体化，尤其是后向一体化，一般涉及的投资数额较大且资产专用性较强，增加了企业在该产业的退出成本
分类	前向一体化&后向一体化

纵向一体化战略详述见表 3-2。

表 3-2 **纵向一体化战略详述**

前向一体化战略	**含义**	获得分销商或销售商的所有权或加强对他们的控制权的战略
	优点	有利于企业控制和掌握市场，增强对消费者需求变化的敏感性，提高企业产品的市场适应性和竞争力
	适用条件	①企业现有销售商的销售成本较高或者可靠性较差而难以满足企业的销售需要 ②企业所在产业的增长潜力较大 ③企业具备前向一体化所需的资金、人力资源等 ④销售环节的利润率较高
后向一体化战略	**含义**	获得供应商的所有权或加强对其控制权
	优点	有利于企业有效控制关键原材料等投入的成本、质量及供应可靠性，确保企业生产经营活动稳步进行
	适用条件	①企业现有的供应商的供应成本较高或者可靠性较差而难以满足企业对原材料、零件等的需求 共性，但方向不同。 ②供应商数量较少而需求方竞争者众多 ③企业所在产业的增长潜力较大 共性。 ④企业具备后向一体化所需的资金、人力资源等 共性，但 ⑤供应环节的利润率较高 共性，但方向不同。方向不同。 ⑥企业产品价格的稳定对企业十分关键，后向一体化有利于控制原材料成本，从而确保产品价格的稳定

【案例】美特斯邦威最早是制衣厂，而后转战零售，由制衣到制衣并销售。

“适用条件”记忆的关键词：1.增长潜力；2.有资金和人力资源；3.可靠性差；4.利润率较高。

★主观题高频考点，建议背诵。

【案例】最早的后向一体化案例：通用汽车并购费雪公司。

记忆技巧：将前向一体化的适用条件对比记忆。结论：前向一体化的适用条件全部是后向一体化的适用条件只是方向不同，后向一体化的适用条件4+2。

★主观题高频考点，建议背诵。

【提示】后向一体化战略在汽车、钢铁等产业采用得较多。

（2）横向一体化战略（见表 3-3）。

表 3-3 **横向一体化战略**

横向一体化战略	**含义**	企业收购、兼并或联合竞争企业的战略
	主要目的	减少竞争压力、实现规模经济和增强自身实力以获取竞争优势
	适用条件	①企业所在产业竞争较为激烈 ②企业所在产业的规模经济较为显著 ③企业的横向一体化符合反垄断法律法规，能够在局部地区获得一定的垄断地位 ④企业所在产业的增长潜力较大 ⑤企业具备横向一体化所需的资金、人力资源等 共性。

主观题高频考点，建议背诵，记忆技巧：联系纵向一体化适用条件，2个共性，3个特性，2+3。

总结：若考到一体化适用条件，必须要答到：产业增长潜力大+企业具备一体化所需的资金、人力资源等。

2.密集型战略 ✓考试题型：主观题（爱考）、选择题（高频）。

✓含义：指企业充分利用现有产品或服务的潜力，强化现有产品或服务竞争地位的战略。（安索夫“产品与市场战略组合”矩阵）

✓安索夫“产品与市场战略组合”矩阵（见表3-4） 名称要熟悉。

✓矩阵是选择题判断战略的依据，因此要全面掌握。

注意：安索夫矩阵包含了多元化战略，但多元化战略不是密集型战略！

表3-4　安索夫“产品与市场战略组合”矩阵

		产品	
		现有产品	新产品
市场	现有市场	市场渗透	产品开发
	新市场	市场开发	多元化

（1）市场渗透——现有产品和现有市场（见表3-5）。

密集型战略

表3-5　市场渗透——现有产品和现有市场

含义	增加现有产品或服务的市场份额，或增加正在现有市场中经营的业务。目标是通过各种方法来增加产品的使用频率 【案例】可口可乐：听装拉环的改变。
途径	①扩大市场份额。适合于整体正在成长的市场 【案例】饿了么的补贴政策。 ②开发小众市场。适合于实力弱的小企业 【案例】1号店，快消品线上销售。 ③保持市场份额。适合于衰退的市场
适用情况	此种策略的难易程度取决于：市场的性质及竞争对手的市场地位
	①当整个市场正在增长时，渗透相对容易。向停滞或衰退的市场渗透会难得多 ②如果一家企业决定将利益局限在现有产品或市场领域，即使在整个市场衰退时也不允许销售额下降，那么企业就必须采取市场渗透战略 ③如果其他企业由于各种原因离开了市场，那么市场渗透战略可能比较容易成功 ④企业拥有强大的市场地位，并且能够利用经验和能力来获得强有力的独特竞争优势，那么实施市场渗透是比较容易的 ⑤当市场渗透战略的风险较低、高级管理者参与度较高，且需要的投资相对较少的时候，市场渗透战略也会比较适用
教材例子	为了吸引消费者于购物时使用商业银行的信用卡，银行与各大型百货商店合作，推出签账回赠、周末签账折扣优惠等营销方法，也提供签账换取飞行里程数等考试考查过原文案例。

需记忆，主观题爱考的知识点，建议掌握关键字。

【对照理解】不成功便成仁，破釜沉舟。

【对照理解】敌退我进。

（2）市场开发——现有产品和新市场（见表3-6）。

表 3-6　　市场开发——现有产品和新市场

含义	将现有产品或服务打入新市场的战略
途径	开辟其他区域市场和细分市场
原因	①企业发现现有产品生产过程的性质导致难以转而生产全新的产品，因此他们希望能开发其他市场 ②市场开发往往与产品改进结合在一起 ③现有市场或细分市场已经饱和，企业只能去寻找新的市场
适用情况	①存在未开发或未饱和的市场　有市场。 ②可得到新的、可靠的、经济的和高质量的销售渠道　有渠道。 ③企业在现有经营领域十分成功　有经验。 ④企业拥有扩大经营所需的资金和人力资源　有人、有钱。 ⑤企业存在过剩的生产能力　有产能。 ⑥企业的主业属于正在迅速全球化的产业　可以走出去。
教材例子	迪士尼利用同样的卡通主题和模式，在多个地方如东京、巴黎、上海等地开设主题公园，成为旅游热点

【案例】星巴克的中国市场扩张之路。

★主观题爱考的知识点，建议掌握关键字。

（3）产品开发——新产品和现有市场（见表3-7）。（需记忆原因和适用条件）

表 3-7　　产品开发——新产品和现有市场

含义	在原有市场上，通过技术改进与开发研制新产品。 这种战略可以延长产品的寿命周期，提高产品的差异化程度，满足市场新的需求，从而改善企业的竞争地位
注意	拥有特定细分市场、综合性不强的产品或服务范围窄小的企业可能会采用这一战略
途径	例如，提供不同尺寸和不同颜色的产品；使用不同包装形式（将产品分装在罐头和瓶子中）
原因	①充分利用企业对市场的了解 ②保持相对于竞争对手的领先地位 ③从现有产品组合的不足中寻求新的机会 ④使企业能继续在现有市场中保持稳固的地位
适用情况	①企业的产品具有较高的市场信誉度和顾客满意度　有品牌。 ②企业所在产业属于适宜创新的高速发展的高新技术产业　产业适宜创新。 ③企业所在产业正处于高速增长阶段　有市场。 ④企业具有较强的研究和开发能力　有能力。 ⑤主要竞争对手以类似价格提供更高质量的产品　迫使创新。
教材例子	一家以创新为中心的粮食产品公司，为使消费者对其产品有新鲜感，不断致力于开发新产品。公司看准开发大米系列食品在现有市场的潜力，推出了各种加工类型的产品，包括： ①方便型 ②保健型 ③饮料型 ④糕点型

注意：【案例】可口可乐：玻璃瓶装的瓶子演变。

★主观题爱考的知识点。建议掌握关键字。

多元化战略

（4）多元化——新产品和新市场。

3.多元化战略　★考试题型：主观题（高频考点）、选择题（高频考点）。

多元化战略概述见表3-8。

表3-8　多元化战略概述

了解。

定义	指企业进入与现有产品和市场不同的领域
分类	相关多元化战略（同心多元化）
	非相关多元化战略（离心多元化）

多元化战略类型见表3-9。

表3-9　理解。　多元化战略类型

战略类型	战略描述	
相关多元化（同心多元化）	含义	企业以现有业务或市场为基础进入相关产业或市场的战略
	利于	获取融合优势，即两种业务或两个市场同时经营的盈利能力大于各自经营时的盈利能力之和（范围经济）
	相关性	体现在产品、生产技术、管理技能、营销渠道、营销技能、用户等
	风险	比非相关多元化稍低一些
	适用条件 ★关注。	企业在产业或市场内具有较强的竞争优势，而该产业或市场成长性或吸引力逐渐下降
非相关多元化（离心多元化）	含义	企业进入与当前产业和市场均不相关的领域的战略
	目标	从财务上考虑平衡现金流或者获得新的利润增长点，规避产业或市场的发展风险
	适用条件 ★关注。	企业当前产业或市场缺乏吸引力，而企业也不具备较强的能力和技能转向相关产品或市场

【案例】雀巢靠婴幼儿奶制品出名，之后陆续推出无糖炼乳和灭菌乳、奶粉等产品。

【案例】大连万达进入文化、影视、娱乐、体育产业。

多元化战略详述见表3-10。

表3-10　　多元化战略详述

原因	①在现有产品或市场中持续经营不能达到目标 ②企业由于以前在现有产品或市场中成功经营而保留下来的资金超过了其在现有产品或市场中的财务扩张所需要的资金　有闲钱。 ③与在现有产品或市场中的扩张相比，多元化战略意味着更高的利润
优点 ★主观题高频考点，建议背诵。	①分散风险，当现有产品及市场失败时，新产品或新市场能为企业提供保护 ②能更容易地从资本市场获得融资　风险小，资金更青睐。①②一起记忆；④⑤⑦一起记忆；③⑥一起记忆。 ③当企业在原产业无法增长时找到新的增长点 ④利用未被充分利用的资源　物（有形和人力等）。 ⑤运用盈余资金　财。 ⑥获得资金或其他财务利益　新的增长点往往意味着挣钱。 ⑦运用企业在某个产业或某个市场中的形象和声誉来进入另一个产业或市场，而在另一个产业或市场中要取得成功，企业形象和声誉是至关重要的　品牌（无形）。
风险 建议背诵。	①来自原有经营产业的风险　老业务风险。 ②市场整体风险　多元化后主要面向整体风险。 ③产业进入风险 ④产业退出风险　③④新业务本身的风险。 ⑤内部经营整合风险　不同业务的管理风险。

（二）稳定战略（见表3-11）　冷门考点，大致了解，以防出选择题。

表3-11　　稳定战略

含义	又称维持战略，是指限于经营环境和内部条件，企业在战略期所期望达到的经营状况基本保持在战略起点的范围和水平上的战略
途径	企业不需要改变自己的使命和目标，企业只需要集中资源用于原有的经营范围和产品，以增加其竞争优势
适用情况	对环境的预测变化不大，而在前期经营相当成功的企业
优点	①可以充分利用原有生产经营领域中的各种资源 ②避免开发新产品和新市场所必需的巨大资金投入和开发风险 ③避免资源重新配置和组合的成本 ④防止由于发展过快、过急造成的失衡状态
风险	①一旦企业外部环境发生较大变动，企业战略目标、外部环境、企业实力三者之间就会失去平衡，将会使企业陷入困境 ②容易使企业减弱风险意识，甚至会形成惧怕风险、回避风险的企业文化，降低企业对风险的敏感性和适应性

（三）收缩战略 ✓考试题型：选择题（爱考）。

1.收缩战略概述（见表3-12）

表3-12 **收缩战略概述**

含义	也称撤退战略，是指那些没有发展或者发展潜力很渺茫的企业应该采取的战略	
原因	主动原因	①大企业战略重组的需要【案例】IBM转型需要，卖出个人PC业务。 ②小企业的短期行为【对照】金盆洗手，不干了。
	被动原因	①外部原因 ②企业（或某业务）失去竞争优势
途径	紧缩与集中战略	
	转向战略	
	放弃战略	

2.收缩战略的途径 （需理解并记忆具体的途径类型）。

（1）紧缩与集中战略（见表3-13）。

【案例】2008年星巴克大规模裁员，削减4亿美元成本。

表3-13 **紧缩与集中战略**

含义	紧缩与集中战略往往集中于短期效益，主要涉及采取补救措施制止利润下滑，以期立即产生效果	
途径	①机制变革	调整管理层领导班子；重新制定新的政策和管理控制系统，以改善激励机制与约束机制等
	②财政和财务战略	如引进和建立有效的财务控制系统，严格控制现金流量；与关键的债权人协商，重新签订偿还协议，甚至把需要偿付的利息和本金转换成其他的财务证券（如把贷款转换成普通股或可转换优先股）等
	③削减成本战略	削减人工成本、材料成本、管理费用以及资产（内部放弃或改租、售后回租）等

（2）转向战略（见表3-14）。

【案例】2008年星巴克基于互联网高调重提“熟客文化”和“回到社区”的理念，向公众努力推销星巴克的消费体验。

表3-14 **转向战略**

含义	转向战略更多地涉及企业经营方向或经营策略的改变
途径	①重新定位或调整现有的产品和服务
	②调整营销策略，在价格、广告、渠道等环节推出新的举措

（3）放弃战略（见表3-15）。放弃战略涉及企业（或子公司）产权的变更，

与前面两种战略相比，是比较彻底的撤退方式。

表 3-15 **放弃战略**

类型	所有权的终止	相对频繁性	新的所有权形式
特许经营	全部；有限期	经常	子公司或独立机构
分包	全部；但仍保留贸易关系	经常	子公司
卖断	全部；往往是永久性的	小规模卖断经常发生，属一系列行动中的一部分；大规模卖断往往是危机的表现	子公司
管理层与杠杆收购	全部；永久性，母公司可能拥有股权	小规模——经常性，大规模——英国和美国常用	独立机构
拆产为股/分拆	分离而不是终止所有权，可能带来所有权的稀释，通常是永久性的	小规模——经常性，尤其是高科技企业经常发生，由管理层购入股权	准独立机构
资产互换与战略贸易	全部；保持了母公司的规模，只涉及资产	不常见，因反托拉斯导致小规模资产互换，大规模的资产互换多是自愿的	子公司

下面是对每一种放弃方式的具体说明。

①特许经营。这种方式是指企业卖给被特许经营企业有限权利，而收取一次性付清的费用。

②分包。这种方式是指公司采用招标的方式让其他公司生产本公司的某种产品或者经营本公司的某种业务。

③卖断。指母公司将其所属的业务单位卖给其他企业，从而与该业务单位断绝一切关系，实现产权的彻底转移。

④管理层与杠杆收购。即一家公司把大部分业务卖给它的管理层或者另外一家财团，母公司可以在短期或者中期保留股权。

⑤拆产为股/分拆。母公司的一部分分拆为战略性的法人实体，以多元持股的形式形成子公司的所有权。母公司仍然在很大程度上控制着这部分企业。与母公司脱离的子公司可以看成是准独立机构。

⑥资产互换与战略贸易。在这种情况下，所有权的转让是通过企业之间交换资产来实现的。这要在两个公司之间达成一种匹配，卖方公司和买方公司都能够接受彼此的资产。例如：韵达的借壳上市。

【总结】收缩战略的方式（见表3-16）

表3-16 **收缩战略的方式**

途径	概述	具体措施
紧缩与集中战略	往往集中于短期效益，主要涉及采取补救措施制止利润下滑，以期立即产生效果	机制变革
		财政和财务战略
		削减成本战略
转向战略	更多地涉及企业的整个经营方向的改变	重新定位或调整现有的产品和服务
		调整营销策略
放弃战略	涉及企业（或子公司）产权的变更	特许经营；分包；卖断；管理层与杠杆收购；拆产为股/分拆；资产互换与战略贸易

✓掌握，选择题爱考的考点。

3.收缩战略的困难

收缩战略对企业主管来说，是一项非常困难的决策。困难主要来自两个方面，见表3-17。

表3-17 **收缩战略的困难**

对企业或业务状况的判断	①企业产品所处的寿命周期以及今后的盈利情况和发展趋势 ②产品或业务单位的当前市场状况以及竞争优势和机会 ③腾下来的资源应如何运用 ④寻找一个愿出合理价格的买主 ⑤放弃一部分获利的业务或者一些经营活动，转而投资其他可能获利较大的业务是否值得 ⑥关闭一家企业或者一家工厂，是否比在微利下仍然持续运转合算。特别是退出的障碍是否较大，而且成本高昂 ⑦准备放弃的那部分业务在整个公司中所起的作用和协同优势 ⑧用其他产品和服务来满足现有顾客需求的机会 ⑨企业降低分散经营的程度所带来的有形和无形的效益 ⑩寻找合适的买主	
退出障碍	①固定资产的专用性程度	当资产涉及具体业务或地点的专用性程度较高时，其转移及转换成本高，从而就难以退出现有产业
	②退出成本	退出成本包括劳工协议、重新安置的成本、备件维修成本等
	③内部战略联系	企业内部某业务单位与其他业务单位在市场形象、市场营销能力、利用金融市场及设施共享等方面的内部相互联系
	④感情障碍	企业在制定退出战略时，会引发一些管理人员和职工的抵触情绪
	⑤政府与社会约束	政府考虑到失业问题和对地区经济的影响，有时会出面反对或劝阻企业退出的决策

从未考过大致了解，以防出选择题。

✓选择题高频考点，建议掌握大标题，需理解具体内容，以备主观题考查一问（冷门）。

二、发展战略的主要途径

✓考试题型：主观题、选择题。频率：每年必考。备考指导：并购与战略联盟是重中之重，建议在理解的基础上加以记忆。重点内容会在后续标出。

在前面阐述的公司总体战略的3种类型——发展战略、稳定战略和收缩战略中，实施发展战略的又可以采用不同的途径。

（一）发展战略可选择的途径

发展战略一般可以采用3种途径，即外部发展（并购）、内部发展（新建）与战略联盟，见表3-18。

表3-18　　发展战略可选择的途径

	含义　了解。	交易费用（经济学角度）通读。
外部发展（并购）	企业通过取得外部经营资源谋求发展的战略	运用“统一规制”方式实现企业一体化，即以企业组织形态取代市场组织形态
	狭义内涵：并购（收购&合并）	
内部发展（新建）	企业利用自身内部资源谋求发展的战略	运用“市场规制”实现企业的市场交易，即以市场组织形态取代企业组织形态
	狭义内涵：新建	
战略联盟	两个或两个以上经营实体之间为了达到某种战略目的而建立的一种合作关系	企业战略联盟是这两种组织形态中的一种中间形态
	合并或兼并就意味着战略联盟的结束	

（二）并购战略

1.并购的类型　✓考试题型：主观题（高频）、选择题（高频）。理解并区别不同类型。

企业并购有许多具体形式，这些形式可以从不同的角度加以分类，见表3-19。

表3-19　　并购的类型【案例】58同城，一个会赶集的网站。

并购战略

分类标准	类别		含义
按并购双方所处的产业分类	横向并购		并购方与被并购方处于同一产业
	纵向并购	前向并购	沿着产品实体流动方向所发生的并购，如生产企业并购销售商
		后向并购	沿产品实体流动的反向所发生的并购，如加工企业并购原料供应商【案例】通用汽车和费雪公司。
	多元化并购		处于不同行业、在经营上也无密切联系的企业之间的并购【案例】万达并购传奇影业。
按被并购方的态度分类	友善并购		并购方与被并购方通过友好协商确定并购条件，在双方意见基本一致的情况下实现产权转让的一类并购【案例】雀巢和徐福记（你情我愿）。
	敌意并购		并购方不顾被并购方的意愿强行收购对方企业的一类并购。【案例】万宝之争，门口的野蛮人。
按并购方的身份分类	产业资本并购		并购方为非金融企业【案例】海尔并购通用家电。
	金融资本并购		并购方为投资银行或非银行金融机构【案例】平安信托并购汽车之家。
按收购资金来源分类	杠杆收购		收购方的主体资金来源是对外负债【案例】宝能VS万科。
	非杠杆收购		收购方的主体资金来源是自有资金

2.并购的动机 ✔高频主观题考点，建议背诵。

如前所述，企业实施发展战略的途径有多种选择，为什么要选择并购战略？以下内容着重于分析并购战略不同于新建战略的动机。

（1）避开进入壁垒，迅速进入，争取市场机会，规避各种风险。

（2）获得协同效应（见表3-20）。

了解即可，选择题冷门考点。

表3-20　**协同效应**

<table>
<tr><td rowspan="2">含义</td><td colspan="2">企业从资源配置和经营范围的决策中所能寻求到的各种共同努力的效果</td></tr>
<tr><td colspan="2">协同效应被表示为“1+1>2”</td></tr>
<tr><td rowspan="3">协同效果</td><td rowspan="3">并购后的企业内部不同“作用力”</td><td>①时空排列得到有序化和优化，从而使企业获得“聚焦效应”</td></tr>
<tr><td>②转移、扩散、互补，从而改变了公司的整体功能状况</td></tr>
<tr><td>③耦合、反馈、互激振荡，改变了作用力的性质和力量</td></tr>
</table>

（3）克服企业负外部性，减少竞争，增强对市场的控制力。

了解即可，从未考过。

负外部性的一种表现：个体理性导致集体非理性

两个独立企业的竞争表现了这种负外部性，其竞争的结果往往使其两败俱伤，而并购战略可以减少残酷的竞争，同时还能够增强对其他竞争对手的竞争优势。

3.并购失败的原因　（理解并记忆）

并购方式的失败率是很高的，在企业并购的实践中，许多企业并没有达到预期的目标，甚至遭到了失败。造成并购失败的主要原因见表3-21。

✔高频主观题考点，建议背诵。

表3-21　**造成并购失败的主要原因**

并购失败的原因	补充说明
决策不当	没有认真地分析目标企业的潜在成本和效益，过于草率地并购，或者过高估计并购对象所在产业的吸引力和自己对被并购企业的管理能力
并购后不能很好地进行企业整合	企业文化的整合是最基本、最核心，也是最困难的工作 理解：买了之后消化不良。
支付过高的并购费用	关键字：价值评估　理解：该买的买贵了。
跨国并购面临政治风险	防范措施：知道，以防客观题考查（冷门考点）。 ①加强对东道国的政治风险的评估，完善动态监测和预警系统 ②采取灵活的国际投资策略，构筑风险控制的坚实基础 ③实行企业当地化策略，减少与东道国之间的矛盾和摩擦

理解：不该买的买了。

【拓展案例】TCL的世界级自杀式扩张纪录。

（三）内部发展战略（表3-22）要求知道，在理解的基础上，适当关注关键字，主观题冷门考点。

表3-22　**内部发展战略**

含义	也称内生增长，是企业在不收购其他企业的情况下利用自身的规模、利润、活动等内部资源来实现扩张
动因	①开发新产品的过程使企业能最深刻地了解市场及产品 ②不存在合适的收购对象　理解：自己动手丰衣足食。 ③保持同样的管理风格和企业文化，从而减轻混乱程度 ④为管理者提供职业发展机会，避免停滞不前 ⑤可能需要的代价较低，因为获得资产时无须为商誉支付额外的金额 ⑥收购通常会产生隐藏的或无法预测的损失，而内部发展不太可能产生这种情况 ⑦这可能是唯一合理的、实现真正技术创新的方法 ⑧可以有计划地进行，很容易从企业资源获得财务支持，并且成本可以按时间分摊 ⑨风险较低。在收购中，购买者可能还需承担以前业主所做的决策而产生的后果 ⑩内部发展的成本增速较慢
缺点	①与并购市场中现有的企业相比，在市场上增加了竞争者，这可能会激化某一市场内的竞争 ②企业并不能接触到另一知名企业的知识及系统，可能会更具风险 ③从一开始就缺乏规模经济或经验曲线效应 ④当市场发展得非常快时，内部发展会显得过于缓慢 ⑤进入新市场可能要面对非常高的障碍
应用条件	①产业处于不均衡状况，结构性障碍还没有完全建立起来 ②产业内现有企业的行为性障碍容易被制约 ③企业有能力克服结构性壁垒与行为性障碍，或者企业克服障碍的代价小于企业进入后的收益
	克服进入障碍的能力往往表现在以下几个方面： ①企业现有业务的资产、技能、分销渠道同新的经营领域有较强的相关性【案例】支付宝&淘宝。 ②企业进入新领域后，有独特的能力影响其行业结构，使之为自己服务【案例】微信，朋友圈。 ③企业进入该经营领域后，有利于发展企业现有的经营内容【案例】天猫与淘宝。

关注，【技巧】参照五力模型的进入者威胁。

记忆

（四）企业战略联盟

合作竞争最主要的形式之一是建立企业战略联盟。战略联盟作为现代企业组织制度创新中的一种，已成为现代企业强化其竞争优势的重要手段，被誉为“20世纪20年代以来最重要的组织创新”。

企业战略联盟

1.企业战略联盟的基本特征 理解，掌握关键字，选择题较冷门考点。

从经济组织形式来看，战略联盟是介于企业与市场之间的一种“中间组织”。

从企业关系来看，组建战略联盟的企业各方是在资源共享、优势相长、相互信任、相互独立的基础上通过事先达成协议而结成的一种平等的合作伙伴关系。

联盟企业之间的协作关系主要表现为：

- 相互往来的平等性。
- 合作关系的长期性。
- 整体利益的互补性。
- 组织形式的开放性。

建议掌握，主观题较冷门考点。

从企业行为来看，联盟行为是一种战略性的合作行为。不是对瞬间变化所做出的应急反应，而是着眼于优化企业未来竞争环境的长远谋划。

2.企业战略联盟形成的动因

促使企业建立战略联盟有许多直接的动因。根据近年来企业战略联盟的实践和发展，可把促使战略联盟形成的主要动因归结为以下6个方面：

（1）促进技术创新。

（2）避免经营风险。

（3）避免或减少竞争。

（4）实现资源互补。

（5）开拓新的市场。

（6）降低协调成本（相对于并购而言）。

✓主观题高频考点，建议背诵。

理解：瞎子背瘸子。

3.企业战略联盟的主要类型 三种类型的名称要掌握。★高频主观题考点。

企业战略联盟的类型多种多样，根据不同的标准可以对战略联盟进行不同的分类。从股权参与和契约联结的方式角度来看，可以将企业战略联盟归纳为以下几种重要类型。

（1）合资企业（Joint Ventures）。【案例】猫宁电商。

合资企业是战略联盟最常见的一种类型。它是指将各自不同的资产组合在一起进行生产，共担风险和共享收益。

特征：更多地体现了联盟企业之间的战略意图，而并非仅仅限于寻求较高的投资回报率。

（2）相互持股投资（Equity Investments）。

【案例】2015年8月10日阿里巴巴和苏宁云商宣布达成全面战略合作。

相互持股投资通常是联盟成员之间通过交换彼此的股份（双向的）而建立起一种长期的相互合作的关系。

（3）功能性协议（Functional Agreement）。

【案例】2014年京东和腾讯深入合作。

这是一种契约式的战略联盟，与前面两种有股权参与的方式明显不同，有人称为无资产性投资的战略联盟。它主要是指企业之间决定在某些具体的领域进行合作。

最常见的形式包括：

技术交流协议——联盟成员间相互交流技术资料，通过知识的学习以增强竞争实力；

合作研究开发协议——分享现成的科研成果，共同使用科研设施和生产能力，共同开发新产品；

生产营销协议——通过制定协议，共同生产和销售某一产品；

产业协调协议——建立全面协作与分工的产业联盟体系，多见于高科技产业中。

【总结】企业战略联盟的主要类型（见表3-23）

表3-23　**企业战略联盟的主要类型**

主要类型 ★掌握，主观题高频考点。	概述 ★选择题高频考点。	
合资企业	体现战略意图，并非仅限于寻求较高的投资回报率	
相互持股投资	少量持股，而且股权持有往往是双向的	
功能性协议 理解即可。	技术交流协议	联盟成员间相互交流技术资料，通过知识的学习以增强竞争实力
	合作研究开发协议	分享现成的科研成果，共同使用科研设施和生产能力，共同开发新产品
	生产营销协议	通过制定协议，共同生产和销售某一产品
	产业协调协议	建立全面协作与分工的产业联盟体系，多见于高科技产业中

✓股权式战略联盟VS契约式战略联盟（见表3-24）　✓选择题爱考的考点，主观题较冷门考点掌握关键字即可。

表3-24　**股权式战略联盟VS契约式战略联盟**

	股权式战略联盟	契约式战略联盟
优势	有利于扩大企业的资金实力，并通过部分"拥有"对方的形式，增强双方的信任感和责任感，利于长久合作	①强调相关企业的协调与默契，更具有战略联盟的本质特征 ②经营的灵活性、自主权和经济效益等方面具有更大的优越性
劣势	初始投入较大，转置成本较高，投资难度大，灵活性差，政府的政策限制也很严格	对联盟的控制能力差、松散的组织缺乏稳定性和长远利益、联盟内成员之间的沟通不充分、组织效率低下等
双方地位	股权大小决定着发言权的大小	一般都处于平等和相互依赖的地位，并在经营中保持相对独立性
利益分配	按出资比例分配利益	在各自承担的工作环节上从事经营活动，获取各自的收益

【总结】大体而言，股权式战略联盟与契约式战略联盟的主要优缺点是相反的。

从联盟内容上来看，在研发、生产、供给和销售各个价值链环节上都可能形成战略联盟。

✓战略联盟的分类（见表3-25） 通读，知道一下，几乎不考的考点。

表3-25　　战略联盟的分类

阶段	含义	联盟内容
研究开发阶段的战略联盟	联盟成员之间合作研究和开发某一个新的产品或技术，它不仅仅是分享现有技术设备和生产能力，而且还包含着新产品开发的技术，同时也可以提高现有的技术水平	①许可证协议
		②交换许可证合同
		③技术交换
		④技术人员交流计划
		⑤共同研究开发
		⑥以获得技术为目的的投资
生产制造阶段的战略联盟	通过达成一项协议，共同生产某一种产品，根据联盟成员之间的优势来生产不同的零部件	⑦OEM（委托定制）供给
		⑧辅助制造合同
		⑨零部件标准协定
		⑩产品的组装及检验协定
销售阶段的战略联盟	一般通过销售代理协定实现联盟中的代理人为委托人销售某些特定产品或全部产品	⑪销售代理协定
全面性的战略联盟	是一种更为紧密的合作关系，包括为共同确立某项产品或技术的行业标准而在技术开发和市场开拓等方面采取协调一致的行动，这种形式的合作常常需要共同承担新技术和新市场开发带来的巨大风险	⑫产品规格的调整
		⑬联合分担风险

✓考情分析：2015年新增，当年没考，2016年也没考。适当关注，以防主观题（极冷门）。

4.战略联盟的管控

虽然战略联盟能够兼顾并购战略与新建战略的优点，但是相对并购战略，战略联盟企业之间的关系比较松散，如果管控不到位，可能会导致更多地体现了并购战略与新建战略各自的缺点。因此，怎样订立联盟以及管理联盟，是战略联盟能否实现预期目标的关键。

（1）订立协议。

战略联盟通过契约或协议关系生成时，则联盟各方能否遵守所签署的契约或协议主要靠企业的监督管理，发生纠纷时往往不会选择执行成本较高的法院判决或第三方仲裁，而是联盟之间自行商议解决。

订立协议需要明确一些基本内容：

①严格界定联盟的目标。

②周密设计联盟结构。

③准确评估投入的资产。

④规定违约责任和解散条款。

（2）建立合作信任的联盟关系。

第二节　业务单位战略

◇ 基本竞争战略

◇ 中小企业竞争战略

◇ 蓝海战略

业务单位战略，也称竞争战略，业务单位战略涉及各业务单位的主管以及辅助人员。这些经理人员的主要任务是将公司战略所包括的企业目标、发展方向和措施具体化，形成本业务单位具体的竞争与经营战略。

一、基本竞争战略

✓考试题型：主观题、客观题。频率：每年必考。备考指导：建议在理解的基础上加以记忆。重点内容会在后续标出。

基本竞争战略概述见表3-26。

表3-26　**基本竞争战略概述**

定义	采取进攻性或防守性行动，在产业中建立起进退有据的地位，成功地对付五种竞争力，从而为公司赢得超常的投资收益（BY波特）
包括	成本领先战略、差异化战略 & 集中化战略

基本竞争战略

✓三种竞争战略的关系（见表3-27）

表3-27　**三种竞争战略的关系**

项目		**战略优势**	
		低成本优势	**被顾客觉察的独特性**
战略目标	**全产业范围**	成本领先	差异化
	特定细分市场	集中成本领先	集中差异化

✓是选择题（高频）解题的关键，考试考查较灵活，要能通过案例描述，进行判断。

在三种基本战略中成本领先战略和差异化战略是基本战略的基础，它们是一对“对偶”的战略，而集中化战略不过是将这两种战略运用在一个特定的细分市场而已。

（一）成本领先战略（见表3-28）

【案例】"价格屠夫"格兰仕。

联系五力模型对照理解（都是波特的理论）。

（成本领先往往意味"重资产"模式，最怕被技术淘汰）

★主观题爱考的考点，推荐记忆，关键字掌握，性价比高。

✓真题主观题考查过（爱考），初次学习理解即可，建议强化阶段和冲刺阶段突击背诵。

【案例】春秋航空。

表3-28　　成本领先战略

项目		内容
含义		企业通过在内部加强成本控制，在研究开发、生产、销售、服务和广告等领域把成本降到最低限度，成为产业中的成本领先者的战略
优势		①形成进入障碍 ②增强讨价还价能力 ③降低替代品的威胁 ④保持领先的竞争地位
风险		①技术的变化可能使过去用于降低成本的投资（如扩大规模、工艺革新等）与积累的经验一笔勾销 ②产业的新进入者或追随者通过模仿或者以高技术水平设施的投资能力，达到同样甚至更低的成本 ③市场需求从注重价格转向注重产品的品牌形象，使得企业原有的优势变为劣势
实施条件	市场情况（外部条件）	①产品具有较高的价格弹性，市场中存在大量的价格敏感用户 ②产业中所有企业的产品都是标准化的产品，产品难以实现差异化 ③购买者不太关注品牌，大多数购买者以同样的方式使用产品 ④价格竞争是市场竞争的主要手段，消费者的转换成本较低
	资源和能力（内部条件）	①在规模经济显著的产业中装备相应的生产设施来实现规模经济 ②降低各种要素成本 ③提高生产率 ④改进产品工艺设计 ⑤提高生产能力利用程度 ⑥选择适宜的交易组织形式（自行生产或外购） ⑦重点集聚

（二）差异化战略（见表3-29）

表3-29　　　　　　　　差异化战略

项目		内容
含义 【案例】美的。		企业向顾客提供的产品和服务在产业范围内独具特色，这种特色可以给产品带来额外的加价，如果一个企业的产品或服务的溢出价格超过因其独特性所增加的成本，那么，拥有这种差异化的企业将获得竞争优势
优势 联系五力模型对照理解。		①形成进入障碍 ②降低顾客敏感程度 ③增强讨价还价能力 ④抵御替代品威胁
风险		①企业形成产品差别化的成本过高 ②市场需求发生变化——与"成本领先"的区别和联系。 ③竞争对手的模仿和进攻使已建立的差异缩小甚至转向
实施条件	市场情况（外部条件）	①产品能够充分地实现差异化，且为顾客所认可 ②顾客的需求是多样化的 ③企业所在产业技术变革较快，创新成为竞争的焦点
实施条件	资源和能力（内部条件）	①具有强大的研发能力和产品设计能力 ②具有很强的市场营销能力 ③有能够确保激励员工创造性的激励体制、管理体制和良好的创造性文化 ④具有从总体上提高某项经营业务的质量、树立产品形象、保持先进技术和建立完善分销渠道的能力

★主观题爱考的考点，推荐记忆，关键字掌握，性价比高。

★主观题爱考的考点，初次学习理解即可，建议强化阶段和冲刺阶段突击背诵。

（三）集中化战略（见表3-30）

表3-30 集中化战略

【案例】1号店，国内第一家网上超市，主营快消品。

含义	针对某一特定购买群体、产品细分市场或区域市场，采用成本领先或产品差异化来获取竞争优势的战略 一般是中小企业采用的战略，可分为两类：集中成本领先战略和集中差异战略
优势	①成本领先和差异化战略抵御产业五种竞争力的优势也都能在集中化战略中体现出来 ②由于集中战略避开了在大范围内与竞争对手的直接竞争，所以，对于一些力量还不足以与实力雄厚的大公司抗衡的中小企业来说，集中战略的实施可以增强它们相对的竞争优势 ③对于大企业来说，采用集中战略也能够避免与竞争对手正面冲突，使企业处于一个竞争的缓冲地带
风险	①狭小的目标市场导致的风险 ②购买者群体之间需求差异变小 ⟶ 需求。 ③竞争对手的进入与竞争 例如：天猫超市&京东超市。⟶ 竞争。
实施条件	①购买者群体之间在需求上存在着差异 ②目标市场在市场容量、成长速度、获利能力、竞争强度等方面具有相对的吸引力 ③在目标市场上，没有其他竞争对手采用类似的战略 ④企业资源和能力有限，难以在整个产业实现成本领先或差异化，只能选定个别细分市场

★主观题爱考的考点，掌握关键字。

★比较重要，推荐记忆，关键字掌握

★主观题爱考的考点，初次学习理解即可，建议强化阶段和冲刺阶段突击背诵

不管采用何种竞争战略，企业都是从市场需求本身的特性出发，结合自身的能力从现有市场的竞争态势考虑，再确定选择的具体战略

✔考试题型：选择题高频考点。
备考指导：理解即可，能够根据案例中的描述做判断。

（四）基本战略的综合分析——“战略钟”

企业遇到的实际情况比较复杂，并不能简单地归纳为应该采取哪一种基本战略。而且，即使是成本领先或差异化也只是相对的概念，在它们之中也还有多个层次。克利夫·鲍曼（Cliff Bowman）将这些问题收入到一个体系内，并称这一体系为“战略钟”。他的这一思想很有参考价值，可以对波特的许多理论进行综合。

战略钟

✓"战略钟"——竞争战略的选择。✓高频考点，需要掌握。

基本战略综合分析图如图3-3所示。

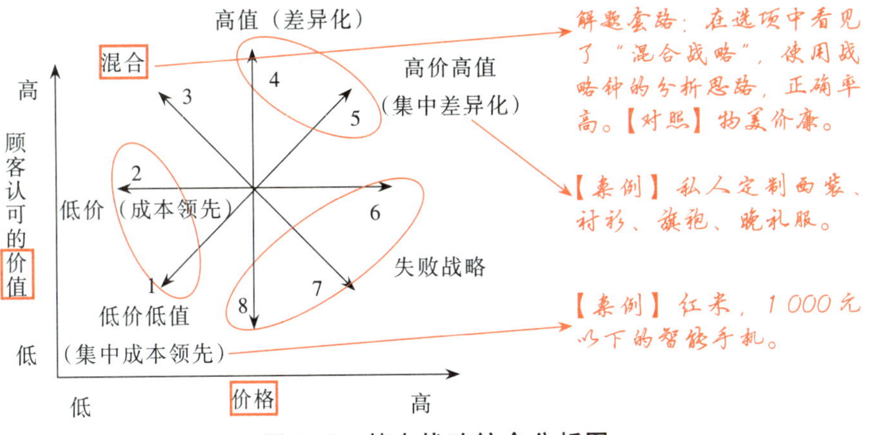

图3-3　基本战略综合分析图

1.成本领先战略（见表3-31）　通读，理解即可。

表3-31　**成本领先战略**

成本领先战略层次	描述
低价低值战略（途径1）	企业关注的是对价格非常敏感的细分市场，在这些细分市场中，虽然顾客认识到产品或服务的质量很低，但他们买不起或不愿买更好质量的商品。
	是一种很有生命力的战略，尤其是在面对收入水平较低的消费群体
	可以看成是一种集中成本领先战略
低价战略（途径2）	是企业寻求成本领先战略时常用的典型途径，即在降低价格的同时，努力保持产品或服务的质量不变

2.差异化战略（见表3-32）　通读，理解即可。

表3-32　**差异化战略**

差异化战略层次	描述
高值战略（途径4）	是企业广泛使用的战略，即以相同或略高于竞争者的价格向顾客提供高于竞争对手的顾客认可价值
高值高价战略（途径5）	是以特别高的价格为顾客提供更高的认可价值
	这种战略在面对高收入消费者群体时很有效，因为产品或服务的价格本身也是消费者经济实力的象征
	可以看成是一种集中差异化战略

3.混合战略（见表3-33） 通读，理解即可。

表3-33 **混合战略**

描述	企业可以在为顾客提供更高的认可价值的同时，获得成本优势 以比竞争者更低的成本，提供比竞争者更多的消费者认可的价值
原因	①提供高质量产品的公司会增加市场份额，而这又会因规模经济而降低平均成本 ②高质量产品的累积经验降低成本的速度比低质量产品快 ③注重提高生产效率可以在高质量产品的生产过程中降低成本

4.失败的战略（见表3-34） 通读，理解即可。

表3-34 **失败的战略**

失败的战略层次	描述
途径6	提高价格，但不为顾客提供更高的认可价值
途径7	是途径6更危险的延伸，降低产品或服务的顾客认可价值，同时却在提高相应的价格
	除非企业处于垄断的地位，否则不可能维持这样的战略
途径8	保持价格不变的同时降低顾客认可的价值
	具有一定的隐蔽性，在短期内不被那些消费层次较低的顾客所察觉，但是这种战略是不能持久的

二、中小企业竞争战略

✓考试题型：主观题（较冷门）、客观题（高频）。备考建议：建议掌握。

中小企业竞争战略

波特在《竞争战略》中对几个重要的产业环境类型进行了更具体的战略分析。他的分析主要是依据产业集中程度、产业成熟情况等角度展开的。其中零散产业和新兴产业大多是以中小企业为主体，所以从某种意义上讲，也可以说是对中小企业竞争战略的研究。

（一）零散产业中的竞争战略

零散产业概述见表3-35。

表3-35 **零散产业概述**

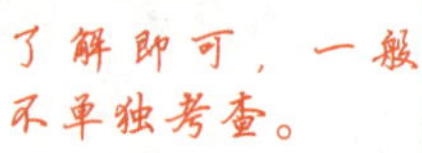

描述	产业集中度很低，没有任何企业占有显著的市场份额，也没有任何一个企业能对整个产业的发展产生重大的影响
举例	传统服务业——快餐业、洗衣业、照相业等

1.造成产业零散的原因

研究产业零散的原因是分析零散产业战略的重要内容。产业零散的原因主要来源于产业本身的基础经济特性。

✓选择题高频考点，主观题较冷门考点。建议掌握原因（3+2），并能够与新兴产业的特征区分开来。

造成产业零散的原因见表3-36。

表3-36 **造成产业零散的原因**

产业零散的原因		补充说明
产业的经济特性	进入障碍低或存在退出障碍	进入障碍低是产业形成零散的前提
	市场需求多样导致高度产品差异化	顾客的需求是零散的，每一个顾客希望产品或服务有不同的特色，不愿意接受更标准化的产品，也愿意为这种要求付出代价。 零散性还表现在消费者消费地点的零散
	不存在规模经济或难以达到经济规模	
其他因素	政府政策和地方法规对某些产业集中的限制【案例】可口可乐拟收购汇源果汁，遭政府否决。	
	一个新产业中还没有企业掌握足够的技能和能力以占据重要的市场份额等因素	

2.零散产业的战略选择

零散产业中有很多企业，每个企业的资源和能力条件会有很大差异，因此零散产业的战略选择可以从多个角度考虑。如果从三种基本竞争战略的角度出发，零散产业的战略选择可分为三类，见表3-37。

表3-37 **零散产业的战略选择的分类**

✓可考查主观题（较冷门），建议掌握标题，案例仅作为辅助理解使用。

零散产业的战略选择	具体途径	案例
（1）克服零散——获得成本优势	①连锁经营或特许经营	麦当劳、肯德基
	②技术创新以创造规模经济	沃尔玛、用卫星卖鸡蛋
	③尽早发现产业趋势	阿里巴巴推出淘宝1年后推出支付宝
（2）增加附加价值——提高产品差异化程度		星巴克："我们不仅卖咖啡"
（3）专门化——目标集聚	①产品类型或产品细分的专门化	云南火锅、重庆火锅、四川火锅
	②顾客类型专门化	风波庄武侠主题餐厅
	③地理区域专门化	江浙沪包邮

3. 谨防潜在的战略陷阱　（理解+记忆）

零散产业独特的结构环境造成了一些特殊的战略陷阱。某些常见的陷阱应引起足够的警惕。在零散产业中进行战略选择要注意几个方面，见表3-38。✓选择题爱考的考点，建议掌握标题，理解相应内容即可。

表3-38　**在零散产业中进行战略选择要注意的事项**

（1）避免寻求支配地位	零散产业的基本结构决定了寻求支配地位是无效的，除非可以从根本上出现变化 形成零散的基本经济原因通常会使企业在增加市场份额的同时面对低效率和失去产品差异性【对照】拳头比巴掌硬，懂得舍得。
（2）保持严格的战略约束力	零散产业的竞争结构总是要求市场集中或专注于某些严格的战略原则。 执行这些原则要求有充分的勇气舍弃某些业务，也要求组织内部的资源配置具有相对的稳定性　【对照】说一不二。
（3）避免过分集权化	集权化的组织结构与生产效率背道而驰，因为它延缓反应时间，经营单位的管理人员的主动性小，难以适应零散产业中的竞争　理解：保持灵活，贴近市场。
（4）了解竞争者的战略目标与管理费用	
（5）避免对新产品做出过度反应	

（二）新兴产业中的竞争战略　✓考试题型：选择题（高频）为主，但可以考查主观题（冷门）。

新兴产业概述见表3-39。

新兴产业中的竞争战略

表3-39　**新兴产业概述**

定义	新兴产业是新形成的或重新形成的产业
形成原因	技术创新、消费者新需求的出现，或其他经济和社会变化将某个产品或服务提高到一种潜在可行的商业机会的水平
举例	电商、网约车等
基本特征	从战略制定的观点看，新兴产业的基本特征是没有游戏规则　理解即可，一般不单独考查。 缺乏游戏规则既是风险又是机会的来源

1. 新兴产业的内部结构环境　理解+记忆。

新兴产业在内部结构上彼此差异很大，但是仍有一些共同的结构特征。

（1）共同的结构特征（见表3-40）。【对照】产品生命周期的导入期。【案例】滴滴出行。

表 3-40　　共同的结构特征

共同的结构特征		详述
①技术的不确定性		企业的生产技术还不成熟，还有待于继续创新与完善 企业的生产和经营也还没有形成一整套的方法和规程，哪种产品结构最佳，哪种生产技术最有效率等都还没有明确的结论
②战略的不确定性		原因：产业内的企业对于竞争对手、顾客特点和处于新兴阶段的产业条件等只有较少的信息
		结果：没有企业知道所有的竞争者是谁，也没有企业能够经常得到可靠的产业销售量和市场份额的信息，没有"正确"的战略被公认
③成本的迅速变化		新兴产业最初的高成本会以极高的比例下降（通常有一段非常陡峭的学习曲线发生作用） 小批量和新产品常在新兴产业中共同形成相对于产业能够获得的潜在收益的较高成本
④萌芽企业和另立门户	萌芽企业	由于产业没有成型的游戏规则和规模经济作为进入障碍，在产业的新兴阶段通常伴随着极大比例的萌芽企业的进入
	另立门户	因素： ● 在迅速发展和充满机会的环境中，权益投资要比在已立足公司中充当工薪阶层更具吸引力 ● 由于新兴阶段技术和战略的流动性，已立足企业的雇员具有良好的条件去实现其更好的新的想法，这些新想法在原有企业可能由于转换成本过大而无法实现
⑤首次购买者		市场营销的中心活动是选择顾客对象并诱导初始购买行为

★选择题高频考点，常常考查多选题。建议掌握五个大标题，具体内容理解即可，并能与零散产业的原因区分开来。

【案例】很多互联网公司的创始人都是阿里系。

【案例】滴滴通过补贴新注册用户的方式鼓励首次消费。

（2）早期进入障碍。

对新兴产业早期进入障碍的研究有助于理解前面所阐述的结构特征。与产业得以发展后的进入障碍相比，早期进入障碍有很大的不同。常见的早期进入障碍有：

①专有技术；

②获得分销渠道；

③得到适当成本和质量的原材料和其他投入（如熟练劳动力）；

④经验造成的成本优势；

⑤风险。

要求在理解的基础上，适当关注，以防考查多选题（较冷门）。

这些障碍会随着产业的发展逐步弱化或消失。

新兴产业的早期进入障碍较少来源于需要掌握巨大资源，而更多地源于承担风险的能力、技术上的创造性以及做出前瞻性的决策能力等，在这些方面，中小企业往往比大企业更具有优势。

2.新兴产业的发展障碍（对照五力模型）

新兴产业在不同程度上面临产业发展的障碍。从产业的五种竞争力角度分析，这些障碍主要表现在新兴产业的供应者、购买者与被替代品三个方面，其根源还在于前述的产业本身的结构特征。

新兴产业的发展障碍见表3-41。

适当关注大标题，以防考查多选题（较冷门）。

表3-41　　新兴产业的发展障碍

发展障碍	具体描述
（1）原材料、零部件、资金与其他供给的不足	原材料和零部件：供应不足→价格↑
	融资角度：产业形象和可信任程度可能较差→影响企业取得低成本融资的能力
	其他供给：缺乏发展所必需的基础设施，如服务设施、经训练的技巧、互补产品等
（2）顾客的困惑与等待观望	困惑来源于众多产品方案、技术种类以及竞争者们互相冲突的宣传效果
（3）被替代品的反应	例如：进一步降低成本

不难看到，上述障碍最终来源于新兴产业的技术与战略不确定、不稳定的产品质量、缺乏产品或技术标准，以及难以避免的早期高成本等产业特征。

【对照】马云：“今天很残酷，明天很残酷，后天很美好。很多人死在了明天的夜里”

由于新兴产业的发展存在种种障碍，进入新兴产业中经营的企业失败率很高。

发展机遇及具体描述见表3-42。

通读即可，暂未考过。

表3-42　　发展机遇及具体描述

发展机遇	具体描述
进入障碍&产业内现有企业的竞争	特征：进入障碍↓，产业尚处于不平衡状态，竞争结构还没有完全建立起来
	导致：相对于成熟产业，新兴产业的进入成本与竞争代价都会小得多

事实上：创新企业固然有受挫失败的风险，但守旧的企业却冒着在竞争中完全被淘汰的更大风险。

真正的企业家认为：创新虽有风险但有希望，守旧必有风险且无希望。

3.新兴产业的战略选择（记忆）

在新兴产业中的战略制定过程中必须处理好新兴产业的不确定性。

新兴产业的战略选择见表3-43。

表3-43 新兴产业的战略选择

战略选择	补充说明
（1）塑造产业结构	占压倒地位的战略问题：企业是否有能力促进产业结构趋于稳定而且成型
（2）正确对待产业发展的外在性	在遵从产业倡导和追求自身狭窄利益的努力之间做出平衡企业为了产业的整体利益以及企业自身的长远利益，有时必须放弃暂时的自身利益
（3）注意产业机会与障碍的转变，在产业发展变化中占据主动地位（见下文）	
（4）选择适当的进入时机与领域（见下文）	

✓注意产业机会与障碍的转变，在产业发展变化中占据主动地位。

尽早挖掘产业机会与障碍的变化可能给企业：提供战略机会/应对激烈竞争的准备。

处理与把握新兴产业的机会与风险是最具挑战性的战略问题，公司要想取得成功，通常应该采取下列一种或多种方式：

①发扬企业家精神和实施创造性战略为尽早赢得产业领导地位而斗争。

②推动自身在技术上臻于完善，改善产品质量。

③一旦技术不确定性消除，出现了占统治地位的技术，就采纳它。尽量成为产业中技术标准的制定者和“占统治地位的产品”开拓者。但是，当产业中同时存在很多互相竞争的技术、研究开发代价很大或技术发展可能很快等情况下，这一举措的方式选择就要十分慎重。

④在早期就致力于有前途的技术，同最有能力的供应商建立联盟，扩大产品的选择范围，改善产品的款式，实现经验曲线效应，在新的分销渠道中稳住阵脚，从而尽量抓住首先行动者所拥有的优势。

⑤同关键的供应商建立联盟关系，获取专业化的技能、技术能力和关键的原材料或零部件。

⑥追寻新的顾客群、进入新的地理区域。如果财务资源受到限制，也可以采用合资企业的方式。

⑦使首次购买者试用公司的第一代产品的代价和难度降低。然后，随着产品为市场的很大一部分所熟悉之后，开始将广告的重点从创造产品转向提高使用频率和建立品牌忠诚。

⑧采用削价的策略来吸引后来对价格敏感的购买者。

⑨预测与关注在产业进入成长期后的新进入者

✓选择适当的进入时机与领域。

选择适当的进入时机在新兴产业中尤为重要。早期进入涉及高风险，但可以在关键市场取得“局内人的位置”，获得市场支配地位。

早期进入是适当的情况和早期进入是非常危险的情况见表3-44。

主观题冷门考点，建议关注，掌握大致关键字，万一考查默写能混分数。

表3-44　**早期进入是适当的情况和早期进入是非常危险的情况**

早期进入是适当的情况	早期进入是非常危险的情况
①企业的形象和声望对顾客至关重要，企业可因先驱者而发展和提高声望 ②产业中的学习曲线很重要，经验很难模仿，并且不会因持续的技术更新换代而过时，早期进入企业可以较早地开始这一学习过程 ③顾客忠诚非常重要，那些首先对顾客销售的企业将获益 ④通过早期对原材料供应、分销渠道的承诺可带来利益	①早期竞争细分市场与产业发展成熟后的情况不同，早期进入的企业建立了竞争基础后，面临过高的转换成本 ②为了塑造产业结构，需付出开辟市场的高昂代价，其中包括顾客教育、法规批准、技术开拓等，而开辟市场的利益无法成为企业专有 ③技术变化使早期投资过时，并使晚期进入的企业因拥有最新产品和工艺而获益

三、蓝海战略

蓝海战略

蓝海战略概述见表3-45。

表3-45　**蓝海战略概述** 理解即可，一般不单独考查。

<table>
<tr><td>提出者</td><td colspan="2">W.钱·金（W. Chan Kin）、勒妮·莫博涅（Renee Mauborgne）</td></tr>
<tr><td rowspan="4">理论观点</td><td>红海战略</td><td>主要是立足当前业已存在的行业和市场，采取常规的竞争方式与同行业中的企业展开针锋相对的竞争</td></tr>
<tr><td rowspan="3">蓝海战略</td><td>描述：不局限于现有产业边界，而是极力打破这样的边界条件，通过提供创新产品和服务，开辟并占领新的市场空间的战略</td></tr>
<tr><td>战略逻辑：价值创新（基石） 蓝海战略的核心特征。</td></tr>
<tr><td>特征：并非着眼于竞争，而是力图使客户和企业的价值都出现飞跃，由此开辟一个全新的、非竞争性的市场空间</td></tr>
</table>

（一）蓝海战略的内涵

✓红海和蓝海战略比较（见表3-46）

✓选择题高频考点，把握蓝海战略“不走寻常路”是解题的关键。

表3-46　**红海和蓝海战略比较**

红海战略	蓝海战略
在已经存在的市场内竞争	拓展非竞争性市场空间
参与竞争	规避竞争
争夺现有需求	创造并攫取新需求
遵循价值与成本互替定律	打破价值与成本互替定律
根据差异化或低成本的战略选择，把企业行为整合为一个体系	同时追求差异化和低成本，把企业行为整合为一个体系

（二）蓝海战略制定的原则

蓝海战略开拓了一套条理清晰的绘制和讨论战略布局的过程，以将企业战略推向蓝海。

✓蓝海战略的六项原则（见表3-47）要求知道，考查选择题能匹配，选择题较冷门考点。

表3-47　　蓝海战略的六项原则

战略制定原则	各原则降低的风险因素
重建市场边界	↓搜寻的风险
注重全局而非数字	↓规划的风险
超越现有需求	↓规模的风险
遵循合理的战略顺序	↓商业模式风险
战略执行原则	**各原则降低的风险因素**
克服关键组织障碍	↓组织的风险
将战略执行建成战略的一部分	↓管理的风险

（三）重建市场边界的基本法则

蓝海战略的第一条原则，就是重新构筑市场的边界，从而打破现有竞争局面，开创蓝海。这一原则降低了许多公司经常会碰到的搜寻风险。其难点在于如何成功地从一大堆机会中准确地挑选出具有蓝海特征的市场机会。

蓝海战略总结了六种重建市场边界的基本法则，被称为六条路径框架。

✓考试常考选择题，建议能区分蓝海战略与肉搏式竞争即可。若时间宽裕，可适当记忆蓝海战略的六个途径。

✓从肉搏式竞争到蓝海战略（见表3-48）

表3-48　　从肉搏式竞争到蓝海战略

	肉搏式竞争	开创蓝海战略
产业 【案例】滴滴一下，解决出行问题。	专注于产业内的竞争者	审视他择产业
战略群体	专注于战略群体内部的竞争地位	跨越产业内不同的战略群体看市场 【案例】星巴克，跳出欧式咖啡馆与美式咖啡馆的圈子。
买方群体	专注于更好地为买方群体服务	重新界定产业的买方群体【案例】IBM与个人PC。
产品或服务范围	专注于在产业边界内将产品或服务的价值最大化	放眼互补性产品或服务【案例】星巴克的杯子。
功能-情感导向	专注于产业既定功能-情感导向下性价比的改善	重设产业的功能与情感导向 【案例】星巴克的“咖啡教室”“第三空间”。
时间	专注于适应外部发生的潮流	跨越时间参与塑造外部潮流 【案例】华为：互联网+。

【提示】事实上，蓝海战略绝非局限于业务战略（或竞争战略）的范畴，它着重于企业产业和市场边界的重建，因而更多地涉及公司战略的范畴。

第三节　职能战略

◇ 市场营销战略　　◇ 采购战略

◇ 研究与开发战略　　◇ 人力资源战略

◇ 生产运营战略　　◇ 财务战略

职能战略概述见表 3-49。

表 3-49　**职能战略概述**

定义	又称职能层战略，主要涉及企业内各职能部门，如营销、财务、生产、研发（R&D）、人力资源、信息技术等，如何更好地配置企业内部资源，为各级战略服务，提高组织效率
包括	市场营销、研究与开发、生产运营、采购、人力资源、财务管理等（记忆技巧：参考波特价值链） 其中，市场营销、研究与开发和生产运营为三大传统核心职能

略作了解，一般不单独考查。

【教材变动】2017年教材对此部分内容进行删减，对相关文字进行了重新表述。

★考试题型：主观题爱考的知识点，客观题每年必考。备考建议：以理解为主，营销组合（4P）必须掌握大标题。

一、市场营销战略

市场营销战略是企业市场营销部门根据公司总体战略与业务单位战略规划，在综合考虑外部市场机会及内部资源状况等因素的基础上，确定目标市场，选择相应的市场营销策略组合，并予以有效实施和控制的过程。

市场营销战略计划的制订是一个相互作用的过程，是一个创造和反复的过程。

✓概述总结如图 3-4 所示。

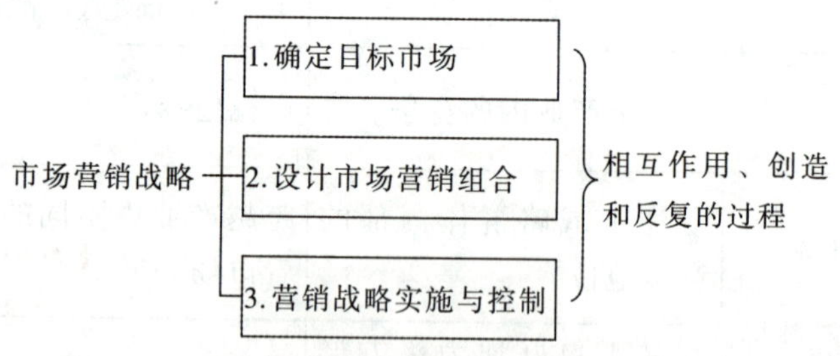

图 3-4　概述总结图

（一）确定目标市场（如图 3-5 所示）

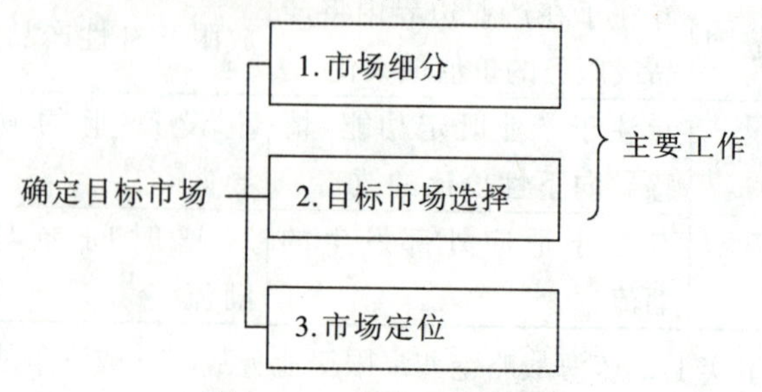

图 3-5　确定目标市场

1.市场细分

（1）消费者市场细分的依据（见表3-50）。✓选择题高频考点，掌握四种细分，具体内容理解即可。

表3-50　　　　**消费者市场细分的依据**

细分依据	描述
地理细分	按照消费者所在的地理位置以及其他地理变量（包括城市农村、地形气候、交通运输等）来细分消费者市场
人口细分	按照人口变量（包括年龄、性别、收入、职业、教育水平、家庭规模、家庭生命周期阶段、宗教、种族、国籍等）来细分消费者市场
心理细分	按照消费者的生活方式、个性等心理变量来细分消费者市场
行为细分	按照消费者购买或使用某种产品的时机、消费者对某种产品的使用率、消费者对品牌（或商店）的忠诚程度和消费者对产品的态度等行为变量来细分消费者市场【案例】怕上火就喝王老吉。

【案例】淘宝店家将消费者分成了两类：江浙沪和非江浙沪。

【案例】脑白金："年轻态健康品"，电视广告是老头和老太太。

【案例】美特斯邦威："不走寻常路"，抓住消费者求异心理。

【辨析】行为细分强调动作，心理细分强调生活方式以及情感。

商家立足点：女人和小孩的钱最好赚。

（2）产业市场细分的依据。✓选择题高频考点。

细分产业市场的变量，有一些与消费者市场细分变量相同，如使用者情况、对品牌的忠诚程度、使用者对产品的态度等。

产业市场细分的依据见表3-51。

表3-51　　　　**产业市场细分的依据**

细分依据	详述
最终用户	描述：不同的最终用户对同一种用品的市场营销组合往往有不同的要求
	案例：飞机制造商所需的轮胎与农用拖拉机的轮胎要求不一样
顾客规模	大客户/小客户：银行区分对公业务和对私业务，区分普通用户和VIP用户
其他变量	许多公司实际上不是用一个变量，而是用几个变量，甚至用一系列变量来细分产业市场

2.目标市场选择

目标市场就是企业决定要进入的市场部分，也就是企业拟投其所好、为之服务的那个顾客群。企业在决定为多少个子市场服务即确定其目标市场涵盖战略时，有3种选择：

（1）无差异市场营销
（2）差异市场营销
（3）集中市场营销

选择题较冷门考点。知道具体三种市场营销方式，能根据案例做判断。

目标市场涵盖战略见表3-52。

表3-52　目标市场涵盖战略

选择题冷门考点，相应的含义及特征理解即可。

【案例】春秋航空，单一机型单一舱位。

【案例】宝洁：海飞丝、潘婷、飘柔针对对象各不相同。

市场目标选择	描述
无差异市场营销	企业在市场细分之后（不考虑各子市场的特性，而只注重子市场的共性），决定只推出单一产品，运用单一的市场营销组合，力求在一定程度上适合尽可能多的顾客的需求（利润往往来源于不起眼的地方）
差异市场营销	企业决定同时为几个子市场服务，设计不同的产品，并在渠道、促销和定价方面都加以相应的改变，以适应各个子市场的需要
集中市场营销	企业集中所有力量（以一个或少数几个性质相似的子市场作为目标市场），试图在较少的子市场上占领较大的市场份额　【案例】1号店进口奶。

上述三种目标市场涵盖战略事实上是企业业务单位战略中的三种基本战略在营销战略中的体现，三种战略各有利弊，企业在选择时需考虑以下五个方面的主要因素，即企业资源、产品同质性、市场同质性、产品所处的生命周期阶段、竞争对手的目标市场涵盖战略。

3.市场定位

选择目标市场之后，下一步就是找出这些客户有哪些需要，也就是如何定位企业产品的市场定位。

市场定位见表3-53。

表 3-53 **市场定位**

市场定位	概述	案例
市场定位的主要方法 了解，选择题冷门考点。	①根据属性和利益定位	雀巢，最初定位是婴儿乳制品
	②根据价格和质量定位	麦德龙
	③根据用途定位	脑白金："年轻态健康品"
	④根据使用者定位	70后、80后饭吧
	⑤根据产品档次定位	"高端大气上档次" VS "低调奢华有内涵"
	⑥根据竞争局势定位	（百事公司）七喜：非可乐
	⑦各种方法组合定位	
市场重新定位需考虑的因素	①企业将自己的品牌定位从一个子市场转移到另一个子市场时的全部费用	
	②企业将自己的品牌定在新位置上的收入有多少	

知道一下，以备选择题。

（二）设计市场营销组合（如图 3-6 所示）

市场营销组合

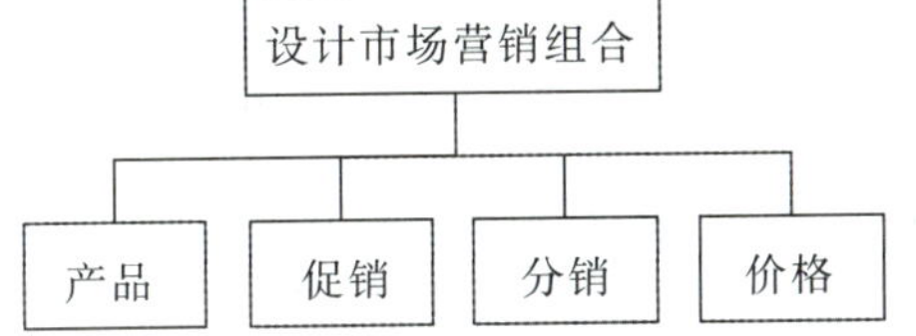

✓主观题爱考的考点，建议背诵，性价比高。

图 3-6 设计市场营销组合

1.产品策略

✓产品策略概述（如图 3-7 所示）

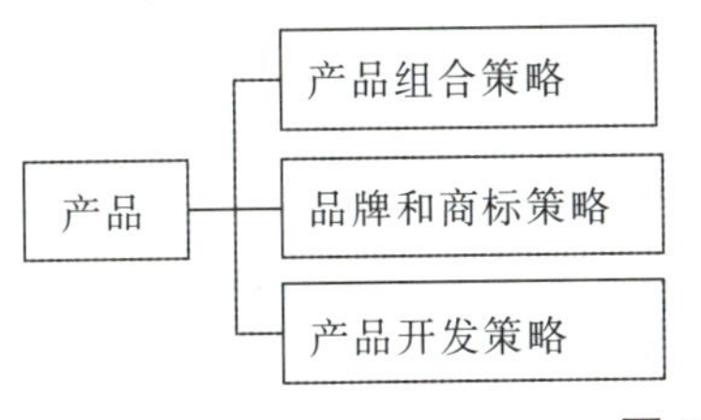

✓可以考查多选题（冷门考点），建议关注，第一遍学习可能没感觉，但强化阶段巩固时应能掌握。理解即可，此知识点是后续知识点的理解基础，一般不单独考查。

图 3-7 产品策略

（1）产品组合策略。

产品组合的含义见表 3-54。

表 3-54　**产品组合的含义**

产品组合		某一企业所生产或销售的全部产品大类、产品项目的组合
其中	产品大类（产品线）	产品类别中具有密切关系的一组产品 如华为手机P系列、Mate系列。
	产品项目	某一品牌或产品大类由价格、功能及其他属性来区别的具体产品 P8、P9等。

产品组合策略详述见表 3-55。

表 3-55　**产品组合策略详述**

产品组合的宽度、长度、深度和关联性	宽度	一个企业有多少产品大类
	长度	一个企业的产品组合中所包含的产品项目的总数
	深度	产品大类中每种产品有多少花色、品种、规格
	关联性	一个企业的各个产品大类在最终使用、生产条件、分销渠道等方面的密切相关程度
产品组合策略类型	扩大产品组合	包括：拓展产品组合的宽度和加强产品组合的深度
	缩减产品组合	当市场不景气或原料、能源供应紧张时缩减产品大类或产品项目反而可能使总利润上升
适当关注，可考查选择题（冷门考点）。	产品延伸	全部或部分地改变公司原有产品的市场定位，具体做法有： ①向下延伸（高档→低档）【案例】苹果先有iPhone后发布iTouch。 ②向上延伸（低档→高档）【案例】卫龙。 ③双向延伸（低档←中档→高档）【案例】滴滴出行。

（2）品牌和商标策略。

企业可采用的品牌和商标策略见表3-56。选择题较冷门考点，知道三种品牌和商标策略，具体内容理解即可

表3-56　　**企业可采用的品牌和商标策略**

①单一名称	特征	企业对所有产品都使用同一商标
	优点	可以将一种产品具备的特征传递给另一种产品，从而简化了新产品上市的过程
②每种产品都有不同的名称	特征	每个产品都有不同的品牌名称
	适用情形	如果企业生产的产品在市场中的定位不同，或者市场被高度细分，则企业通常对每个产品都采用不同的品牌名称
③自有品牌	特征	零售商销售自有品牌　（在一些超市可以见到）
	目的	使客户建立对该零售商而不是产品生产商的忠诚度

【案例】飞利浦。

【案例】联合利华；宝洁；顶新；百胜。

【案例】沃尔玛；乐购。

（3）产品开发策略。

在新产品开发的过程中，最重要的任务是满足客户需求和实现产品差异化。新产品的定义较为广泛，主要是指打开了新市场的产品、取代了现有产品的产品以及现有产品的替代品。

产品开发策略见表3-57。

表3-57　　**产品开发策略**

产品开发的原因	①企业具有较高的市场份额和较强的品牌实力，并在市场中具有独特的竞争优势 ②市场中有潜在增长力 ③客户需求的不断变化需要新产品。持续的产品更新是防止产品被淘汰的唯一途径 ④需要进行技术开发或采用技术开发 ⑤企业需要对市场的竞争创新做出反应
产品开发的投资风险	①在某些产业中，缺乏新产品构思 ②不断变小的细分市场使得市场容量降低 ③产品开发涉及复杂的研发过程，失败的概率很高 ④企业通常需要进行许多产品构思来开发好产品，因而费用昂贵 ⑤即便产品获得成功，但是由于被市场中的竞争者“模仿”并加以创新和改良，因而新产品的生命周期可能较短
产品开发的筛选	筛选流程包括：业务分析、开发、测试上市和商品化
	需要考虑的问题： ①该产品是否符合企业目标、企业战略、资源和竞争力 ②潜在客户是否喜欢这一产品。如果是，他们是否能购买该产品 ③该产品在市场上能否获利 ④在技术上和商业上，该产品是否能证明投资的合理性 ⑤市场测试是否符合预期要求。客户、经销商和竞争者的反应如何

✔大致了解，应付选择题（冷门）。

通读，有大致印象即可，选择题极冷门考点。

2.促销策略（见表3-58） 适当关注，多选题冷门考点。

表3-58 **促销策略**

目的	赢得潜在客户的注意；产生利益；激发客户的购买渴望；刺激客户的购买行为		
促销组合	含义	企业将其产品或服务的特性传达给预期客户的方式被称为促销组合	
	构成要素	广告促销	在媒体中投放广告，使潜在客户对企业产品和服务产生良好印象。广告促销要仔细考虑广告的时间、地点、频率和形式【案例】恒源祥，羊羊羊。
		营业推广	采用非媒体促销手段，为鼓励客户购买产品或服务而设计 例如，试用品、折扣、礼品等
		公关宣传	宣传企业形象，为企业及其产品建立良好的公众形象 例如：宣传企业履行社会责任。
		人员推销	企业的销售代表直接与预期客户进行接触

✓选择题高频考点，需掌握四种要素的名称，理解相应的含义。

3.分销策略（见表3-59） 了解即可，选择题冷门知识点，适当关注：提示、类型和评估部分，概率相对较高。

表3-59 **分销策略**

含义	分销策略是确定产品到达客户手上的最佳方式			
提示	分销策略应当与价格、产品和促销三个方面密切相关			
分销渠道的类型	直接分销	含义	产品无须具体的中间商而直接从生产商到消费者	
	间接分销	含义	利用了中间商（批发商、零售商或可能两者）的分销系统 传统的多层式。	
		优点	有利于生产商集中资源扩大核心业务而不必在分销渠道上投入大量资金，从而获得较高的投资回报率	
		类型	独家分销	在每个地域市场仅使用一家零售商 区域代理制。
			密集分销	通过许多商店销售产品适用快消品。

4.价格策略

✓价格策略概述（见表3-60）

表 3-60　　**价格策略概述**

目标	①通过利用需求价格弹性和成本信息使利润最大化——经济学理论中的目标 ②实现投资的目标回报率（如ROI或ROCE指标）。这一目标会导致采用成本导向定价法 ③实现目标市场份额（比如，采用渗透定价法） ④当市场对价格非常敏感时，目标是增强竞争力而不是领导市场

大致了解，选择题冷门知识点，几乎不考。

✓定价策略（见表 3-61）

表 3-61　　**定价策略**

产品差别定价法	**含义**	对市场不同部分中的类似产品确定不同的价格	
	经济学原理	如果对所有产品确定相同的价格，那么其价格会低于购买力最强的客户细分市场（无价格弹性的需求）愿意支付的价格，从而损失收益；但是其价格又会高于购买力稍弱的客户细分市场（价格弹性的需求）愿意支付的价格，从而损失销量。对前者定高价、对后者定低价能够使企业的收益最大化	
	实施的关键	不同市场必须具有不同的弹性，并且实施差别定价的市场间的“渗漏”必须很小，这样才能保持市场的相对独立性　★理解，真题考查过。	
	方法	①细分市场　【案例】公交车学生卡、老人卡。 ②地点　【案例】江浙沪包邮。 ③产品的版本　【案例】iPhone7，iPhone6s。 ④时间　【案例】空调反季节促销；旅游旺季淡季之分。 ⑤动态定价　【案例】机票：价格和需求呈正比。	
产品上市定价法	**渗透定价法**	含义	在新产品投放市场时确定一个非常低的价格
		目的	抢占销售渠道和消费者群体，使竞争者较难进入市场
	撇脂定价法	含义	在新产品上市之初确定较高的价格，并随着生产能力的提高逐渐降低价格
		目的	在产品生命周期的极早阶段获取较高的单位利润

✓考情分析：主观题冷门知识点。该部分内容理解即可，能用自己的话表述。

★★选择题高频考点。

【总结】市场营销战略（如图 3-8 所示）。

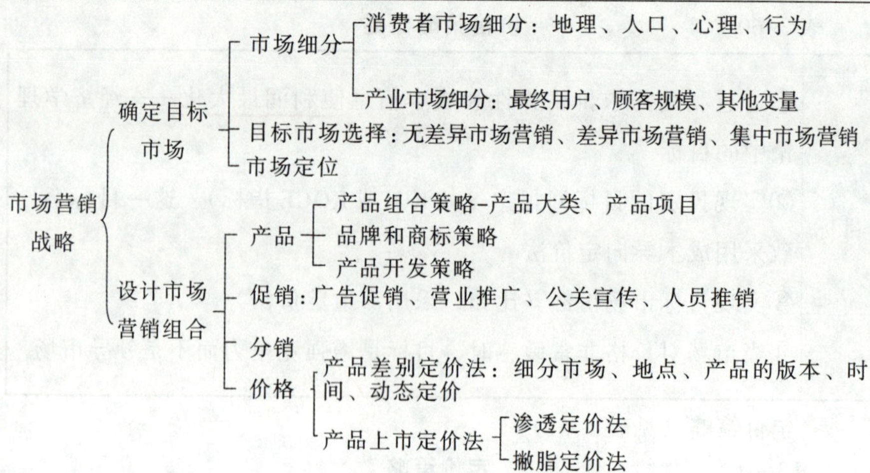

图3-8　市场营销战略图

【教材变动】2017教材有所删减

二、研究与开发战略

✓考试题型：主观题（冷门考点，近年来考查频率略有提升），客观题。

✓研究与开发战略概述（见表3-62）

表3-62　**研究与开发战略概述**

概述	研究与开发，简称研发，是组织层面的企业创新	
目的	改良产品或改良流程	
内容	基础研究	取得新的科学技术知识的初始研究，没有明显的商业用途或实际目的
	应用型研究	具有明显的商业用途或实际目的的研究
	开发型研究	在开始商业运作之前利用现有的科学技术知识来生产新产品或系统
提示	研发战略并不能独立于企业的其他部分单独进行	
研发任务	转化复杂技术、使流程与当地的原材料相适应、使流程与当地的市场相适应、根据特殊的标准和规范来改进产品 诸如产品开发、市场渗透或市场差异化等战略的实施需要成功地开发新产品，或者极大地改良老产品	

（一）研发的类型与动力来源（见表3-63）

适当关注大标题，多选题冷门考点，其余部分通读，有印象即可。

表3-63 研发的类型与动力来源

类型	产品研究——新产品开发【案例】iPhone。	新产品开发是竞争优势的主要来源，是实施差异化战略的企业战略保障体系中的关键环节
		风险：可能花费大量的资金
		注意事项： ①必须谨慎控制新产品的开发过程 ②项目筛选是非常必要的
	流程研究	流程研究关注于生产产品或提供服务的流程，旨在建立有效的流程来节约资金和时间，从而提高生产率【案例】用卫星卖鸡蛋的沃尔玛。
动力来源	需求拉动	描述：市场的新需求拉动创新以满足需求
		注意：需求拉动对研发部门和市场部门的协调有较高的要求
	技术推动	描述：创新来自发明的应用

（二）研发的战略作用 主观题冷门考点，结合前面的知识点加以理解，能用自己的话叙述即可。（研发是竞争能力的重要来源）

本书前面所阐述的几个主要战略模型都显示了研发的战略作用：

1.波特的基本战略

产品创新是产品差异化的来源。流程创新使企业能采用成本领先战略或差异化战略。

2.波特的价值链

研发被纳入价值链的支持性活动。通过提供低成本的产品或改良的差异化产品可以强化价值链。

3.安索夫矩阵

可以通过产品求精来实现市场渗透战略和市场开发战略。产品开发和产品多元化需要更显著的产品创新。

4.产品的生命周期

产品研发会加速现有产品的衰退，因而需要研发来为企业提供替代产品。

（三）研发定位（见表3-64）✓考情分析：主观题冷门考点。备考指导：建议掌握三种定位的名称，理解相应内涵。

表3-64 研发定位

研发定位	详细描述
①成为向市场推出新技术产品的企业	这是一个富有魅力的、令人兴奋的战略；特点：风险较大
②成为成功产品的创新模仿者	特点：启动风险和成本最小 适用条件：必须有先驱企业开发第一代新产品并证明存在该产品的市场，然后由跟随的企业开发类似的产品 要求：企业拥有优秀的研发人员和优秀的营销部门
③成为成功产品的低成本生产者	通过大量生产与先驱企业开发的产品相类似但价格相对低廉的产品来成为低成本生产者 要求：企业对工厂和设备进行不断投资 特点：与前两种战略相比其所需的研发费用较低

（四）研发政策

（政策制定需要考虑技术环境，市场增长以及自身的研发定位）

最成功的企业所采用的研发策略能够将外部机会与内部优势紧密相连，并且研发战略与企业目标紧密相关，而制定得当的研发政策是这一过程中的关键环节。研发政策一般考虑以下方面：

从未考过，大致知道，有印象即可。

（1）强化产品或流程改良

（2）强化应用型研究的基础

（3）成为研发领导者或跟随者

（4）开发智能化技术或手动流程

（5）对研发投入高额、适中或低额资金

（6）在企业内部进行研发或者将研发外包

（7）利用大学或私营企业的研究力量

✓考情分析：主观题冷门考点。建议大致了解，适当掌握关键字。

✓鼓励创新性构思的政策

（1）必须给予创新财务支持，并可以通过为研发和市场研究投入资金以及为新构思投入风险资金来实现。

（2）必须使员工有机会在一个能够产生创新构思的环境中工作，这需要适当的管理风格和组织结构。

人、财、组织、奖励、环境等。

（3）在适当情况下，企业的招聘政策应集中于招聘具有必备创新技能的员工，应对员工进行培训并使其与时俱进。

（4）管理层能够积极地鼓励员工和客户提出新构思，下级员工参与到开发决策中来能够鼓励他们更多地参与开发项目并为项目的成功付出努力。

（5）组建开发小组并建立相关管理机构。

（6）由专门的管理者负责从环境中或从企业的内部沟通中获取与创新构思有关的信息。

（7）战略计划应有助于创新目标的达成；对于成功实现目标的员工应给与奖励。

三、生产运营战略

生产运营战略

生产运营战略是企业根据目标市场和产品特点构造其生产运营系统时所遵循的指导思想，以及在这种指导思想下的一系列决策规划、内容和程序。

生产运营战略与企业内流程的设计、实施和控制相关，它主导着将投入（材料、人工、其他资源、信息和客户）转化为产出（产品和服务）的整个过程。

生产运营职能被视作三种传统核心职能（生产运行、市场营销、研究与开发）之一。

（一）生产运营战略所涉及的主要因素和阶段（见表3-65）

表3-65 **生产运营战略所涉及的主要因素和阶段**

主要因素	批量	高批量	资本密集型流程→专门化较高 & 单位成本较低
		低批量	无法实现专业化分工→系统化程度较低 & 单位产出成本较高
	种类	种类繁多	优点：企业具有灵活性并能够适应个别客户的需求 缺点：工作较为复杂 & 单位成本较高
		种类有限	优点：标准化、常规的运营程序 & 较低的单位成本 缺点：适应客户差异化需求时灵活性较差
	需求变动	变动较大	较低的产能利用率 & 成本较高
		需求稳定	较高的产能利用率 & 成本较低
	可见性 ✓可见性考的较多	可见性是指生产运营流程为客户所见的程度	
		可见性高	员工技巧要求高 & 单位成本较高
		可见性低	员工技巧要求低 & 单位成本较低
主要阶段	①确定生产运营目标 ②将业务战略或营销战略转化为生产运营战略，即确定工作得以具体完成的方式 ③通过与竞争者的绩效相比较来评估企业当前的运营绩效 ④以缺口分析为基础来制定运营战略 ⑤执行战略，并通过对环境变化作出反应来不断地检查、改善和改良战略		

✓四个主要因素可以考查多选题（冷门考点），需掌握四因素的名称、作用结果和阶段理解即可。（几乎不考的知识点）。

（二）产能计划 通读，从未考过。

1.产能（见表3-66）

表3-66 **产能**

产能的含义	企业在指定时间内能够完成的最大工作量
提高产能的途径	• 引进新技术、设备和材料 • 增加员工或机器的数量 • 增加轮班的次数或增添其他生产设备

2.产能计划详述（见表3-67）理解即可。

表3-67　　　　　　**产能计划详述**

含义	是指确定企业所需的生产能力以满足其产品不断变化的需求的过程			
目标	使企业产能与客户需求之间的差距最小化			
类型	领先策略（进攻型策略）	含义	根据对需求增长的预期增加产能	
		目标	将客户从企业的竞争者手中吸引过来	
		劣势	过量的产能→企业成本上升	
	滞后策略（保守型策略）	含义	仅当企业因需求增长而满负荷生产或超额生产后才增加产能	
		特性	能降低生产能力过剩的风险但也可能导致潜在客户流失	
	匹配策略（稳健型策略）	含义	少量地增加产能来应对市场需求的变化	
		平衡方法	资源订单式生产	订单→资源→生产
			订单生产式生产	资源→订单→生产 【案例】咖啡馆。
			库存生产式生产	资源→生产→订单 【案例】快消品。

✔选择题较冷门考点，建议熟悉三种产能计划类型的名称，理解相关含义。

✔选择题高频考点，着重关注流程的顺序！

★易错点。（资源订单式生产）

【案例】建筑企业在签订承建桥梁等合同之后才去采购原材料。（订单→资源→生产）

（三）准时生产系统（JIT）

1.准时生产与准时生产系统概述（见表3-68）

了解，有印象，选择题冷门考点。

表3-68　　　　　　**准时生产与准时生产系统概述**

准时生产	准时生产方法是指生产的产品能够精准地满足客户在时间、质量和数量上的需求，而无论客户是产品的最终用户还是处于生产线上的其他流程	
适用情形	服务型企业	目的：降低库存
	制造型企业	目的：消除客户排队的现象 要求：消除任务的专业化，更为灵活地运用劳动力

2.准时生产系统详述（见表3-69）✓选择题较冷门考点，要求在理解的基础上，适当掌握关键字。比较“有库存”和“零库存”来理解七种浪费。

表3-69　**准时生产系统详述**

关键要素	（1）不断改进 （2）消除浪费 包括时间、资源以及材料的浪费。浪费共有七种类型： ①生产过剩的浪费 ②等待的浪费 ③搬运的浪费 ④加工的浪费 ⑤库存的浪费 ⑥动作的浪费 ⑦不良产品的浪费 （3）良好的工作场所整理 （4）缩短生产准备时间 （5）企业中所有员工的参与　★高频。
优点	（1）库存量低，减少了仓储空间，节约了租赁和保险费用 （2）由于仅在需要时才取得存货，因此降低了花费在存货上的运营成本 （3）降低了存货变质、陈旧或过时的可能性 （4）避免因需求突然变动而导致大量产成品无法出售的情况出现 （5）由于JIT着重于第一次就执行正确的工作这一理念，因而降低了检查和返工他人所生产的产品的时间
缺点	（1）由于仅为不合格产品的返工预留了最少量的库存，因而一旦生产环节出错则弥补空间较小 （2）生产对供应商的依赖性较强，并且如果供应商没有按时配货，则整个生产计划都会被延误 （3）由于企业按照实际订单生产所有产品，因此并无备用的产成品来满足预期之外的订单

✓选择题较冷门知识点，主观题冷门知识点。建议掌握缺点的关键字（比较少，性价比高）。优点抓住核心关键字：节约各种成本，减少各种浪费。

四、采购战略

采购概述见表3-70。

表3-70　**采购概述**

对照平时网购进行理解，通读有印象即可，选择题几乎不考的冷门考点。

含义	企业取得所用的材料资源和业务服务的过程
影响	对企业产品或服务的成本和质量具有重大影响
任务	识别潜在供应商；对潜在供应商进行评价；招标；报价；对价格及支付事项进行谈判；下订单；跟踪已下达的订单；检查进货，以及对供应商付款

★选择题高频考点，主观题极冷门考点，需掌握三种货源策略的名称，优缺点部分在理解的基础上掌握关键字。

（一）货源策略

当企业确定应从哪个供应商进行采购时可以考虑的策略见表3-71。

表3-71 **当企业确定应从哪个供应商进行采购时可以考虑的策略**

策略	优点	缺点
单一货源策略	①能与供应商建立较为稳固的关系 ②便于信息的保密 ③能产生规模经济（现实中单一货源不一定可以。） ④随着与供应商的关系的加深，采购方更可能获得高质量的货源	①若无其他供应商，则该供应商的议价能力就会增强 ②采购方容易受到供应中断的影响 ③供应商容易受到订单量变动的影响
多货源策略	①能够取得更多的知识和专门技术 ②一个供应商的供货中断产生的影响较低 ③供应商之间的竞争有利于对供应商压价	①难以设计出有效的质量保证计划 ②供应商的承诺较低 ③疏忽了规模经济（不利于实现规模经济）
由供应商负责交付一个完整的子部件	①允许采用外部专家和外部技术 ②可为内部员工安排其他任务 ③采购方能够就规模经济进行谈判	①第一阶供应商处于显要地位 ②竞争者能够使用相同的供应商，因此企业在货源上不太可能取得竞争优势

✔多选题冷门考点，知道，能选即可。

（二）采购组合

企业可通过考虑以下4个领域来取得最佳的采购组合，见表3-72。

表3-72 **取得最佳的采购组合可考虑的4个领域**

采购组合	描述
质量	原材料质量决定了产品质量
数量	综合考虑两大因素：保有库存的成本 & 库存不足导致的生产延误
价格	关注一段时期内的最佳值，即应考虑质量、交货、订单的紧急度、库存保有要求等
交货	交货时间及可靠性

（三）采购经理的职责 2017年新增

当采购具有战略重要性时，最高级别的采购经理应当是董事会成员或者至少应向执行总监报告。采购经理的职责见表3-73。

表 3-73　　采购经理的职责

采购经理的职责	具体描述
1.成本控制	确保企业能够长期取得与质量相匹配的衡工量值
2.管理投入	从供应商处采购企业所有领域的设备
3.生产投入	为生产部门取得材料、零部件、组件、消耗品以及固定设备
4.供应商管理	定位供应商并与供应商进行交易
5.获取信息，用于评价各种采购方案	获取有关以下事项的信息，用于评价各种采购方案：可用性、质量、价格、分销以及供应商
6.维持库存水平	

五、人力资源战略

重点较突出，通读为主，重点部分关注即可。

2017年将人力资源战略做了重新表述，建议适当关注

（一）人力资源战略的作用

【教材变动】2017年新增内容可以适当关注，选择题冷门考点。

人力资源管理是取得、开发、管理和激发企业的关键资源的一种战略性和一贯性方法，企业借此实现可持续竞争优势的目标。

人力资源战略的作用：确保在适当的时间、适当的地点有可利用的适当的人力资源。

（二）人力资源战略的主要内容

有效的人力资源战略应包括现实的计划和程序。具体包括如下事项：

（1）精确识别出企业为实现短期、中期和长期的战略目标所需要的人才类型。

（2）通过培训、发展和教育来激发员工潜力。

（3）应尽可能地提高任职早期表现出色的员工在员工总数中所占的比重。

（4）招聘足够的、有潜力成为出色工作者的年轻新就业者。

（5）招聘足够的、具备一定经验和成就的人才，并使其迅速适应新的企业文化。

（6）确保采取一切可能的措施来防止竞争对手挖走企业的人才。

（7）激励有才能的人员实现更高的绩效水平，并激发其对企业的忠诚度。

（8）创造企业文化，使人才能在这种文化中得到培育并能够施展才华。

（三）人力资源规划（见表 3-74）

表 3-74　　人力资源规划

人力资源规划的层次	人力资源总体规划	在计划期内人力资源管理的总目标、总政策、实施步骤和总预算的安排
	人力资源业务计划	包括人员补充计划、分配计划、提升计划、教育培训计划、工资计划、保险福利计划、劳动关系计划、退休计划，等等
人力资源规划的步骤	①调查、收集和整理涉及企业战略决策和经营环境的各种信息 ②根据企业或部门实际确定人力资源规划的期限、范围和性质。建立企业人力资源信息系统，为相关预测工作准备精确而翔实的资料 ③在分析人力资源供给和需求影响因素的基础上，采用以定量为主结合定性分析的各种科学方法对企业未来人力资源供求进行预测 ④制定人力资源供求平衡的总计划和各项业务计划	

★较重要，选择题高频考点

（四）招聘与选拔 通读，从未考过。

1.招聘计划

招聘计划包括：

（1）说明招聘的职位的准确性质。

（2）确定该工作所需的技术、态度和能力。

（3）确定该职位理想候选人的要求。

（4）通过广告或其他手段吸引求职者。

2.招聘方式（见表3-75）选择内部还是外部视实际情况而定。

表3-75　　招聘方式 大致了解，选择题极冷门考点。

内部招聘	优点	①晋升现有员工的方式能调动员工积极性，培养员工的忠诚度，激发员工的工作热情，并且有助于鼓舞员工的整体士气 ②通过使用管理现有员工掌握的信息和数据进行选拔，对招聘对象是否适合该工作判断更加准确 ③能节约大量招聘和选拔时间及费用 ④如果招聘后还需要培训，内部招聘的员工能够更快地适应培训的要求
	缺点	①未被选拔的员工容易产生负面情绪；或者员工晋升后成为以前同事的主管，管理会比较困难 ②最适合该工作的员未必在企业内部，内部招聘可能导致人才选拔的局限性 ③外部招聘人员可能带来有利于企业发展的新理念和新思维，而内部招聘人员难以实现 ④内部招聘机制可能诱发拉关系或骄傲自满等不良习气
外部招聘	优缺点	与内部招聘正好相反
	注意事项	①当企业无法在内部找到具有特殊技术和技能的员工时，外部招聘必不可少 ②企业外部的人员具有在其他企业中工作的经验，因而外部招聘通常能给企业带来新的思想和不同的工作方法。但是，也应当认识到外部招聘的人员可能难以改变其做事方式并且难以适应新技术和新方法

【总结】英雄不问出处。

（五）继任计划（见表3-76）从未考过，通读。

表3-76　**继任计划**

描述	继任计划是指发现并追踪具有高潜质的雇员的过程 其实施过程涉及人力资源培训与开发、职业生涯管理和绩效测评等方面
基本要求	①计划应当重点关注未来的需求，特别是战略和文化上的要求 ②计划的制定和实施应当由高级管理层主导，各级管理层也负有重要责任，不应将继任计划看作只是人力资源部门的责任 ③对相关管理人员的发展表现作出评估 ④评估应当客观，应当有一个以上的评估人对各位管理者进行评估

（六）激励和奖励机制 从未考过，通读。

人力资源战略最重要的方面是激励员工，确保他们按照企业的口标高效率地工作。

激励员工可以采用多种方法，比如，职业保障；给予物质激励；制定白我实现目标以及制定企业或企业内团队的发展目标等。

激励和奖励机制的实施应着重以下几点：

(1) 企业在制定工作实施方面的决策时，允许员工参与其中；

(2) 应当尽可能使工作变得有趣，使员工有满足感；

(3) 将员工个人的努力融入团队和小组工作中，交流相互的观点并营造出相互支持的氛围；

(4) 确保激励结果与战略目标的实现相关联。

（七）绩效评估

绩效评估有助于目标的制定，有助于实现整体战略目标。绩效评估还能发现能力差距和业绩差距，并为奖励水平提供相关信息。

对个人进行评估可以采用的方法见表3-77。

表3-77　**对个人进行评估可以采用的方法**

评估方法	概述
员工的等级评定	根据员工的总体绩效为员工评级。通常带有偏袒性，并且通常不具有反馈价值
评级量表	个人绩效拆分成若干特征或绩效领域，如可接受工作的数量、工作质量以及主动性等
核对表	提供给评分者一份与工作绩效相关的表述清单。评分者必须为每个员工选择最恰当的表述
自由报告	为每个员工完成一份报告。这一方法可以在评估过程中给予充分的自由度
评估面谈（关键环节）	通常与上述的评分方法之一结合使用 能够为员工提供反馈，员工通过这些反馈能够发现自身的优缺点，并能够讨论提高其未来绩效所需采取的措施

★较重要，选择题较冷门考点，知道以下几种评估方法即可。

（八）员工的培训和发展 从未考过，通读。

员工培训概述见表3-78。

表3-78 员工培训概述

特点	员工培训是指组织为实现自身和员工个人的发展目标，有计划、系统地为员工提供学习机会或训练，使之提高、完善、改进与工作相关的知识、技能、能力以及态度等素质，以适应并胜任职位工作的战略性人力资本投资活动
构成要素	受训学员；培训主题；培训教材；培训师资；培训活动；培训条件

1.员工培训的详述（见表3-79）

表3-79 员工培训的详述

<table>
<tr><td>流程</td><td colspan="2">培训需求分析；培训目标设置；培训计划设计；培训实施；培训评估</td></tr>
<tr><td rowspan="2">需求分析</td><td>层次</td><td>包括组织分析、人员分析和任务分析</td></tr>
<tr><td>方法</td><td>主要有：
①观察法
②关键人员访谈法
③问卷法
此外，还包括分级讨论法、测试法、文献调查法、记录报告法、自我评价法、工作样本法等</td></tr>
<tr><td>培训计划的设计</td><td colspan="2">①进行课程描述
②确定培训目标
③制订培训方案</td></tr>
<tr><td>培训方法的选择</td><td colspan="2">培训方法的选择应遵循以下几个原则：
①从成人特点出发
②从学员需求出发
③从培训目标出发
④从实际效果出发
⑤从创新开拓出发</td></tr>
<tr><td>常用的培训模式</td><td colspan="2">①独立办学培训模式
②联合型培训模式
③全面委托型培训模式
④“学习型组织”培训模式</td></tr>
<tr><td>培训结果的评估</td><td colspan="2">评估的主要方法有：员工提交培训总结；召开座谈会；征集反馈意见；检查员工行为改进情况；撰写培训结果评估报告</td></tr>
</table>

2.职业生涯（见表3-80）

表3-80 职业生涯

含义	也称职业规划，就是指一个人对一生的各个阶段所从事的工作、职务或职业发展道路进行的设计或计划
影响因素	①需求与职业的匹配 ②性格与职业的匹配 ③兴趣与职业的匹配 ④能力与职业的匹配 ⑤社会环境与职业的匹配

六、财务战略

✓考试题型：选择题每年必考，可考查主观题（较冷门）。本部分内容与财务成本管理有重合的部分，重合部分在战略考试中，出现得较少。因此即便知识点相对较难，但备考相对较容易。

（一）财务战略的概念

✓选择题爱考的考点，略作了解即可。

1.财务战略VS财务管理（见表3-81）

表3-81 财务战略VS财务管理

财务战略	与财务管理的关系
主要涉及财务性质的战略	属于财务管理的范畴
主要考虑财务领域全局的、长期的发展方向问题	与传统的财务管理相区别

2.财务战略VS经营战略（非财务战略）（见表3-82）

表3-82 财务战略VS经营战略（非财务战略）

	财务战略	经营战略（非财务战略）
主要考虑	资金的使用和管理的战略问题	
主要强调	必须适合企业所处的发展阶段并符合利益相关者的期望	与外部环境和企业自身能力相适应

3.财务战略的分类（见表3-83）

表3-83 财务战略的分类

筹资战略	狭义的财务战略仅指筹资战略，包括资本结构决策、筹资来源决策和股利分配决策等
资金管理战略	资金管理涉及的实物资产的购置和使用，是由经营战略而非财务职能指导的 资金管理只是通过建议、评价、计划和控制等手段，促进经营活动创造更多的价值 资金管理的战略主要考虑如何建立和维持有利于创造价值的资金管理体系

（二）财务战略的确立

在追求实现企业财务目标的过程中，高层财务管理人员必须做出以下方面的决定：筹资来源、资本结构和股利分配政策等。

1.筹资来源

（1）融资渠道与方式。

选择题几乎不考的冷门考点，知道有四种融资方式，能做判断即可。优缺点部分理解即可，本部分与财管重复，战略考试中，出现的较少。

①内部融资（见表3-84）。

表3-84 内部融资

含义	企业可以选择使用内部留存利润来进行再投资。留存利润是指企业分配给股东红利后剩余的利润（最普遍采用的方式）。但企业的一些重大事件，比如并购，仅仅依靠内部融资是远远不够的，还需要其他的资金来源
优点	管理层在做此融资决策时不需要听取任何企业外部组织或个人的意见
缺点	要求企业有足够的盈利能力，而对于那些陷入财务危机的企业来说压力是很大的，因而这些企业就没有太大内部融资的空间

②股权融资（权益融资）（见表3-85）。

表3-85 股权融资（权益融资）

含义	企业为了新的项目而向现在的股东和新股东发行股票来筹集资金
优点	当企业需要的资金量比较大时（比如并购），股权融资就占很大优势（不需定期支付利息和本金）
缺点	股份容易被恶意收购从而引起控制权的变更，并且股权融资方式的成本也比较高

③债权融资（见表3-86）。

表3-86 债权融资

贷款	包括	短期贷款（年限少于一年）
		长期贷款（年限高于一年）
	优点	（相比股权融资）融资成本较低、融资的速度较快，并且方式也较为隐蔽
	缺点	当企业陷入财务危机或者企业的战略不具备竞争优势时，还款的压力会增加企业的经营风险
租赁	含义	企业在一段时期内租用资产的债务形式
	优点	企业可以不需要为购买某项资产进行融资。此外，租赁很有可能使企业享有更多的税收优惠。租赁可以增加企业的资本回报率，因为它减少了总资本
	缺点	资产的所有权不属于企业（资产的有限权利）

关注：租赁属于债权融资（选择题冷门考点）★

④资产销售融资（见表3-87）。

表 3-87 **资产销售融资**

含义	企业销售其部分有价值的资产进行融资，这也是企业进行融资的主要方式
优点	简单易行，并且不用稀释股东权益
缺点	比较激进，一旦操作了就无回旋余地 如果销售的时机选择得不准，销售的价值就会低于资产本身的价值

（2）企业融资能力的限制 从未考过，若有时间通读即可。

在理解了企业的几种主要融资方式后，管理层还需要了解限制企业融资能力的两个主要方面，见表 3-88。

表 3-88 **债务融资的困境和股利支付的困境**

债务融资面临的困境	债务融资要求企业按照合同进行利息支付，利率一般是固定的，并且利息的支付还有两个方面的要求： • 利息支付一定优先于股利支付 • 无论企业的盈利状况如何，企业都必须支付利息
股利支付面临的困境	企业在做出股利支付决策时同样也会遇到两难的境地： 如果企业有股东分配较多的股利，那么企业留存的利润就较少，进行内部融资的空间相应缩小

2.融资成本与最优资本结构（见表 3-89） 只考过一个选择题，若有时间通读即可。

表 3-89 **资本成本与最优资本结构**

估计和计算融资成本	①用资本资产定价模型（CAPM）估计权益资本成本	
	②用无风险利率估计权益资本成本	
	③长期债务资本成本	
	④加权平均资本成本：权益资本成本与长期债务资本成本的加权平均	
最优资本结构	资本结构是权益资本与债务资本的比例	
	影响因素	代理成本对于企业的实际融资决策也有影响
		大多数经理倾向于内部融资而不是外部融资
		其他考虑因素：企业的举债能力、管理层对企业的控制能力、企业的资产结构、增长率、盈利能力以及有关的税收成本 难以量化的因素：企业未来战略的经营风险；企业对风险的态度；企业所处行业的风险；竞争对手的资本成本与资本结构（竞争对手可能有更低的融资成本以及对风险不同的态度）；影响利率的潜在因素，如整个国家的经济状况

3.股利分配策略

讨论股利分配策略应重点关注两方面内容，见表 3-90。

表3-90　　决定股利分配的因素和股利政策

从未考过，若有时间通读即可。

决定股利分配的因素	①留存供未来使用的利润的需要 ②分配利润的法定要求 ③债务契约中的股利约束 ④企业的财务杠杆 ⑤企业的流动性水平 ⑥即将偿还债务的需要 ⑦股利对股东和整体金融市场的信号作用	
股利政策	固定股利政策	含义：每年支付固定的或者稳定增长的股利（稳定增长也属于固定） 特征：为投资者提供可预测的现金流量，减少管理层将资金转移到盈利能力差的活动的机会，并为成熟的企业提供稳定的现金流
	固定股利支付率政策	含义：股利支付率等于企业发放的每股现金股利除以企业的每股盈余（强调的是比率，如净利润的30%。） 特征：投资者无法预测现金流，这种方法也无法表明管理层的意图或者期望，并且如果盈余下降或者出现亏损，这种方法就会出现问题
	零股利政策	将企业所有剩余盈余都投资回本企业中。在企业成长阶段通常会使用这种股利政策，并将其反映在股价的增长中
	剩余股利政策	只有在没有现金净流量为正的项目的时候才会支付股利

★高频选择题考点，需掌握四种股利政策，理解相应内涵。

（三）财务战略的选择

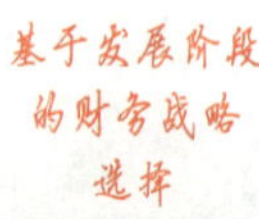

1.基于产品生命周期的财务战略选择。

（1）财务风险与经营风险的搭配。★高频选择题考点，几乎每年必考。

✓概述

- 经营风险的大小是由特定的经营战略决定的。
- 财务风险的大小是由资本结构决定的。

（它们共同决定了企业的总风险）

✓经营风险与财务风险的搭配（如图3-9所示）。

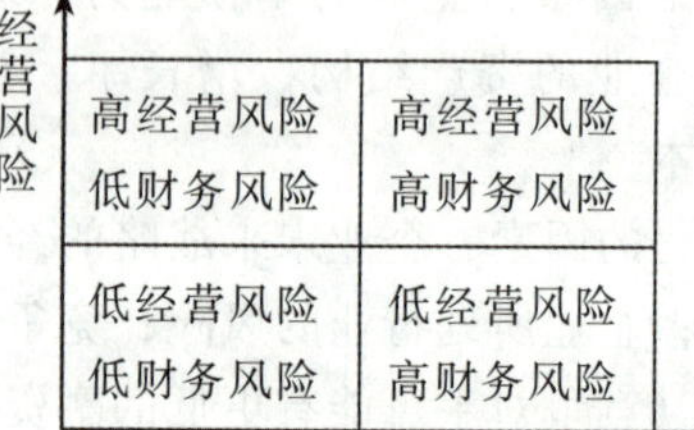

图3-9　经营风险与财务风险组合图

【总结与结论】　解题诀窍。

①经营风险与财务风险的反向搭配，是可以同时符合权益投资人和债

权人的期望的现实搭配。

②“双高搭配”符合风险投资人的要求，不符合债权人的要求。

③“双低搭配”符合债权人的要求，不符合权益投资人的期望，也不是现实的搭配。

（2）产品生命周期不同阶段的财务战略（见表3-91）。高频选择题考点，几乎每年必考。

表3-91　　产品生命周期不同阶段的财务战略

	企业的发展阶段			
	导入期	成长期	成熟期	衰退期
经营风险	非常高	高	中等	低
财务风险	非常低	低	中等	高
资本结构	权益融资	主要是权益融资	权益+债务融资	权益+债务融资
资金来源	风险资本	权益投资增加	保留盈余+债务	债务
股利	不分配	分配率很低	分配率高	全部分配
价格/盈余倍数	非常高	高	中	低
股价	迅速增长	增长并波动	稳定	下降并波动

结合产品生命周期：经营风险不断变小。

财务风险与经营风险要反向搭配。逐渐增加债务融资的比重。

2.基于创造价值或增长率的财务战略选择

创造价值是财务管理的目标，也是财务战略管理的目标。为了实现财务目标，必须找到影响创造价值的主要因素，以及它们与创造价值之间的内在联系。

（1）影响价值创造的主要因素（见表3-92）。✓选择题爱考的考点，大致了解即可，重点关注结论性表述。

表3-92　　影响价值创造的主要因素

要点	阐释
企业的市场增加值	企业市场增加值=企业资本市场价值－企业占用资本=权益增加值+债务增加值
影响企业市场增加值的因素	市场增加值=（投资资本回报率－资本成本）×投资资本÷（资本成本－增长率）
	★**影响企业市场增加值的因素有三个：1）投资资本回报率；2）资本成本；3）增长率**
影响价值创造的因素	影响价值创造的因素主要有： ①投资资本回报率：与市场增加值同向变化 ②资本成本：与市场增加值反向变化 ③增长率：当“投资资本回报率－资本成本”为正值时，增长率与市场增加值同向变化；当“投资资本回报率－资本成本”为负值时，增长率与市场增加值反向变化 ④可持续增长率

记住三要素并理解其增减变动对市场增加值的影响。

3+1：在市场增加值的因素（3个）的基础上，加上了一个可持续增长率。

（2）销售增长率、筹资需求与创造价值（见表3-93）。

模型基于一系列的假设。需要理解，该知识点是后续知识的基础，不会单独命题。

表3-93　　销售增长率、筹资需求与创造价值

	具体状况	指标体现
现金状况	现金短缺	销售增长率＞可持续增长率
	现金剩余	销售增长率＜可持续增长率
	现金平衡	销售增长率=可持续增长率
价值创造情况	创造价值	投资资本回报率＞资本成本
	减损价值	投资资本回报率＜资本成本

✓结合现金状况与价值创造情况（见表3-94）

表3-94　　结合现金状况与价值创造情况

内容	具体状况	应对思路
现金短缺	创造价值的现金短缺	应当设法筹资以支持高增长，创造更多的市场增加值
	减损价值的现金短缺	应当降低增长率以减少价值减损
现金剩余	创造价值的现金剩余	应当用这些现金提高增长率，创造更多的价值
	减损价值的现金剩余	应当把钱还给股东，避免更多的价值减损

（3）价值创造和增长率矩阵。✓注意：可以考查主观题（冷门考点）！

财务战略矩阵（如图3-10所示）：在矩阵中把价值创造（投资资本回报率——资本成本）和现金余缺（销售增长率——可持续增长率）联系起来。财务战略矩阵可以作为评价和制定战略的分析工具。

价值创造和增长率矩阵

★矩阵为选择题高频考点，几乎每年必考。要求能判断每种情形属于什么状况，并能掌握每种情形位于哪个象限。

1.注意一、二、三、四象限顺序。
2.记牢横轴和纵轴的指标。

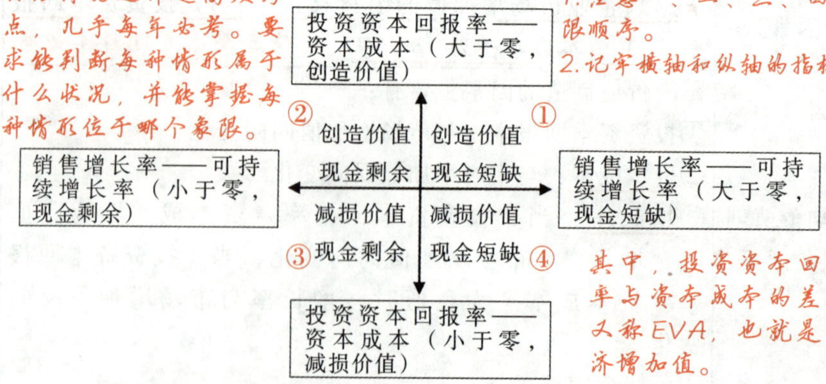

投资资本回报率——资本成本（大于零，创造价值）

②创造价值 现金剩余　①创造价值 现金短缺

销售增长率——可持续增长率（小于零，现金剩余）　　销售增长率——可持续增长率（大于零，现金短缺）

③减损价值 现金剩余　④减损价值 现金短缺

投资资本回报率——资本成本（小于零，减损价值）

其中，投资资本回报率与资本成本的差额又称EVA，也就是经济增加值。

图3-10　财务战略矩阵

①增值型现金短缺（见表3-95）。★★重点关注，考的频率相对较高。

表3-95 **增值型现金短缺**

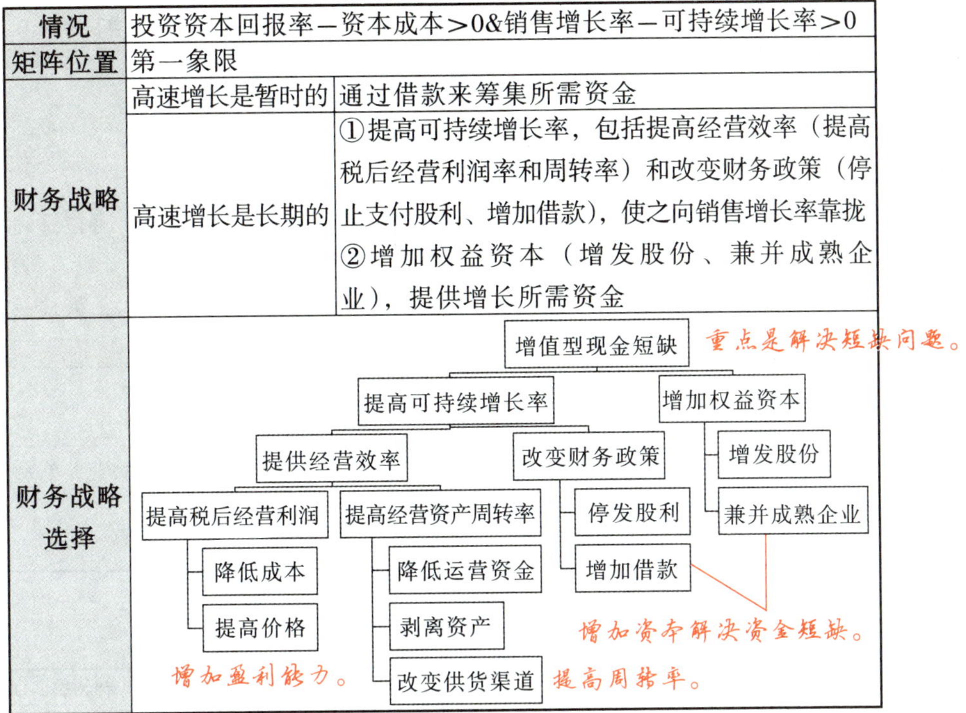

情况	投资资本回报率－资本成本>0&销售增长率－可持续增长率>0	
矩阵位置	第一象限	
财务战略	高速增长是暂时的	通过借款来筹集所需资金
	高速增长是长期的	①提高可持续增长率，包括提高经营效率（提高税后经营利润率和周转率）和改变财务政策（停止支付股利、增加借款），使之向销售增长率靠拢 ②增加权益资本（增发股份、兼并成熟企业），提供增长所需资金
财务战略选择	增值型现金短缺 提高可持续增长率：提供经营效率（提高税后经营利润：降低成本、提高价格；提高经营资产周转率：降低运营资金、剥离资产、改变供货渠道）；改变财务政策（停发股利、增加借款） 增加权益资本：增发股份、兼并成熟企业	

②增值型现金剩余（见表3-96）。

表3-96 **增值型现金剩余** 重点是如何利用多余资金。

情况	投资资本回报率－资本成本>0 & 销售增长率－可持续增长率<0	
矩阵位置	第二象限	
财务战略	思路	利用剩余的现金迅速增长
	首选的战略是利用剩余的现金加速增长 途径包括： ①内部投资 ②收购相关业务	
	如果加速增长之后仍有剩余现金，找不到进一步投资的机会，则应把多余的钱还给股东 途径包括： ①增加股利支付 ②回购股份	
财务战略选择	增值型现金剩余 加速增长：内部投资、收购相关业务 分配现金剩余：增加股利支付、回购股份	

③减损型现金剩余（见表3-97）。

重点是解决减损，提高回报率或降低资本成本。

表 3-97　　减损型现金剩余

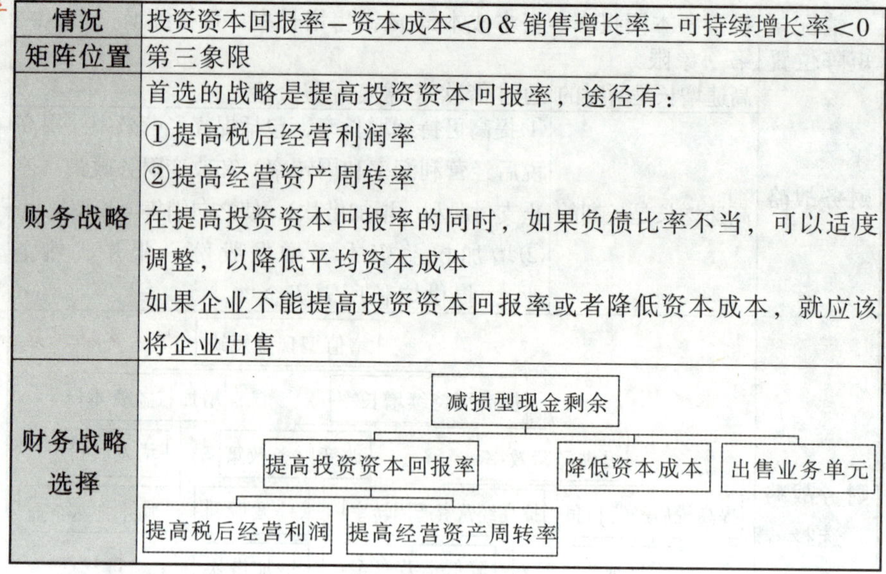

情况	投资资本回报率－资本成本<0 & 销售增长率－可持续增长率<0
矩阵位置	第三象限
财务战略	首选的战略是提高投资资本回报率，途径有： ①提高税后经营利润率 ②提高经营资产周转率 在提高投资资本回报率的同时，如果负债比率不当，可以适度调整，以降低平均资本成本 如果企业不能提高投资资本回报率或者降低资本成本，就应该将企业出售
财务战略选择	减损型现金剩余 提高投资资本回报率（提高税后经营利润；提高经营资产周转率） 降低资本成本 出售业务单元

④减损型现金短缺（见表 3-98）。

表 3-98　　减损型现金短缺

情况	投资资本回报率－资本成本<0 & 销售增长率－可持续增长率>0
矩阵位置	第四象限
财务战略	①如果盈利能力低是本公司的独有问题，并且觉得有能力扭转价值减损局面，则可以选择“彻底重组”；否则，应该选择出售 ②如果盈利能力低是整个行业的衰退引起的，则应该选择的财务战略是“尽快出售”以减少损失
财务战略选择	减损型现金短缺 彻底重组 出售

【总结】总体策略　★解题套路。

对于有创造价值的，先解决现金（短缺筹集，剩余去投资 OR 分配）。

对于有减损价值的：

①先处理减损（提高投资资本回报率，减低资本成本）→还能抢救一下。

②再考虑现金，当现金不足的时候→放弃治疗。

✓本节理论性较强，比较生涩，好在考点集中，学习起来以理解为主，背诵量对比前三节相对较少。

第四节　国际化经营战略

◇ 企业国际化经营动因　　◇ 国际化经营的战略类型

◇ 国际市场进入模式　　◇ 新兴市场的企业战略

国际化经营战略是企业在国际市场上对三个层次战略的具体应用，同时，国际化经营战略也有其独特性。

一、企业国际化经营动因（如图3-11所示）

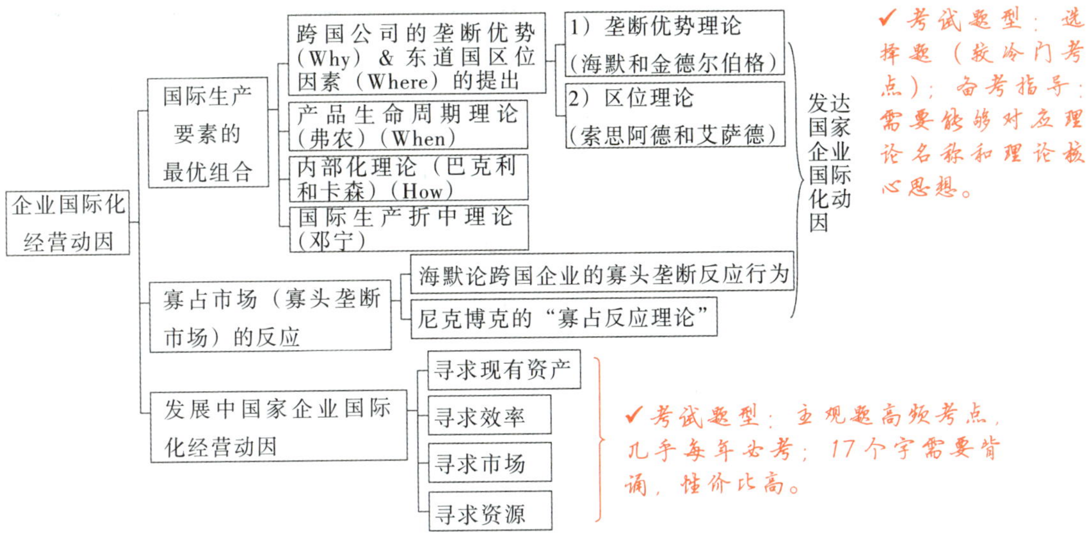

图3-11　企业国际化经营动因图

（一）国际生产要素的最优组合

1.垄断优势理论（Why）（见表3-99）

表3-99　垄断优势理论（Why）

提出者	海默&金德尔伯格
观点	市场不完全导致了对外直接投资 ★较重要，选择题冷门考点。
市场不完全	①产品和生产要素市场不完全 ②由规模经济导致的市场不完全 ③由政府干预引起的市场不完全 ④由税赋与关税引起的市场不完全
垄断优势	跨国企业在不完全竞争下取得的各种垄断优势有： ①来自产品市场不完全的优势，如产品差别、商标、销售技术与操纵价格等 ②来自生产要素市场不完全的优势，包括专利与工业秘诀，资金获得条件的优惠，管理技能等　适当了解，选择题暂未考过。 ③企业拥有的内部规模经济与外部规模经济
解释情况	主要解释二战之后发达国家企业对外直接投资，发达国家之间直接投资对向流动由下面的寡占市场（即寡头垄断市场）反应理论解释

2.区位理论（Where）（见表3-100）

表3-100　　区位理论（Where）

提出者	索思阿德&艾萨德
观点	国际市场的不完全性会导致各国之间的市场差异，即在生产要素价格、市场规模、市场资源供给等方面存在着不同的差异。如果国外市场这些差异为准备投资的一国企业带来了有利的条件，企业就会发生对外直接投资 ★较重要，选择题冷门考点。
影响因素	影响区位优势的主要因素有：生产要素、市场定位、贸易壁垒、经营环境等✓知道一下，几乎不考的考点。

3.产品生命周期理论（When）（见表3-101）

选择题较冷门的考点，注意与波特生命周期的区别。

表3-101　　产品生命周期理论（When）

提出者	弗农（Vernon）
提示	将垄断因素与区位因素结合起来的动态分析
理论概述	从产品的研发和生产角度分为三个阶段：产品创新→成熟→标准化

【辨析】波特生命周期（产业环境分析）：两种产品生命周期的出发点不同。

划分依据：以产业销售额增长率曲线的拐点划分。

四个阶段：导入期、成长期、成熟期、衰退期。

4.内部化理论（How）（见表3-102）

表3-102　　内部化理论（How）

提出者	巴克利&卡森
提示	内部化理论是从市场不完全与垄断优势理论发展起来的
市场不完全	在内部化理论中，市场不完全是指由于某些市场失效，以及由于某些产品的特殊性质或垄断势力的存在，导致企业市场交易成本增加
内部化理论的基本假设	①企业在市场不完全的情况下从事经营的目的是追求利润最大化 ②当生产要素特别是中间产品市场不完全时，企业有可能统一管理经营活动，以内部市场代替外部市场 ③内部化越过国界时就会产生国际企业

选择题冷门考点。

5.国际生产折中理论（见表3-103）

表3-103 **国际生产折中理论**

提出者	邓宁（Dunning）
提示	国际生产折中理论至今仍然是对跨国公司和对外直接投资研究影响最大的理论框架
理论概述	所有权优势+内部化优势+区位优势=对外直接投资 所有权优势＋内部化优势=出口贸易 所有权优势=技术转移

✓选择题爱考的考点，一般考查知识点的直接还原。

✓理解即可，选择题考查（较冷门，一般考查知识点的直接还原）。

（二）寡占市场（即寡头垄断市场）的反应

对企业跨国经营的行为，一些学者更侧重于从企业所面临的市场角度，特别是从跨国公司投资产业大都属于寡占市场特征的角度进行研究。

1.海默论跨国企业的寡头垄断反应行为（见表3-104）

表3-104 **海默论跨国企业的寡头垄断反应行为**

提出者	海默
观点	发达国家之间的对向或交叉直接投资，必须利用寡占反应行为来加以解释
寡占反应行为	各国寡占企业通过在竞争对手的领土上建立地盘来加强自己在国际竞争中的地位

2.尼克博克的“寡占反应理论”（见表3-105）

表3-105 **尼克博克的“寡占反应理论”**

提出者	尼克博克	
理论背景	第二次世界大战美国企业对外直接投资主要是由寡占行业少数几家寡头公司进行的，它们的投资又大多在同一时期成批发生	
理论观点	对外直接投资区分为“进攻性投资”与“防御性投资”	
进攻性投资	在国外市场建立第一家子公司的寡头公司的投资	弗农的产品周期理论解释 主动
防御性投资	同一行业其他寡头成员追随率先公司也建立子公司	寡占反应行业所决定 被动

适当关注，选择题冷门考点。

（三）发展中国家企业国际化经营动因

2006年UNCTAD《世界投资报告》对于发展中经济体和转型期经济体日益成为世界重要的对外投资来源这一趋势进行了调查与研究。提出影响发展中国家跨国公司对外投资决策的四大动机与三大竞争优势。

★主观题高频考点，需在理解的基础上掌握：1）四种动机，17个字；2）知道主要动机的分类；3）能根据案例判断企业国际化的动机（选择题较冷门考点）。

1.发展中国家跨国公司对外投资的主要动机（见表3-106）

表3-106　**发展中国家跨国公司对外投资的主要动机**

<table>
<tr><td rowspan="6">资产利用战略</td><td>①寻求市场</td><td colspan="2">以寻求市场为主要动机的投资主要形成区域内和发展中国家内部的外国直接投资</td></tr>
<tr><td rowspan="4">②寻求效率</td><td colspan="2">主要是相对较先进（因而劳动力成本较高）的发展中国家跨国公司进行这种投资</td></tr>
<tr><td rowspan="2">驱动因素</td><td>母经济体生产成本上涨，特别是劳动力成本</td></tr>
<tr><td>发展中国家公司所面临的竞争压力正在推动它们向海外扩展</td></tr>
<tr><td>一般情形</td><td>一般集中在几个产业（诸如电气和电子产品及成衣和纺织品），且大多面向发展中国家</td></tr>
<tr><td>③寻求资源</td><td colspan="2">寻求资源型的外国直接投资大多在发展中国家</td></tr>
<tr><td>资产扩展战略</td><td>④寻求现成资产</td><td colspan="2">主要是发展中国家跨国公司向发达国家投资
其主要动机是主动获取发达国家企业的品牌、先进技术与管理经验等现成资产</td></tr>
</table>

2.发展中国家跨国公司对外投资的主要竞争优势　从未考过，适当关注。

与发达国家跨国公司外向投资相比，发展中国家跨国公司对外直接投资有三个方面的优势，这些优势主要体现在对发展中国家投资的层面上。

（1）发展中国家跨国公司的对外直接投资对发展中东道国的一大优势是具有更大的创造就业机会的潜力。

（2）发展中国家跨国公司的技术和经营模式一般比较接近于发展中东道国公司所用的技术和模式，这意味着有益联系和技术吸收的可能性较大。

（3）发展中国家跨国公司在进入模式上也往往是更多地采取新建投资的方式而不是并购。在发展中东道国的投资尤其如此。就此而言，他们的投资更有可能直接推动提高发展中国家的生产能力。

企业进入国外市场的主要模式

二、国际市场进入模式

企业进入国外市场的模式一般有出口、股权投资、非股权安排等几种。每一种进入模式都有各自的利与弊。

（一）出口

1.目标市场选择

目标市场的区域路径见表3-107。

表3-107 **目标市场的区域路径** ✓可能以选择题考查（暂未考过），需理解含义，能做判断。

传统方式	高新技术产品	发达国家→类似的发达国家→发展中国家 发展中国家→类似的发展中国家→发达国家
	初级产品和低端产品	发展中国家→发达国家
新型方式	原因：经济全球化背景下，许多产业中的全球分工体系已经形成，全球同步使用新产品。不论是发达国家还是发展中国家，该产业中的高新技术产品出口的国别路径是： 先到发达国家（特别是美国），以占领世界最大市场，然后再走向发展中国家	

2.选择分销渠道与出口营销（见表3-108）

表3-108 **选择分销渠道与出口营销** 知道即可，从未考过的极冷门知识点。

渠道特点	①一般说来，国际分销渠道比国内分销渠道更复杂，涉及更多的中间环节 ②国际分销渠道的成本通常比国内分销渠道的成本高 ③出口商有时必须通过与国内市场不同的分销渠道向海外市场进行销售 ④国际分销渠道通常为公司提供海外市场信息，包括产品在市场上的销售情况及其原因		
贸易中介	商品的所有权	代理人&分销商	
	对销售渠道的控制方法	直接法	公司拥有并管理分销渠道（控制能力强，信息充分，成本高）
		间接法	分销渠道独立于公司之外（成本低，控制能力减弱，信息不足）

3.出口市场上的定价 选择题冷门考点，需掌握四种定价方法的名称，理解相应内涵。

针对海外市场一般有四种定价策略：

（1）定价偏高，以期获得大于国内市场的收益。

（2）制定使海外市场与国内市场收益水平接近的价格。

（3）在短期内定价较低，即使收益偏低甚至亏损也在所不惜。【对照案例】舍不得孩子套不住狼。

（4）只要在抵消变动成本之后还能增加利润，就按能把超过国内市场需求量的产品销售出去的价格定价。理解：多买一个不亏，何乐而不为。

（二）对外股权投资 ✓考试题型：选择题高频考点，近三年虽然没有以主观题形式考查，但在备考过程中该知识点还是比较重要的，建议以主观题方式加以复习；备考指导：在理解的基础上，着重掌握优缺点部分的关键字。

对外股权投资涉及对东道国企业的股权参与，与出口方式相比，是一种控制程度更强、参与程度更大的进入方式。股权投资包括对外证券投资与对外直接投资。

1. 对外证券投资（见表3-109）

表3-109 **对外证券投资**

含义	对外证券投资是指个人或机构取得外国证券，但并不控制该企业或参与管理 【案例】万达购买马德里竞技20%的股份。
优点	购买外国股票可能出于若干重要战略因素考虑： ①证券投资可能成为直接投资的前奏 ②证券投资可以作为企业长期计划的一部分，因为它可能有助于加强技术、许可证和销售协议 ③证券投资也是扩大企业在其他国家利益的一种方法
缺点	①证券投资虽然涉及所有权问题，但很少或没有涉及管理和控制问题，不能管理企业所持有的资产 ②证券投资很难充分发挥该公司的技术或产品的优势

✔建议背诵关键字。

2. 对外直接投资

✔对外直接投资概述（见表3-110）

表3-110 **对外直接投资概述**

含义	企业将管理、技术、营销、资金等资源以自己控制企业的形式转移到目标国家（地区），以便能够在目标市场充分地发挥竞争优势 【案例】万达海外项目。例如：西班牙、伦敦、珠宝三塔。
优点	缩短了生产和销售的距离，减少了运输成本 可利用当地便宜的劳动力、原材料、能源等生产要素，降低制造成本 能随时获得当地市场的信息和产品的信息反馈，从而可根据市场的需求来调整生产 使企业跨越东道国政府的各种贸易和非贸易壁垒，有时还能享受东道国提供的某种优惠
缺点	投资进入需要大量的资金、管理和其他资源的投入，这就意味着风险更大，灵活性差

✔建议背诵关键字。

✔对外直接投资方式（全资子公司与合资）

✔选择题高频考点，近三年虽没有以主观题考查，但知识点比较重要，建议以主观题形式备考。备考指导：在理解的基础上，着重掌握不同投资方式的优缺点部分的关键字。

（1）全资子公司（即独资经营）（见表3-111）。

表3-111　**全资子公司**

含义	由母公司拥有子公司全部股权和经营权【案例】万达欧洲地产投资有限公司。
优点	①管理者可以完全控制子公司在目标市场上的日常经营活动，并确保有价值的技术、工艺和其他一些无形资产都留在子公司 ②可以摆脱合资经营在利益、目标等方面的冲突问题，从而使国外子公司的经营战略与企业的总体战略融为一体【对照】齐心协力，一致对外。
缺点	①这种方式可能得耗费大量资金，公司必须在内部集资或在金融市场上融资以获得资金 ②由于成立全资子公司需要占用公司的大量资源，所以公司面临的风险可能会很高 ③由于没有东道国企业的合作与参与，全资子公司难以得到当地的政策与各种经营资源的支持，规避政治风险的能力也明显小于合资经营企业

（2）合资经营（见表3-112）。

表3-112　**合资经营**

含义	协议共同投资的各方各按一定比例的股份出资，共同组成一家具有法人地位，在经济上独立核算，在业务上独立经营的企业【案例】星巴克；东方梦工厂；一汽大众。
★**动因**	①加强现有业务 ②将现有产品打入国外市场 ③将国外产品引入国内市场 ④一种新业务经营
优点	①可以减少国际化经营的资本投入 ②有利于弥补跨国经营经验不足的缺陷 ③有利于吸引和利用东道国合资方的资源，如东道国合资方在当地市场的信誉、融资与销售渠道、同当地银行和政府官员的公私关系以及他们具有的生产、技术、管理和营销技能等
缺点	由于合资企业由多方参与投资，因而协调成本可能过大。协调问题又主要表现在以下几个方面： ①合资各方目标的差异 ②合资各方的文化差异【对照】友谊的小船能否经得起考验？

★重要，建议记忆，性价比高。

3.非股权形式【案例】雀巢在云南帮助农民生产咖啡。

非股权形式包括合约制造、服务外包、订单农业、特许经营、许可经营、管理合约及其他类型的合约关系，跨国公司通过这些关系协调其在全球价值链的活动并影响东道国公司的管理，而并不拥有其股份。

✓外国直接投资与贸易之间的中间道路——非股权形式（如图 3-12 所示）

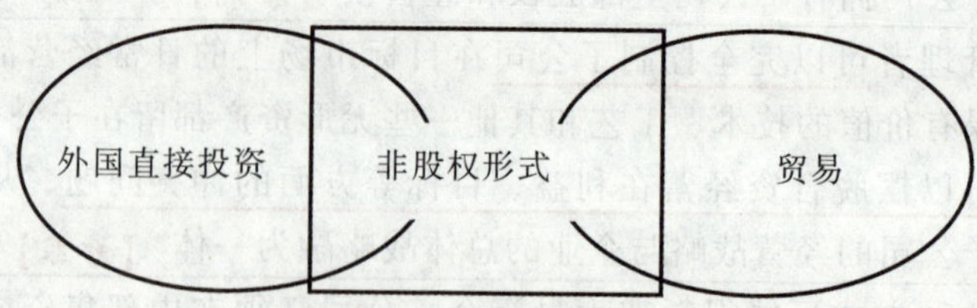

图 3-12 非股权形式图

【回顾】进入海外市场的方式（如图 3-13 所示）

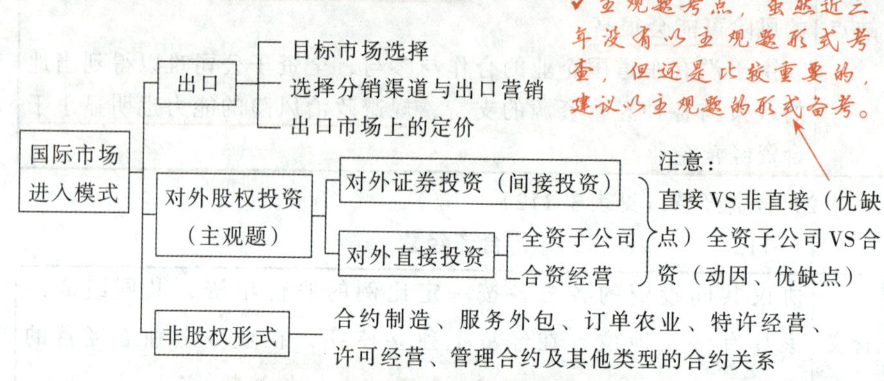

图 3-13 海外市场进入方式图

✓主观题考点，虽然近三年没有以主观题形式考查，但还是比较重要的，建议以主观题的形式备考。

国际化经营的战略类型

三、国际化经营的战略类型

企业国际化经营的战略基本上有四种类型，这四种战略可以通过“全球协作”和“本土独立性和适应能力”的程度所构成的两维坐标上体现出来，如图 3-14 所示。

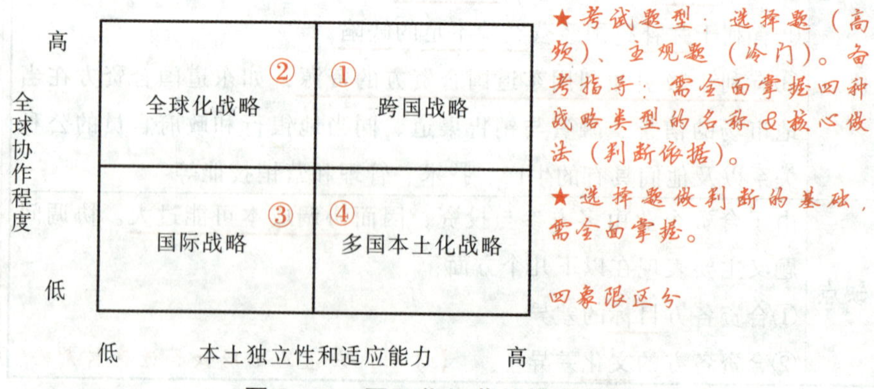

图 3-14 国际化经营的战略类型

★考试题型：选择题（高频）、主观题（冷门）。备考指导：需全面掌握四种战略类型的名称&核心做法（判断依据）。

★选择题做判断的基础，需全面掌握。

四象限区分

（一）国际战略（见表3-113）【案例】格力。关键词：总部决策。

表3-113 国际战略

描述	企业将其具有价值的产品与技能转移到国外的市场，以创造价值的举措。产品开发的职能留在母国，而在东道国建立制造和营销职能，总部一般严格地控制产品与市场战略的决策权
★核心做法	1.产品生产一般在国内，出口到其他国家 2.有时也会在其他国家生产，生产什么由总部决定，当地没有决策权
主要特征	适应性较差；经营成本高
适用情形	企业的特殊竞争力如果在国外市场上拥有竞争优势，而且在该市场上降低成本的压力较小时

（二）多国本土化战略（见表3-114）【案例】KFC为中国而改变。关键词：满足各地个性化。

表3-114 多国本土化战略

描述	将自己国家所开发出的产品和技能转移到国外市场，而且在重要的国家市场上从事生产经营活动。满足各地个性化需求，适应性强；成本结构较高，无法获得经验曲线效益和区位效益
★核心做法	1.产品在当地生产和当地销售，当地具有决策权 2.不同国家生产销售的产品不一样
主要特征	适应性较好；经营成本高；高度分权
适用情形	在当地市场强烈要求根据当地需求提供产品和服务，并降低成本时

（三）全球化战略（见表3-115）【案例】苹果的成功之匙。关键词：标准化，全球配置资源。

表3-115 全球化战略

描述	向全世界的市场推销标准化的产品和服务，并在较有利的国家集中地进行生产经营活动，由此形成经验曲线和规模经济效益，以获得高额利润。企业采取该战略的目的是实施成本领先战略，通过提供标准化的产品来促使不同国家的习俗和偏好趋同
★核心做法	1.生产什么由总部统一决定，产品生产的不同环节配置在不同国家 2.不同国家生产销售的产品一样
主要特征	适应性较差；经营成本低；高度集权
适用情形	在成本压力大而当地特殊要求小的情况下

（四）跨国战略（见表3-116） 本土化和全球化的综合体。

表3-116 跨国战略

描述	形成以经验为基础的成本效益和区位效益，转移企业内的特殊竞争力，同时注意当地市场的需要。为了避免外部市场的竞争压力，母公司与子公司、子公司与子公司的关系是双向的 运用经验曲线的效应，形成区位效益，能够满足当地市场的需求，达到全球学习的效果。（公认的跨国公司最佳战略选择）
★核心做法	综合了多国本土化战略和全球化战略的做法
主要特征	适应性较好；经营成本低
适用情形	充分考虑到东道国的需求，同时也要保证跨国公司的核心目标和技能的实现

四、新兴市场的企业战略

新兴市场是指一些市场发展潜力巨大的发展中国家。这类国家对世界经济的发展具有较大的推动作用，其进出口贸易在全球贸易中占有越来越重要的地位。

✓通读，以防选择题。2015年新增，至今从未考过。

（一）按产业特性配置资源

在争夺新兴市场的大战中，强大的跨国公司并非占尽优势。新兴市场上的本土企业都必须关注两个问题：第一，你所在产业面临的全球化的压力有多大？第二，你所在公司优势资源的跨国转移能力怎样？

1.认识不同产业面临的不同压力

在估计全球化压力所产生的影响时，必须认识到各种不同的产业面临的压力是不同的。在各种产业中，全球化和地方化的压力在强度上也不同。很少有产业承受了极端的全球化或地方化的压力。

2.评估企业自身的优势资源

新兴市场中的大部分本土企业拥有一些资源，这些资源使其在本土市场上具有竞争优势。例如，本土的销售网络等。诸如此类的优势资源，可以成为本土企业成功捍卫本国市场的后盾。

不仅如此，本土企业的某些优势还可能成为向其他市场扩张的利刃。这种资源越多，企业在国外获得成功的机会就越大。

✓考试题型：选择题（2015年新增，近年来每年必考），但也可以考查主观题。备考指导：需全面掌握战略选择的名称以及大致的相应核心做法。

（二）本土企业的战略选择

✓本土企业的战略选择

将产业所面临的全球化压力和新兴市场本土企业可以转移的资源作为两个变量（如图3-15所示）：

产业的全球化程度		适合于本国市场	可以向海外移植
	高	“躲闪者” 通过转向新业务或缝隙市场避开竞争	“抗衡者” 通过全球竞争发动进攻
	低	“防御者” 利用国内市场的优势防卫	“扩张者” 将企业的经验转移到周边市场

新兴市场本土企业优势资源

图3-15　本土企业的战略选择

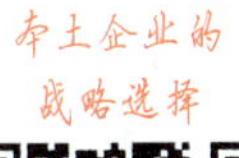

★选择题爱考的考点，是解题关键，需全面掌握。

1. “防御者”（defender）（见表3-117）

表3-117　“防御者”（defender）【案例】上海家化：六神花露水70%的市场占有率。

特征	全球化压力较小，可转移的优势资源少
相关战略	面对来势汹汹且实力雄厚的外国竞争对手，防御者要做的就是利用本土优势进行防御。 ①把目光集中于喜欢本国产品的客户，而不考虑那些崇尚国际品牌的客户 ②频繁地调整产品和服务，以适应客户特别的甚至是独一无二的需求 ③加强分销网络的建设和管理，缓解国外竞争对手的竞争压力
★注意	①不要试图赢得所有顾客 ②不要一味模仿跨国竞争对手的战略

2. “扩张者”（Extender）（见表3-118）

表3-118　“扩张者”（Extender）

特征	全球化压力不大，自身的优势资源又可以被移植到海外
相关战略	可以不仅仅局限于保住现有市场，它们可以通过合理运用可移植的优势资源，并以其在本地市场的成功为平台，向其他市场扩张。慎重并有选择地将海外扩张战略用于企业的核心资源，不仅可以增加企业收入，还能促进规模经济，同时也能获得颇有价值的国际化经营的经验
★注意	在向海外延伸本土优势时应当注意寻找在消费者偏好、地缘关系、分销渠道或政府管制方面与本国市场相类似的市场，来最有效地利用自己的资源

3. “躲闪者”（Dodger）（见表3-119）【案例】斯柯达与德国大众的合并与重组。

表3-119　“躲闪者”（Dodger）

特征	全球化压力大，自身的优势资源只能在本土发挥作用
相关战略	在全球化压力很大的产业中，躲闪者不能仅仅指望公司的本土资源，还必须重新考虑自身的商业模式。在这种情况下，企业最好的选择可能是以下几个： ①与跨国公司建立合资、合作企业 ②将企业出售给跨国公司 ③重新定义自己的核心业务，避开与跨国公司的直接竞争 ④根据自身的本土优势专注于细分市场，将业务重心转向价值链中的某些环节 ⑤生产与跨国公司产品互补的产品，或者将其改造为适合本国人口味的产品
★注意	躲闪者战略可能是4种战略中最难付诸实施的一种，因为躲闪者必须要对其战略进行大手术，而且必须在跨国公司将其淘汰出局时完成。（关键在于选择突破口，并攻克）

4.“抗衡者”（Contender）（见表3-120）【案例】海尔。

表3-120 “抗衡者”（Contender）

特征	全球化压力大，企业优势资源可以转移到其他市场
相关战略	在全球范围内对抗。 尽管在全球竞争中发达国家跨国公司具备诸多优势，但新兴市场的企业也可以羽翼渐丰，最后成长为跨国公司。作为抗衡者，通常不得不权衡各种机会和制约因素： ①不要拘泥于成本上竞争，而应该比照行业中的领先公司来衡量自己的实力 ②找到一个定位明确又易于防守的市场 ③在一个全球化的产业中找到一个合适的突破口 ④学习从发达国家获取资源，以克服自身技能不足和资本的匮乏

【对照记忆】参考游击战（见表3-121）

表3-121 参考游击战

战略选择	特征/情形	相关战略
躲闪者	敌强我弱	避敌主力，等待机会
抗衡者	敌强我强	狭路相逢勇者胜
防御者	敌弱我弱	以守为攻
扩张者	敌弱我强	乘胜追击，扩大战果

智能测评

扫码听分享	做题看反馈
亲爱的同学，本章属于非常、非常重点的章节，学习掌握本章没有捷径，唯有下苦功！ 扫一扫上面的二维码，来听学习导师的分享吧	学完马上测！ 请扫描上方的二维码进入本章测试，检测一下自己学习的效果如何。做完题目，还可以查看自己的个性化测试反馈报告。这样，在以后复习的时候就更有针对性、效率更高啦

✓本章近三年平均分值为7分左右，一般考查客观题，但本章知识点也容易与其他章节结合，考查主观题。

第四章　战略实施

*本章导学

本章属于较重要的章节。本章内容为战略实施，属于战略管理过程中的最后一步。本章主要介绍影响战略实施效果的几大要素，例如：组织结构、文化、权力与利益相关者，之后顺带介绍几种衡量企业战略实施效果的工具。

本章需重点掌握：（1）企业组织结构的构成要素；（2）纵向分工结构；（3）8个横向分工结构及其基本协调机制；（4）组织结构与战略的关系；（5）组织的战略类型；（6）企业文化的类型、文化与绩效、战略稳定性与文化适应性；（7）战略失效与战略控制以及战略控制的方法；（8）战略管理中的权力与利益相关者；（9）公司治理；（10）信息技术在战略管理中的作用。其中，8个横向分工机构的基本类型、组织的战略类型、战略稳定性与文化适应性和平衡计分卡，可能考查主观题，因此需要特别注意。

主要内容

✓本章以理解为主，记忆部分内容有所增加。记忆内容主要集中在横向分工结构关于优缺点的表述。虽说要求记忆的内容较多，但是相对于第三章有所减弱，而且重点突出，相对来说，学习过程也将是比较轻松愉快的。

第一节　公司战略与组织结构
第二节　公司战略与企业文化
第三节　战略控制
第四节　战略管理中的权力与利益相关者
第五节　公司治理
第六节　信息技术在战略管理中的作用

第一节　公司战略与组织结构

◇ 组织结构的构成要素
◇ 纵横向分工结构
◇ 企业战略与组织结构

组织结构是波特价值链理论中公司重要的支持活动，组织结构的调整与完善是战略实施的重要环节。

一、组织结构的构成要素

✓选择题极冷门考点，一般以文字描述形式选择题出现，考查知识点的直接还原。复习建议：标题知道，内容理解即可。

组织结构是组织为实现共同目标而进行的各种分工和协调的系统。组织结构的基本构成要素是分工与整合（见表4-1）。✓选择题冷门考点，知道即可，一般考查知识点的直接还原。

表 4-1　　**组织结构的构成要素**

注意：纵向分工和横向分工的区别，理解即可，一般不单独考查。

分工	定义	为创造价值而对其人员和资源的分配方式（专业化）	
	分类	纵向分工	分配组织的决策权　解决问题：一个人能管多少事？
		横向分工	分配人员、职能部门以及事业部　人往哪放？部门是合并，还是分开设立？
整合	定义	为实现预期的目标而用来协调人员与职能的手段（协调）	

总之，分工是将企业转化成不同职能及事业部的手段，而整合是要将不同的部门结合起来。

二、纵横向分工结构

✓较冷门考点，一般以文字描述性选择题出现，考查知识点的直接还原。复习建议：理解为主，要求知道大标题和大致内容。

（一）纵向分工结构

1.纵向分工结构的基本类型（见表 4-2、表 4-3）

表 4-2　　**纵向分工结构概述**

定义	企业高层管理人员为了有效地贯彻执行企业的战略，选择适当的管理层次和正确的控制幅度，并说明连接企业各层管理人员、工作以及各项职能的关系　解决问题：一个人能管多少事？
分类	①高长型组织结构；②扁平型组织结构

在实践中，3 000人以上的公司，达到8个或超过8个层级为高长型组织。

表 4-3　　**纵向分工结构详述**

✓选择题冷门考点，一般考查知识点的直接还原，建议理解即可。技巧：高长型和扁平型结构的优缺点正好相反。

纵向分工结构	特点		优点	缺点
高长型组织结构	管理层次	较多	有利于内部控制 源于幅度较窄	对市场变化的反应较慢 源于层次多
	控制幅度	较窄		
扁平型组织结构	管理层次	较少	及时地反映市场的变化 源于层次较少	容易造成管理的失控 源于幅度较宽
	控制幅度	较宽		

【提示】

当企业达到一定规模时，企业便会使组织的管理层次保持在一定的数目上，尽可能地使组织结构扁平化。

企业的管理层次过多，企业的战略难以实施，而且管理费用会大幅度增加。

✓选择题冷门考点，一般考查知识点的直接还原。理解：企业不可能无限地将管理层次增多，要适度。

*视频讲解

2.纵向分工结构组织内部的管理问题

✓选择题爱考的知识点，考试套路一般有两种：①以文字描述性选择题出现，考查知识点的直接还原；②给出小案例，让考生判断小案例描述的情形（考查知识点的灵活运用），然后，考查考生该情形的特点（考查知识点的直接还原）。复习建议：掌握大标题，了解相关内容。

在讨论组织的层次时，不可避免地要讨论在不同的纵向分工结构中会遇到的管理问题。

（1）集权与分权（见表4-4、表4-5）。

在企业组织中，集权与分权各有不同的适用条件，应根据企业的具体情况而定。

表4-4　**集权型结构**

特征	高层管理人员：拥有最重要的决策权力
	管理层：一般拥有多级管理层；决策权分配给顶部管理层
	管理幅度：比较窄，呈现出层级式结构
作用	可以使企业高层管理人员比较容易地控制与协调企业的生产经营活动，以达到企业预期的目标
适用范围	产品线数量有限且关系较为密切的企业 ✓从未考过，适当关注，以防选择题。
优点①	①易于协调各职能间的决策 ②易于对上下沟通的形式进行规范（比如利用管理账户） ③能与企业的目标达成一致 ④危急情况下能够做出快速决策 ✓选择题高频考点，建议关注。 ⑤有助于实现规模经济 ⑥这种结构比较适用于由外部机构（比如专业的非营利性企业）实施密切监控的企业，因为所有的决策都能得以协调 ✓过于绝对，暂未考过，适当关注。
缺点②	①高级管理层可能不会重视个别部门的不同要求 ②由于决策时需要通过集权职能的所有层级向上汇报，因此决策时间过长 ③对级别较低的管理者而言，其职业发展有限

✓选择题冷门考点，一般不单独考查，理解即可。

例如：银行（受银监会监管）、保险（受保监会监管）等公司，这些公司受外部机构监管，比较适合集权型结构。

①②：✓多选题高频考点，近年来考查形式趋于灵活，一般以小案例的形式出现，首先让考生理解小案例描述的情形（考查知识点的灵活运用），然后，考查考生该情形的特点（考查知识点的直接还原）。
复习建议：了解，关键字建议掌握。

✓适当关注，从未考过，但可以联系事业部制结构和控股型结构相关内容，考查知识点的直接还原。

注意：分权型结构的优点是集权型结构的缺点。可以对照理解，掌握关键字。

表 4-5　　　　分权型结构

项目	内容	
特征	管理层：一般包含更少的管理层次；决策权分配到较低的层级	
	管理幅度：较宽，呈现出扁平型结构	
拓展运用	事业部制结构	是一种以产品或市场分组为基础的分权型结构
	控股企业型结构	其中每个业务单元都是一家独立经营的企业
优点	①减少了信息沟通的障碍 ②提高了企业反应能力 ③能够为决策提供更多的信息 ④对员工产生激励效应	

✓多选题高频考点，近年来考查形式趋于灵活，一般以小案例形式出现，首先让考生理解小案例描述的情形（考查知识点的灵活运用），然后，考查考生该情形的特点（考查知识点的直接还原）。一般与集权型结构联系考查。复习建议：了解，关键字建议掌握。

①提示：减少了沟通障碍，进而降低管理成本。

②【案例】海底捞："客户是一桌一桌抓来的"，体现了分权型结构能提高企业对市场的反应能力。

【提示】近年来分权理论提倡将非关键性活动外包出去。和内部控制以及信息系统相关内容相联系。

外包的优缺点见表 4-6。

表 4-6　　　　外包的优缺点

项目		内容
外包	优点	①某些情况下由外包者提供服务可以比企业内部提供服务更好、更有效率 ②能够使企业将其资源和精力集中在关键的价值链活动上 ③能使组织结构扁平化
	缺点	过量的外包会使企业成为皮包企业，丧失主宰自身市场地位的技术和能力

✓早年的主观题考点，由于教材有所删减，现为选择题冷门考点，但此知识点能与第六章18项应用指引外包部分联系考查，因此，建议：通读，有印象即可。

（2）中层管理人员人数。

选择高长型结构时，要注意这种结构需要较多的中层管理人员，会增加行政管理费用。企业为了降低成本，使其结构效率化，应尽量减少管理层次。

（3）信息传递。

企业内部信息传递是企业组织管理中的一个重要环节。企业内部管理层次越多，信息在传递的过程中就会越容易发生不同程度的扭曲，不可能完整地到达信息传递的目的地。这样，也会增加管理的费用。因此，企业在选择高长型结构时，应比较慎重。

（4）协调与激励。

企业的管理层次过多时，会妨碍内部员工与职能部门间的沟通，增加管理费用。指挥链越长，沟通越困难，这会使管理失去弹性。特别是，在新技术企业里，如果采用高长型结构模式，企业通常会遇到各种障碍，不能有效地完成企业的目标。在这种情况下，企业应当采用扁平型结构。

在激励方面，高长型组织中的管理人员在行使权力时，往往会受到各种限制。结果，企业的管理人员容易产生推诿现象，不愿意承担责任。高层管理人员就需要花费大量的时间从事协调工作。而在扁平型结构中，一般管理人员拥有较大的职权，并可对自己的职责负责，效益也可以清楚地看出，并有较好的报酬。因此，扁平型结构比高长型结构更能调动管理人员的积极性。

【总结】（2）～（4）的内容归纳见表4-7。

表4-7　**高长型组织结构**

	高长型组织结构	结论
（2）中层管理人员人数	较多→行政管理费费用↑	企业为了降低成本，使其结构效率化，应尽量减少管理层次①
（3）信息传递	妨碍沟通+信息容易发生扭曲→管理费用↑	企业在选择高长型结构时，应比较慎重②
（4）协调与激励	管理人员行使权力时，往往会受到各种限制→ ①推诿现象 ②管理人员需要花费大量时间从事协调工作	扁平型结构比高长型结构更能调动管理人员的积极性 【案例】海底捞："微笑发自内心"，体现了扁平型结构更能调动人员的积极性。

①【案例】通用电气的减肥：韦尔奇就任通用电气公司CEO后，从1981年到1992年，该公司被裁撤的部门多达350余个，管理层级由12层锐减至5层，副总裁由130名缩减至13名。体现了企业为了降低成本，应尽量减少管理层次。

②【对照案例】copy不走样，参与的人数越多，信息变形越厉害。体现了层次越多，信息在传递的过程中就越会发生扭曲。

（二）横向分工结构

考试题型：主观题、选择题。选择题一般以小案例形式展现，需要考生判断适合案例情形的组织结构（考查知识点的灵活运用）。主观题近年来从未考过，考查方式一般是让考生通过案例分析判断组织结构是什么类型，然后考题继续问"该组织结构的优缺点是什么"，直接考查知识点的原文默写，一旦考查，分值较大。因此，建议掌握适用条件和优缺点部分的关键字。

横向分工结构理论框架图如图4-1所示。

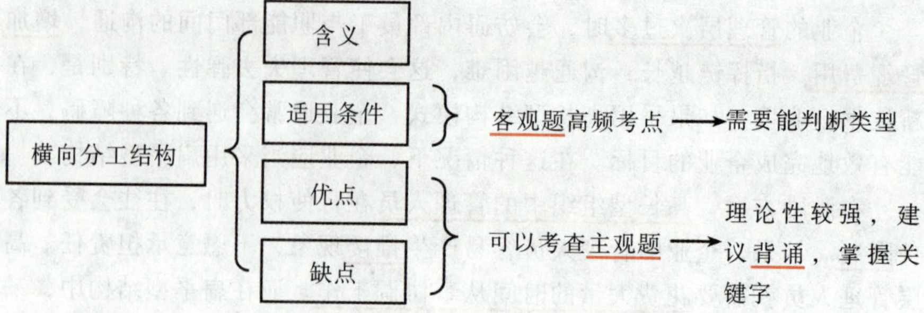

图4-1 横向分工结构理论框架图

1. 横向分工结构的基本类型（如图4-2所示）

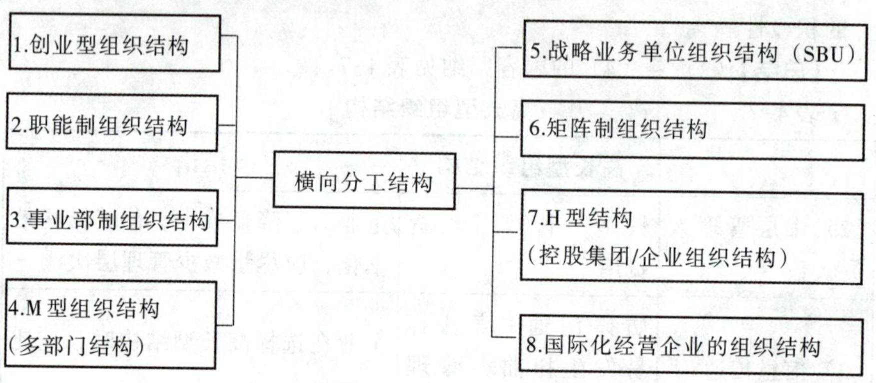

图4-2 横向分工结构基本类型图

（1）创业型组织结构（如图4-3、表4-8所示）。

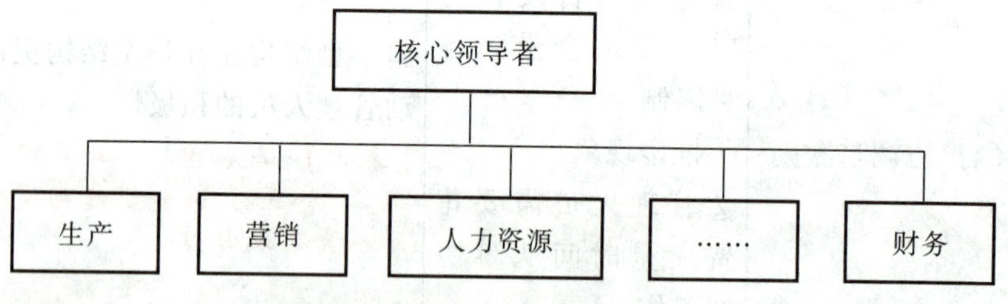

图4-3 创业型组织结构图

表4-8 创业型组织结构

基本含义	企业的所有者或管理者对若干下属实施直接控制，并由其下属执行一系列工作任务。企业的战略计划（若有）由中心人员完成，该中心人员还负责所有重要的经营决策
特点	弹性较小并缺乏专业分工，其成功主要依赖于该中心人员的个人能力
适用情况	通常应用于小型企业

老板说了算，其他成员主要是执行者。

武者：创业型企业，可能出现在文字描述选择题中，适当关注，别换个"马甲"就不认识了。

（2）职能制组织结构（如图4-4、表4-9所示）。最常见的模式

*视频讲解

职能制组织结构被大多数人认为是组织结构的典型模式。这一模式表明结构向规范化和专门化又迈进了一步。

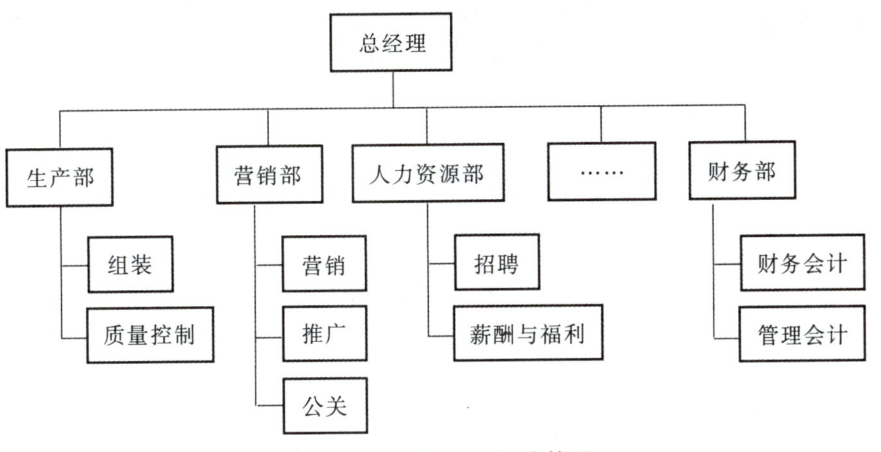

图4-4　职能制组织结构图

表4-9　职能制组织结构

基本含义	按职能进行专业化分工。因此总经理可以从日常业务中解脱出来，更加关注职能协调、企业环境和发展战略问题
适用情况	单一业务企业
优点	①能够通过集中单一部门内所有某一类型的活动来实现规模经济 ②有利于培养职能专家 ③由于任务为常规和重复性任务，因而工作效率得到提高 （①—③：专职化的结果） ④董事会便于监控各个部门　管住各部门领导就可以
缺点	①由于对战略重要性的流程进行了过度细分，在协调不同职能时可能出现问题 ②难以确定各项产品产生的盈亏　成本不易分摊 ③导致职能间发生冲突、各自为政，而不是出于企业整体利益进行相互合作 ④等级层次以及集权化的决策制定机制会放慢反应速度

注意：职能制组织结构的缺点有战略性地位，后续很多组织结构都是在职能制组织结构上演变而来的，因此都会延续职能制组织结构的缺点。

（3）事业部制组织结构（见表4-10）。✓大致了解即可，从未考过。

表 4-10　　　　事业部制组织结构概述

*视频讲解

产生原因	产品/品牌事业部 当企业逐步成长，例如：产品线更多，消费者市场迅速扩张或跨地区经营，企业的协调活动就变得比较困难 区域事业部	
划分依据	按照产品、服务、市场或地区细分出不同的事业部： ①区域事业部制结构 ②产品/品牌事业部制结构 ③客户细分或市场细分事业部制结构	
各管理层次的作用	企业总部	负责计划、协调和安排资源
	事业部	承担运营和职能责任
强化观念	制定战略并不仅仅是高层管理者和领导者的任务	
	企业层、业务层和职能层的管理者都应在其各自的层级参与战略制定流程	

✓选择题冷门考点，适当关注，以防选择题（若考查一般以文字性描述的选项出现）。

①区域事业部制结构（如图 4-5、表 4-11 所示）。

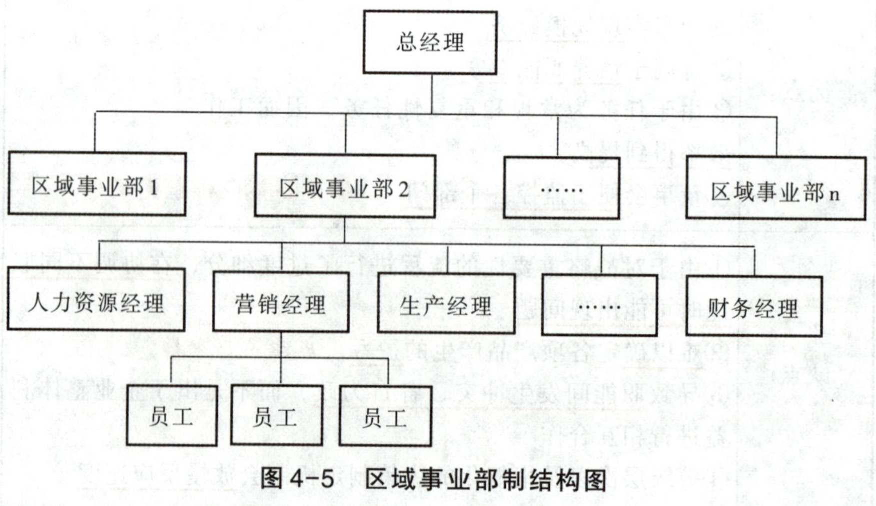

图 4-5　区域事业部制结构图

表 4-11　　区域事业部制结构

基本含义	按照特定的地理位置来对企业的活动和人员进行分类
适用情况	企业在不同的地理区域开展业务
优点	①在企业与其客户的联系上，区域事业部制能实现更好更快的地区决策 ②与一切皆由总部来运作相比，建立地区工厂或办事处会削减成本费用 ③有利于海外经营企业应对各种环境变化
缺点	①管理成本的重复　理解：每个区域事业部都包含了各种职能。 ②难以处理跨区域的大客户事务

②产品/品牌事业部制结构（如图 4-6、表 4-12 所示）。

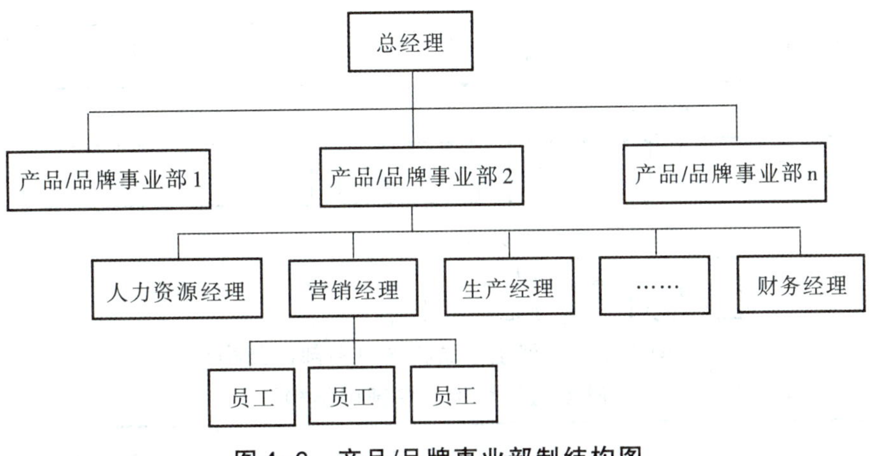

图 4-6　产品/品牌事业部制结构图

表 4-12　　产品/品牌事业部制结构

基本含义	产品事业部制结构是以企业产品的种类为基础设立若干产品部的，而不是以职能或区域为基础进行划分
适用情况	具有若干生产线的企业
优点	①生产与销售不同产品的不同职能活动和工作可以通过事业部/产品经理来予以协调和配合 ②各个事业部都可以集中精力在其自身的区域（有助于实施产品差异化） ③易于出售或关闭经营不善的事业部
缺点	①各个事业部会为了争夺有限资源而产生摩擦 ②各个事业部之间会存在管理成本的重叠和浪费 ③若产品事业部数量较大，则难以协调 ④若产品事业部数量较大，高级管理层会缺乏整体观念

继承了职能制组织结构的缺点。

✓选择题冷门考点，通读，了解即可，一般不单独考查。

③客户细分或市场细分事业部制结构。

客户事业部制结构通常与销售部门和销售工作相关，批销企业或分包企业也可能采用这种结构，在这些企业中由管理者负责联系主要客户。

另一种方式是，将不同类型的市场按照客户进行划分，比如企业客户、零售客户或个人客户等。

*视频讲解

（4）M型组织结构（多部门结构，如图4-7、表4-13所示）。

通过产品线的增加，企业会不断扩张；随着企业规模的扩大，上述结构将不再适用。在这一阶段，具有多个产品线的企业应采用M型结构。

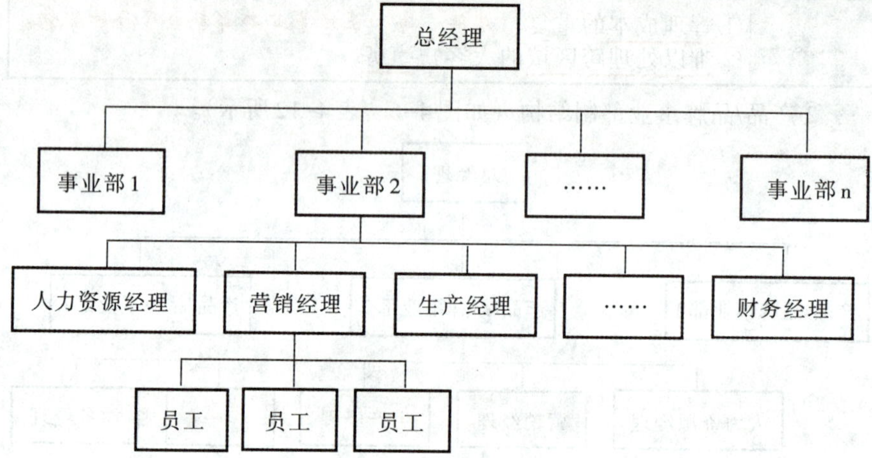

图4-7 M型组织结构图（多部门结构）

表4-13 M型组织结构（多部门结构）

基本含义	M型结构将该企业划分成若干事业部，每一个事业部负责一个或多个产品线
适用情况	具有多个产品线
优点	①便于企业的持续成长。随着新产品线的创建或收购，这些新产品线可能被整合到现有的事业部中，或者作为新开发的事业部的基础 ②由于每一个事业部都有其自身的高层战略管理者，首席执行官就有更多的时间分析各个事业部的经营情况以及进行资源配置 ③职权被分派到总部下面的每个事业部，并在每个事业部内部进行再次分派 ④能够通过诸如资本回报率等方法对事业部的绩效进行财务评估和比较

续表

缺点	①为事业部分配企业的管理成本比较困难并略带主观性 ②事业部之间争夺企业资源 ③当一个事业部生产另一事业部所需的部件或产品时，确定转移价格也会产生冲突

通病：争夺资源

（5）战略业务单位组织结构（SBU，如图4-8、表4-14所示）。

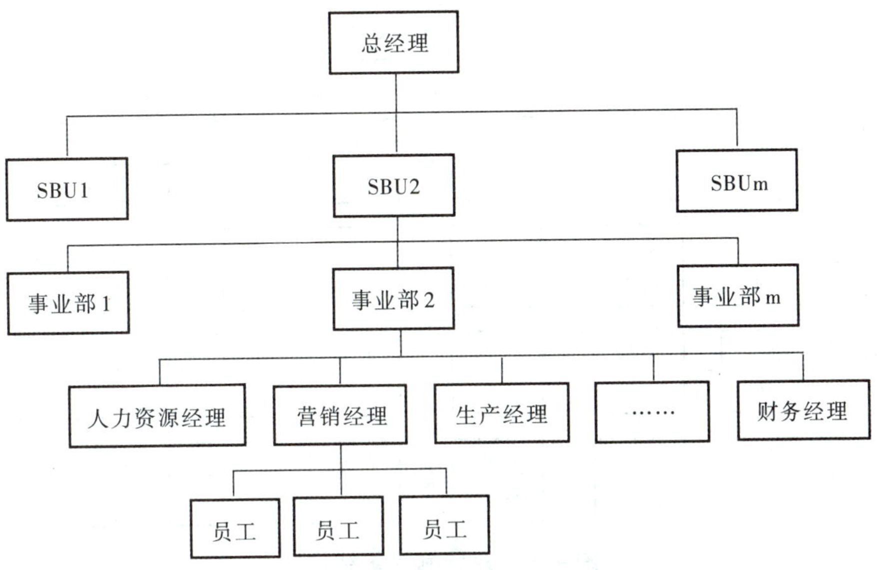

*视频讲解

图4-8　战略业务单位组织结构图

表4-14　战略业务单位组织结构

基本含义	企业的成长最终需要将相关产品线归类为事业部，然后将这些事业部归类为战略业务单位
适用情况	规模较大的多元化经营企业
优点	①降低了企业总部的控制跨度（管理幅度） ②由于不同的企业单元都向其上级领导报告其经营情况，因此控制幅度的降低也减轻了总部信息过度的情况 ③这种结构使得具有类似使命的产品、市场或技术事业部之间能够更好地协调 ④由于几乎无须在事业部之间分摊成本，因此易于监控每个战略业务单位的绩效

续表

缺点	①由于采用这种结构多了一个垂直管理层，因此总部与事业部和产品层的关系变得更疏远 ②战略业务单位经理为了取得更多的企业资源会引发竞争和摩擦，而这些竞争会变成功能性失调并会对企业的总体绩效产生不利影响

（6）矩阵制组织结构（如图4-9、表4-15所示）。

*视频讲解

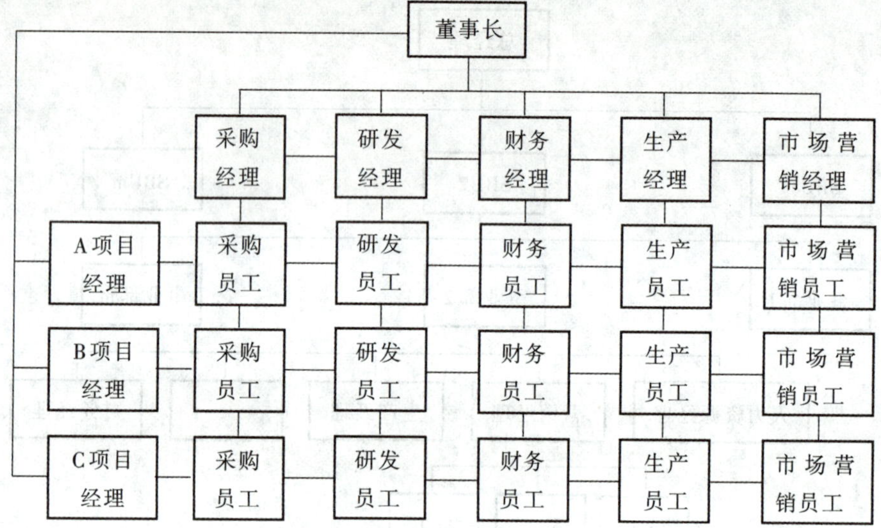

图4-9　矩阵制组织结构图

表4-15　矩阵制组织结构

基本含义	矩阵制结构是一种具有两个或多个命令通道的结构，包含两条预算权力线以及两个绩效和奖励来源（员工拥有两个直接上级，其中一名上级负责产品或服务，而另一名负责职能活动）　两条权力线
适用情况	非常复杂项目中的控制问题　关键词
优点	①由于项目经理与项目的关系更紧密，因而能更直接地参与到与其产品相关的战略中来，从而激发其成功的动力 ②能更加有效地优先考虑关键项目，加强对产品和市场的关注，从而避免职能型结构对产品和市场的关注不足 ③与产品主管和区域主管之间的联系更加直接，从而能够做出更有质量的决策 ④实现了各个部门之间的协作以及各项技能和专门技术的相互交融 ⑤双重权力使得企业具有多重定位，这样职能专家就不会只关注自身的业务范围

续表

缺点	①可能导致权力划分不清晰（比如谁来负责预算），并在职能工作和项目工作之间产生冲突 ②双重权力容易使管理者之间产生冲突。如果采用混合型结构，非常重要的一点就是确保上级的权力不相互重叠，并清晰地划分权力范围。下属必须知道其工作的各个方面应对哪个上级负责 ③管理层可能难以接受混合型结构，并且管理者可能会觉得另一名管理者将争夺其权力，从而产生危机感 ④协调所有的产品和地区会增加时间成本和财务成本，从而导致制定决策的时间过长

理解：成也萧何败也萧何（多个命令通道既是矩阵制结构的优点，也是缺点）。

（7）H型结构（控股企业/控股集团组织结构，见表4-16）。

表4-16　**H型结构**

基本含义	是指控股企业，其下属子企业具有独立的法人资格关键词"控股"		
	控股企业的类型	纯粹控股公司	不直接从事某种实际的生产经营活动，其目的只是掌握子公司的股份，控制其股权①
		混合控股公司	除了掌握子公司的股份、控制其股权外，还从事自身的生产经营②
适用情况	业务领域涉及多个方面，甚至上升到全球化竞争层面		
主要特点	①其业务单元的自主性强 ②企业无须负担高额的中央管理费，因为母企业的职员数量很可能非常少；业务单元能够自负盈亏并从母企业取得较便宜的投资成本 ③在某些国家如果将这些企业看成一个整体，业务单元还能够获得一定的节税收益 ④控股企业可以将风险分散到多个企业中，但是有时也很容易撤销对个别企业的投资		

①【案例】美国联合航科集团是纯粹控股公司，其存在仅仅为了掌握联合航空公司的股份。

②【案例】埃克森公司：它设在纽约的总公司只对各个分公司进行政策指导和控制，而各种具体经营活动都由其控制下的美国埃克森公司、埃索东方公司、埃克森化工公司、埃克森研究及工程公司等分别进行。

【拓展案例】大连万达集团

万达集团组织结构图如图4-10所示。

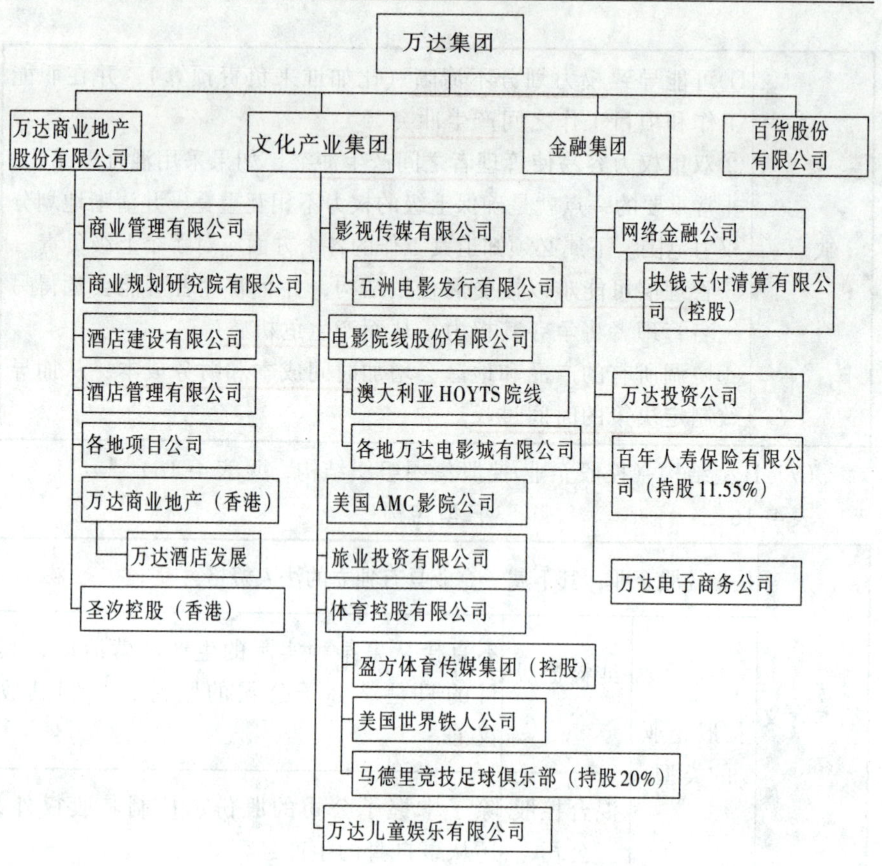

图 4-10　万达集团组织结构图

（8）国际化经营企业的组织结构。

前面阐述了7种企业组织结构的基本类型，国际化经营企业的组织结构也包括在这7种类型之中，只不过是范围扩展至国际市场甚至全球市场。

第三章阐述了企业国际化经营的战略基本上有4种类型，即国际战略、多国本土化战略、全球化战略与跨国战略，而这些战略所依托的组织结构如图4-11所示。

√本土独立性和适应能力

掌握国际化经营战略对应的组织结构（选择题高频考点，一般以小案例形式展现，要求考生根据案例描述判断适用的组织结构，考查知识点的灵活运用），之后部分通读有印象即可（选择题冷门考点，近年来都没有考查）。

全球协作程度	低	高
高	全球产品分部结构（全球化战略）	跨国结构（跨国战略）
低	国际部结构（国际战略）	全球区域分部结构（多国本土化战略）

图 4-11　国际化经营战略类型及其相对应的组织结构

①国际部结构（对应国际战略，如图4-12所示）。✓通读，有印象即可。

国际战略是企业国际化经营早期的战略类型。这时企业全球协作程度低，产品对东道国市场需求的适应能力也较弱，企业多把产品开发的职能留在母国，而在东道国建立制造和营销职能。采用这种战略的企业往往采用国际部结构。

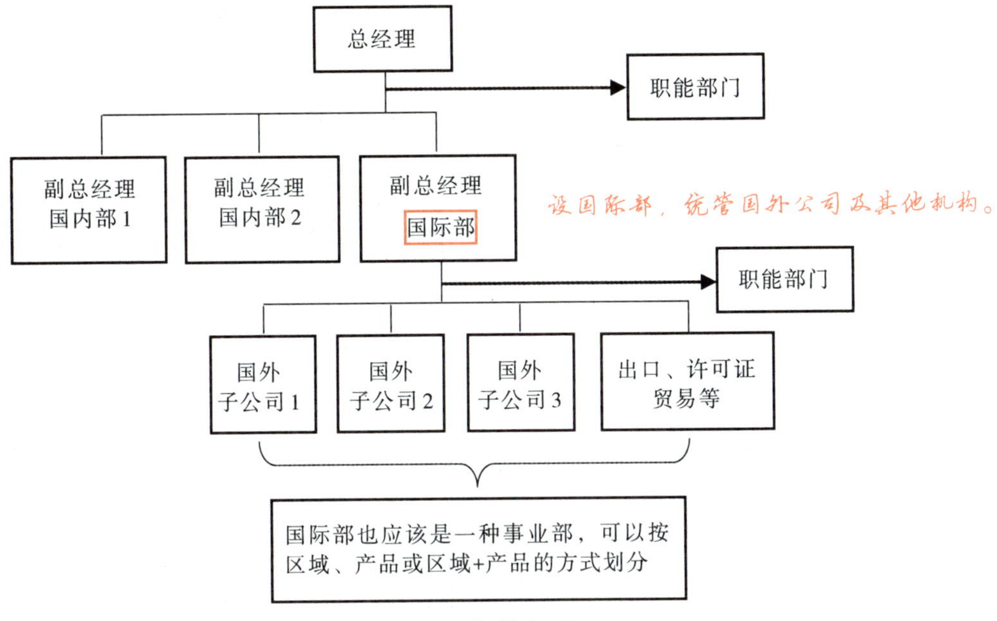

图 4-12　国际部结构图

②全球区域分部结构（对应多国本土化战略，如图 4-13 所示）。

多国本土化战略是根据不同国家的不同市场，提供更能满足当地市场需要的产品和服务。采用这种战略的企业往往采用全球区域分部结构。　各地区拥有一定的决策权、利润中心。

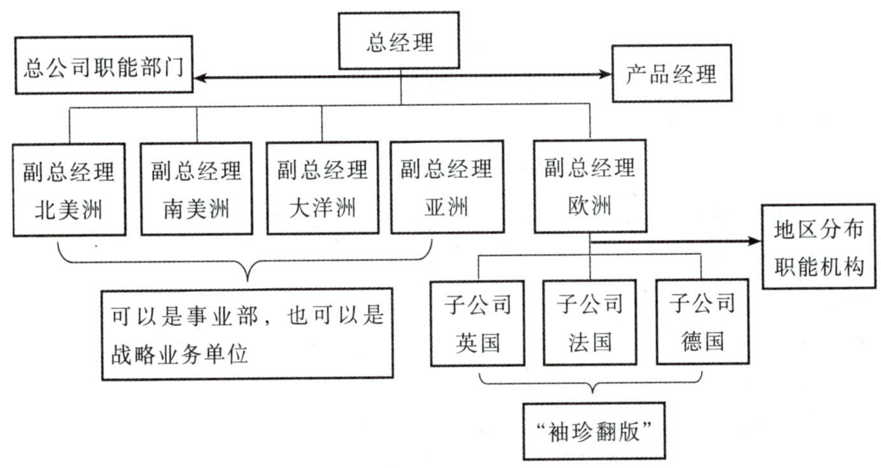

图 4-13　全球区域分部结构图

③全球产品分部结构（对应全球化战略）。　各分部决策权很少，权力主要集中在总部、成本中心。

全球化战略是向全世界的市场推销标准化的产品和服务，并在较有利的国家集中进行生产经营活动，由此形成经验曲线和规模经济效益，以获得高额利润。采用这种战略的企业往往采用全球产品分部结构（如图4-14所示）。

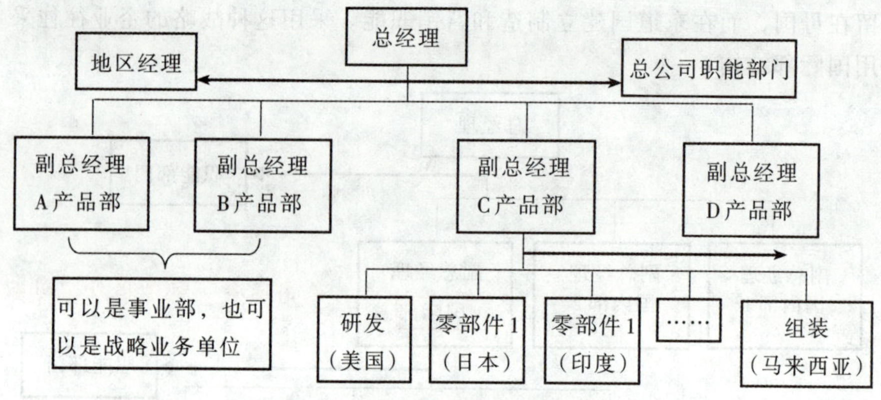

图4-14　全球产品分部结构图

④跨国结构（对应跨国战略，如图4-15所示）。

跨国战略是将全球化战略的高效率与多国本土化的适应能力结合起来的战略类型。采用这种战略的企业试图通过发展混合型的结构来同时获得两种结构的优势。

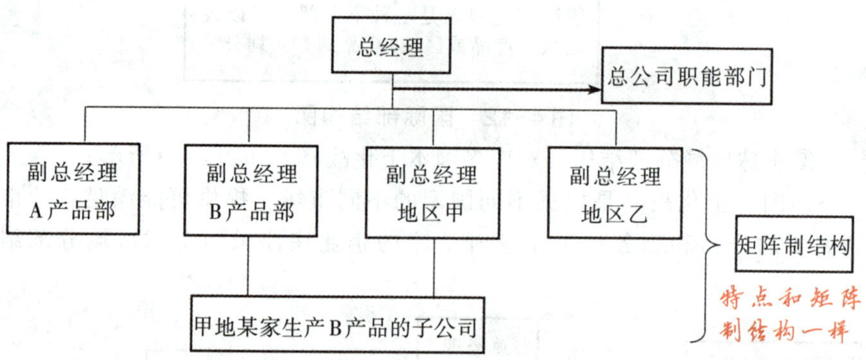

图4-15　跨国结构图

★★★很重要，选择题每年必考的考点，也是选择题小案例分析题解题的关键，要能熟练运用。

【总结】 7种横向分工的适用条件（见表4-17）

表4-17　**7种横向分工的适用条件**

横向分工组织结构		适用情况
创业型组织结构		通常应用于小型企业
职能制组织结构		单一业务企业
事业部制组织结构	区域事业部	企业在不同的地理区域开展业务
	产品/品牌事业部	具有若干生产线的企业
M型组织结构（多部门结构）		具有多个产品线
战略业务单位组织结构（SBU）		规模较大的多元化经营企业
矩阵制组织结构		非常复杂项目中的控制问题
H型结构（控股企业/控股集团结构）		业务领域涉及多个方面，甚至上升到全球化竞争层面

注意：教材是翻译过来的，M型与事业部的概念在英文原版书是一个单词。所以，考试时出题人会有意识地避免争议。具体答题判断标准参考一道2012年的单选题。

2.横向分工结构的基本协调机制

✓考查选择题为主，属于选择题冷门考点，考试一般以文字描述形式出现，考查知识点的直接还原，或者考查知识点的灵活运用，即要求考生根据小案例描述判断适用的协调机制。复习时需了解6种协调机制（大标题建议掌握），能根据案例做出判断。

协调机制就是建立在企业的分工与协调之上的制度。企业组织的协调机制基本上有以下6种类型（见表4-18）：

表4-18 企业组织的协调机制

机制名称	图示	概述	
(1) 相互适应，自行调整		含义	是一种自我控制方式。组织成员直接通过非正式的、平等的沟通达到协调，相互之间不存在指挥与被指挥的关系，也没有来自外部的干预
		适用情形	①最简单的组织结构 ②十分复杂的组织 理解：大繁若简，大巧若拙。
(2) 直接指挥，直接控制		含义	组织的所有活动都按照一个人的决策和指令行事 【案例】苹果："我的太阳"：乔布斯，绝对的"独裁者"，体现了直接指挥，直接控制的协调机制。
(3) 工作过程标准化		含义	组织通过预先制定的工作标准来协调生产经营活动 【案例】麦当劳餐厅：标准化的工作流程，配餐机制，体现了工作过程标准化。
(4) 工作成果标准化		含义	组织通过预先制定的工作成果标准来实现组织中各种活动的协调 【案例】创投型公司，瞄着共同的目标，以结果为导向，体现了工作成果标准化。
(5) 技艺（知识）标准化		含义	组织对其成员所应有的技艺、知识加以标准化
		特点	属于超前的间接协调机制 【案例】手术室的医生与麻醉师；会计师事务所里的注册会计师，属于技艺（知识）标准化。
(6) 共同价值观		含义	组织内全体成员要对组织的战略、目标、宗旨、方针有共同的认识和共同的价值观念，充分地了解组织的处境和自己的工作在全局中的地位和作用，互相信任、彼此团结，具有使命感，组织内的协调和控制达到高度完美的状态

(3)(4)(5)是管理中最常用的。

【对照案例】汶川地震，人们捐物、捐钱、献血，体现了共同价值观的影响。

【总结】6种基本协调机制的关系（见表4-19）

✓了解即可，从未考过，若考查，一般也以文字形式选择题出现，考查知识点的直接还原。

表4-19　**6种基本协调机制的关系**

在一个企业，这6种协调机制可能都会出现，区别是不同的公司可能侧重点不一样。

企业情形	协调机制
企业组织简单	相互适应，自行调整
企业组织扩大后	直接指挥，直接控制
工作变得更加复杂	趋向标准化
工作任务相当复杂时	成果标准化/技艺标准化
在工作极其复杂、难以标准化时	互相适应，自行调整

【注意】

①不是一种简单的循环，而是螺旋式上升。✓从未考过，适当关注。

②企业会根据不同任务的侧重不同，混合使用6种协调机制。

三、企业战略与组织结构

✓考试题型：选择题爱考的考点，简答题较冷门考点。选择题一般考查知识点的直接还原，主观题虽然以案例形式出现，但一般直接考查知识点的默写。备考建议：大标题需掌握，具体内容理解即可。

（一）组织结构与战略的关系（见表4-20）

组织结构的功能在于分工和协调，是保证战略实施的必要手段。通过组织结构，企业的目标和战略转化成一定的体系或制度，融进企业的日常生产经营活动中，发挥指导和协调的作用，以保证企业战略的完成。

表4-20　**组织结构与战略的关系**

组织结构与战略	组织结构是保证战略实施的必要手段	
组织结构服从战略理论（概述）	提出者	钱德勒
	理论概述	组织结构服从战略

✓选择题冷门考点，一般考查知识点的直接还原，因此，建议人物和理论对上号即可。

组织结构服从战略理论详述：

1.战略的前导性与结构的滞后性（见表4-21）

表4-21 **战略的前导性与结构的滞后性**

战略的前导性	含义	是指企业战略的变化快于组织结构的变化
	原因	企业一旦意识到外部环境和内部条件的变化提供了新的机会和需求时，首先会在战略上做出反应，以此谋求经济效益的增长
结构的滞后性	含义	是指企业组织结构的变化常常慢于战略的变化速度
	原因	组织内部机构的职责在变革的过程中常常含糊不清： 1）新、旧结构交替有一定的时间过程； 2）管理人员的抵制

从某种意义上来说，组织结构就是为战略服务的。

从战略的前导性与结构的滞后性可以看到，经济发展时，企业不可错过时机，要制定出与发展相适应的经营战略与发展战略。一旦战略制定出来以后，要正确认识组织结构有一定反应滞后性的特性，不可操之过急。但是，结构反应滞后时间过长将会影响战略实施的效果，企业应努力缩短结构反应滞后的时间，使结构配合战略的实施。解读：滞后是正常的，但企业应该有意识地缩短滞后时间。

2. 企业发展阶段与组织结构

企业发展到一定阶段，其规模、产品和市场都发生了变化。这时，企业会采用合适的战略，并要求组织结构做出相应的反应。

【注意】企业发展阶段与组织结构的关系（见表4-22） 由小到大的过程，结合横向分工进行理解。

表4-22 **企业发展阶段与组织结构的关系**

发展阶段	企业特征	结构类型
1	简单的小型企业。只生产一种产品，或生产一个产品系列，面对一个独特的小型市场	从简单结构到职能结构
2	在较大的或多样化的市场上提供单一的或密切相关的产品与服务系列	从职能结构到事业部结构
3	在多样化的市场上扩展相关的产品系列	从事业部结构到矩阵结构
4	在大型的多元化产品市场进行多种经营，提供不相关的产品与服务	从事业部结构到战略业务单位结构

企业发展阶段、战略类型与组织结构的关系见表4-23。

表4-23 **企业发展阶段、战略类型与组织结构**

发展阶段	战略类型	结构类型
产业发展初期	市场渗透战略	简单的结构或形式
产业进一步发展	市场开发战略	职能部门结构
产业增长后期	纵向一体化战略	事业部制结构
产业成熟期	多元化经营战略	矩阵结构/战略业务单位结构

教材表述归纳如表，但教材表述是有冲突的，考试也一直没考这个地方，今后考试也应该会规避。

注意：和生命周期以及总体战略（公司层）相联系，战略类型和结构类型只是常见形式，在实践中并非绝对。

（二）组织的战略类型

✓考试题型：选择题爱考的考点。选择题一般以小案例形式出现，需要同学们根据案例分析适用的组织结构，当然也会直接考查知识点的直接还原。备考建议：掌握大标题，了解大标题的具体含义，能根据案例描述做出判断。

*视频讲解

战略的一个重要特性就是适应性。它强调企业组织要运用已有的资源和可能占有的资源去适应企业组织外部环境和内部条件为企业所发生的相互变化。这种适应是一种复杂的动态的调整过程，要求企业在加强内部管理的同时，不断推出适应环境的有效组织结构。在选择的过程中，企业可以考虑以下4种类型（见表4-24）：

表4-24 组织的战略类型

类型名称	含义	
防御型战略组织①	追求	稳定的环境
	开创性问题	创造一个稳定的经营领域，占领一部分产品市场
	工程技术问题	技术效率
	行政管理方面	采取“机械式”结构机制
	特点	适合于较为稳定的产业。但是，该产业也有潜在的危险，不可能对市场环境做重大的改变
开拓型战略组织②	追求	更为动态的环境
	开创性问题	寻求和开发产品与市场机会
	工程技术问题	技术具有很大的灵活性
	行政管理方面	结构应采取“有机的”机制
	特点	在不断求变当中可以减少环境动荡的影响，但它要冒利润较低与资源分散的风险。缺乏效率性，很难获得最大利润
分析型战略组织③ 防御和开拓兼而有之	追求	以最小的风险、最大的机会获得利润
	开创性问题	寻求新的产品和市场机会的同时，保持传统的产品和市场
	工程技术问题	在保持技术的灵活性与稳定性之间进行平衡
	行政管理方面	适应既稳定又变动的经营业务，使两种经营业务达到平衡 可以由分析型组织的矩阵结构解决
	特点	如果分析型组织不能保持战略与结构关系的必要平衡，它最大的危险就是既无效能又无效率
反应型战略组织④ 实际是被动反应	含义	对其外部环境的反应上采取一种动荡不定的调整模式，缺少在变化的环境中随机应变的机制。往往会对环境变化和不确定性做出不适当的反应，随后又会执行不力，对以后的经营行动犹豫不决。结果，反应型组织永远处于不稳定的状态
	原因	（1）决策层没有明文表达企业战略。 （2）管理层次中没有形成可适用于现有战略的组织结构。 （3）只注重保持现有的战略与结构的关系，忽视了外部环境条件的变化
	结论	一个企业组织如果不是存在于经营垄断或被高度操纵的产业里，就不应采取反应型组织形态 可能存在这种组织形态

①【理解】钻井，找到一口井，就一直在那里做，越打越深，追求稳定的环境。

②【理解】我们的目标是星辰大海，追求更动态的环境。

③注意：具有两重性。关键字：均衡。
【理解】吃着碗里，瞧着锅里，既追求新的产品和市场机会，也保持传统的产品和市场。

④【理解】敌一动，我乱动。

✓主观题冷门考点，建议掌握关键字，以防考主观题。

第二节　公司战略与企业文化

◇ 企业文化的概念
◇ 企业文化的类型
◇ 文化与绩效
◇ 战略稳定性与文化适应性

一、企业文化的概念

(1) 赫尔雷格尔：企业文化是企业成员共有的哲学、意识形态、价值观、信仰、假定、期望态度和道德规范。

(2) 企业文化代表了企业内部的行为指针，它们不能由契约明确下来，但却制约和规范着企业的管理者和员工。

【案例】高顿的文化："正、信、责、拼、韧"，代表了企业内部的行为指针，虽没有在劳务合同中写明，却制约着员工的行为。

二、企业文化的类型

✓选择题高频考点，考查形式：一般以小案例形式出现，要求考生根据案例描述判断企业文化的类型。备考建议：大标题要求掌握，具体内涵理解，能够根据案例描述做出判断。

*视频讲解

查尔斯·汉迪将文化类型从理论上分为4类：即权力（Power）导向型、角色（Role）导向型、任务（Task）导向型和人员（People）导向型，该分类至今仍具有相当重要的参考价值。具体见表4-25。

表4-25　企业文化的类型

文化类型		含义
权力导向型	概述	掌权人试图对下属保持绝对控制，企业组织结构往往是传统框架。企业的变革主要由企业中心权力来决定
	优点	企业决策可以很快地做出，但其质量在很大程度上取决于企业经理人员的能力
	缺点	专横和滥用权力；可能因中层人员的低士气和高流失率而蒙受损失
	常见于	家族式企业和刚开创企业
角色导向型	概述	尽可能追求理性和秩序，角色文化十分重视合法性、忠诚和责任。企业的权力仍在上层，十分强调等级和地位
	优点	具有稳定性、持续性的优点，可能导致高效率
	缺点	这类企业不太适合动荡的环境
	常见于	国有企业和公务员机构（官僚机构）

【案例】乔帮主的"太阳系"。苹果的决策可以很快地做出，其质量取决于乔布斯的能力。

【对照】在其位谋其事，强调忠诚、责任。

续表

文化类型		含义
任务导向型	概述	管理者关心的是不断地和成功地解决问题。采用的组织结构往往是矩阵式。实现目标是主导思想。强调的是速度和灵活性，专长是个人权力和职权的主要来源，并且决定一个人在给定情景中的相对权力
	优点	适应性强，在十分动荡或经常变化的环境中会很成功
	缺点	会给企业带来很高的成本
	常见于	新兴产业中的企业，特别是一些高科技企业
人员导向型	概述	企业存在的目的主要是为其成员的需要服务，员工通过示范和助人精神来互相影响，而不是采用正式的职权
	特点	这类文化中的人员不易管理，企业能给他们施加的影响很小
	常见于	俱乐部、协会、专业团体和小型咨询公司

【案例】谷歌，不断提出问题、解决问题，乃至改变世界。

【对照】你行你上，体现专长是个人权力和职权的主要来源。

【对照】大学里的兴趣社团"本末倒置"，组织的目的是为其成员服务。

三、文化与绩效

✓主观题冷门知识点，选择题较冷门的考点；选择题一般考查知识点的直接还原，灵活性较差。主观题一般考查知识点的原文默写。备考建议：文化为企业创造价值的3句话建议背诵，性价比高（主观题冷门考点），其他内容辅以案例加以理解。

总经理们对文化与战略关系的研究最注重的是组织文化是否会影响组织的绩效。

【案例】谷歌：几十亿美元的广告相关度排序机制仅仅来源于CEO在游戏室和厨房张贴"这些广告糟透了"。从问题发生到问题解决前后仅花费3天时间。体现了企业文化为企业创造价值的三种途径。

1.企业文化为企业创造价值的途径

企业文化可以通过以下三个途径为企业创造价值：

①文化简化了信息处理。

②文化补充了正式控制。

③文化促进合作并减少讨价还价成本。

【注意】团体控制

团体控制则是通过组织准则和价值系统的控制，其特征是组织中角色和任务的专业化降至很低的水平、长期雇佣、个人自我激励与负责和集体决策。

2.文化、惯性和不良绩效

文化与绩效相联系，是因为企业战略成功的一个重要前提是战略与环境相匹配。

当企业所面对的环境产生了变化，并显著地要求企业对此适应以求得生存时，文化对绩效的负面影响就变得重要起来。尤其是在一个不利的商业环境中，文化的不可管理性将使之成为一种惯性或阻碍变化的来源。文化可能会成为障碍，理解这一点有助于理解后面的内容。

【案例】科达过于自信的文化，使其在竞争对手富士进入美国市场时没有迅速反击，体现了文化也会带来不良绩效。

【对照案例】江山易改，本性难移。

3.企业文化成为维持竞争优势源泉的条件

杰伊·巴尼（J.B.Barney）给出了企业文化可以成为维持竞争优势的一个源泉的条件：

①文化必须为企业创造价值。

②作为维持竞争优势的一个源泉，公司文化必须是企业所特有的。

③企业文化必须是很难被模仿的。

联系"决定企业竞争优势的资源标准"来理解。

【案例】海底捞的文化，属于因果含糊性资源，体现了文化成为维持竞争优势源泉的条件。

四、战略稳定性与文化适应性

*视频讲解

✓考试题型：选择题高频考点，一般考查知识点的直接还原。

备考建议：矩阵需要全面掌握（考查频率较高），具体内容了解，有印象即可。

考察战略与文化的关系，除了文化与绩效的关系外，还有一个重要的内容是分析企业战略稳定性与文化适应性。

战略稳定性：反映企业在实施一个新的战略时，企业的结构、技能、共同价值、生产作业程序等各种组织要素所发生的变化程度。

文化适应性：反映企业所发生的变化与企业目前的文化相一致的程度。

处理二者关系可以用下面的矩阵表示，如图4-16所示。

√战略稳定性与文化适应性

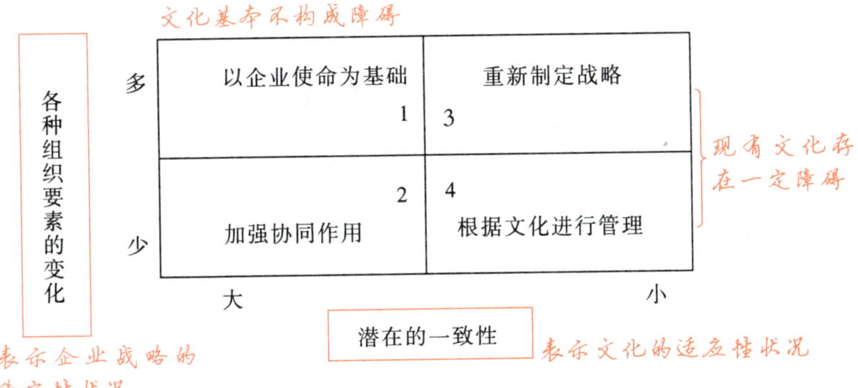

图4-16 战略稳定性与文化适应性

（一）以企业使命为基础（见表4-26）

表4-26　**以企业使命为基础（第一象限）**

特征	各种组织要素的变化多，潜在的一致性大
一般情形	这种企业多是那些以往效益好的企业，可以根据自己的实力，寻找可以利用的重大机会，或者试图改变自己的主要产品和市场，以适应新的要求
工作重点	①企业在进行重大变革时，必须考虑与企业基本使命的关系 ②发挥企业现有人员在战略变革中的作用 ③在调整企业的奖励系统时，必须注意与企业组织目前的奖励行为保持一致 ④考虑进行与企业组织目前的文化相适应的变革，不要破坏企业已有的行为准则

【案例】万达海外买买买的战略转型与“国际万达，百年企业”，体现了以使命为基础的管理方式。

✓属于多选题中几乎不考的冷门考点，一般考查知识点的直接还原，建议适当了解。

（二）加强协调作用（见表4-27）

表4-27　**加强协调作用（第二象限）**

特征	各种组织要素的变化少，潜在的一致性大
一般情形	这类情况往往发生在企业采用稳定战略（或维持不变战略）时
工作重点	① 利用目前的有利条件，巩固和加强企业文化 ② 利用文化相对稳定的这一时机，根据企业文化的需求，解决企业生产经营中的问题

（三）根据文化的要求进行管理（见表4-28）

表4-28　**根据文化的要求进行管理（第三象限）**

特征	各种组织要素的变化少，潜在的一致性小
总体思路	企业需要研究这些变化是否可能给企业带来成功的机会
工作重点	企业可以根据经营的需要，在不影响企业总体文化一致的前提下，对某种经营业务实行不同的文化管理　局部调整

（四）重新制定战略（见表4-29）

【案例】IBM从制造到服务的战略转型，文化从"一流主义"到"服务用户、方便用户、以用户为导向"，体现了有必要推行新战略，需要进行重大变革。

表4-29　　**重新制定战略（第四象限）**

特征	各种组织要素的变化多，潜在的一致性小
总体思路	企业首先要考察是否有必要推行这个新战略
工作重点	若没有必要推行新战略，企业则需要考虑重新制定战略
	若有必要推行新战略，则需要进行重大变革，企业需要从四个方面采取管理行动： ①企业的高层管理人员要痛下决心进行变革，并向全体员工讲明变革的意义 ②为了形成新的文化，企业要招聘或从内部提拔一批与新文化相符的人员 ③改变奖励结构，将奖励的重点放在具有新文化意识的事业部或个人的身上，促进企业文化的转变 ④设法让管理人员和员工明确新文化所需要的行为，形成一定的规范，保证新战略的顺利实施

✓可以出多选题，属于多选题几乎不考的冷门考点，一般考查知识点的直接还原，建议适当了解。

第三节　战略控制

◇ 战略控制的过程

◇ 战略控制方法

*视频讲解

一、战略控制的过程

（一）战略失效与战略控制

1.战略失效与战略控制的概念

（1）战略失效（见表4-30）。

表4-30　　**战略失效**

含义	企业战略实施的结果偏离了预定的战略目标或战略管理的理想状态
原因	①公司管理者决策错误，使战略目标本身存在严重缺陷或错误 ②战略实施所需的资源条件与现实存在的资源条件之间出现较大缺口 ③用人不当，主管人员、作业人员不称职或玩忽职守 ④企业内部缺乏沟通，未形成凝聚力 ⑤战略实施过程中各种信息的传递和反馈受阻 ⑥企业外部环境出现了较大变化，而现有战略一时难以适应等

✓多选题考点，备考建议：在理解的基础上，掌握关键字。

【拓展案例】诺基亚，质量超好的锤子

自1996年以来，诺基亚作为一个手机制造商连续14年占据市场份额第一，但是在智能手机上却栽了个大跟头（战略失效），最终沦为质量超好的锤子。我们在此简述诺基亚战略失效的原因：

连续14年的市场份额第一使得诺基亚过于自信，对竞争对手的进入没有采取重大反击，因此遭遇了以iPhone为代表的智能机的“狙击”，之后的4年由于安卓系智能机的其他生产厂商的发力，终于，2013年诺基亚的手机市场份额缩小至几乎可以忽略不计。

连续多年的成功也使得诺基亚没有时刻关注市场的信息反馈，前任CEO约玛·奥利拉在回忆录中写道：根据美国分销商得到市场消息，认为市场不需要300美元以上的手机。

外患之下，诺基亚的管理者意识到公司需要变化，但是管理者却依然坚持按键手机10年不动摇，并且坚持不与安卓“同流合污”。

智能手机自然离不开操作系统，在安卓与iOS系统的围剿下，诺基亚对塞班系统信心满满，然而塞班系统过于老化，难以开发功能强大的应用吸引消费者。

有相关高管认为，放弃塞班系统加入安卓阵营是不错的选择，但是由于公司内部各派都不愿牺牲自己的利益做出让步，而导致提议未实施。

更有观点指出，诺基亚任命的CEO埃洛普（上任以来一直推出对微软有利的策略，而且最终将诺基亚的手机业务卖给了微软，使诺基亚正式退出手机市场）属于用人不当。

战略失效的类型见表4-31。

表4-31 **战略失效的类型**

类型	发生时期	含　义
早期失效	战略实施初期	在战略实施初期，一方面，由于新战略还没有被全体员工理解和接受；另一方面，战略实施者对新的环境、工作还不适应，就有可能导致较高的早期失效率①
偶然失效	偶然因素出现的影响	在战略实施过程中，偶然会因为一些意想不到的因素导致战略失效② 偶然性，多为外部因素。
晚期失效	战略实施一段时间后	当战略推进一段时间之后，之前对战略环境条件的预测与现实变化发展的情况之间的差距，会随着时间的推移变得越来越大，战略所依赖的基础就显得越来越糟，从而使失效率大为提高③

✓高频选择题考点，一般以小案例的形式考查知识点的灵活运用。备考建议：掌握三种战略失效，了解相关内容，能做出判断即可。

①【案例】格力魂牵造车梦，奈何收购遭阻，体现了战略实施初期失效。

②【案例】董明珠下台，格力放弃收购珠海银隆，体现了偶然因素导致的战略实现。

③【案例】诺基亚，智能机上的“滑铁卢”，属于战略实施一段时间后出现的战略失效。

（2）战略控制。

战略控制是指监督战略实施进程，及时纠正偏差，确保战略有效实施，使战略实施结果符合预期战略目标的必要手段。如果没有达到既定的目标，控制的意向应当是修改企业战略或更好地实施该战略以使企业实现目标的能力能够得到提高。

战略控制和预算控制之间的差异见表4-32。

表4-32　**战略控制和预算控制之间的差异**　预算控制是战略控制的一部分。

战略控制	预算控制
期间比较长，几年到几十年以上	期间通常为一年以下
定性方法和定量方法	定量方法
重点是内部和外部	重点是内部
不断纠正行为	通常在预算期结束之后采用纠正行为

✓高频选择题考点，一般以文字描述型选择题出现，考查知识点的直接还原。

2.战略控制系统

（1）战略控制系统的步骤。

✓通读，从未考过，若考查，一般为知识点的直接还原，万一考查多选，能有大致印象。

正式的战略控制系统包括下列步骤：

①执行策略检查。

②根据企业的使命和目标，识别各个阶段业绩的“里程碑”（即战略目标），给诸如市场份额、品质、创新、客户满意度等要素进行定量和定性。“里程碑”一般具有如下特征：

A.它是在标出关键性的成功因素之后识别出来的；

B.它应当是长期目标的短期步骤；

C.它能使管理者有效地监视行动（例如，是否启动了一个新项目）及其结果（例如，是否成功启动了项目）。

③设定目标的实现层次。

④对战略过程进行正式监控。

⑤对于有效实现战略目标的业绩给予奖励。

战略控制系统的特点及考虑因素见表4-33。

表 4-33　　战略控制系统的特点及考虑因素

	战略控制系统 ✓关注一下，从未考过。
特点	程序的正式程度 & 能被识别的业绩评价指标数目
考虑因素	①链接性。如果在重要机构之间架起沟通的桥梁，那么应以避免破坏的方式进行合作 ②多样性。从多种系统中选择适合性较高的控制系统 ③风险。根据风险程度不同选择不同的控制系统 ④变化 ⑤竞争优势。为控制目标，要区分两个类型的业务： • 具有较弱竞争优势的业务：市场份额或质量是成功的源泉 • 具有较强竞争优势的业务：需要在更多地区获得成功 ✓通读即可，从未考过。

✓多选题冷门考点，知道大标题，相关内容通读即可。

（2）战略性业绩计量。

战略性业绩计量的特征是：✓通读，多选从未考过，有大致印象。

①它重点关注长期的事项，对大多数企业而言可能是股东财富。

②它有助于识别战略成功的动因，如企业是如何长期创造股东价值的。

③它通过企业提高业绩来支持企业学习。

④它提供的奖励基础是基于战略性的事项而不仅仅是某年的业绩。

【提示】战略性业绩计量必须是可计量的、有意义的、持续计量的、定期重新评估的、战略定义或者与之相关的，并且是可接受的。✓选择题冷门考点。

3.战略控制和成功关键因素✓通读，有印象即可，从未考过。

KSF全书共三次提到，第一次是解释KSF，第二次是比较企业核心能力与KSF，第三次是这里。

识别成功关键因素具有如下好处：

（1）识别关键性成功要素的过程可以提醒管理层那些需要控制的事项，并显示出次要的事项。

（2）传统的预算控制可能使报告的成本与标准成本存在差异。而成功关键因素能够转化为按照相同方式定期报告的关键性业绩指标。

（3）成功关键因素能够保证管理层定期收到有关企业的关键信息，以指导信息系统的发展。

（4）它们能够用于将组织的业绩进行内部对比或者与竞争对手比较。

（二）企业经营业绩的衡量

1.衡量企业业绩的重要性✓通读即可，从未考过。

业绩衡量可能基于财务信息，也可能基于非财务信息。业绩衡量已经被公认为企业日常经营中的一部分。业绩衡量的主要目的有以下几点：

（1）业绩评价是整体控制或者反馈控制系统的一部分，提供了刺激任何必要的控制行为的必要反馈。

（2）业绩评价是与利益相关者群体沟通的重要组成部分。

（3）业绩评价与激励政策以及业绩管理系统紧密相关。

（4）由于管理层追求获得评价为满意的业绩，这会增加管理层的动力。

2. 对衡量企业业绩的不同观点

✔大标题知道，大致了解观点，理解即可，一般不会单独考查，若考查则以知识点的直接还原为主。

（1）股东观。

观点：股东观认为企业应基于股东的利益而存在，应该把股东回报率作为企业业绩的指标。结论，一般考查知识点的直接还原，但从未考过。

（2）利益相关者观。

利益相关者的含义：除股东之外，企业的利益相关者还包括企业的管理层、雇员、工会、客户、供应商，以及对企业具有影响力的政府机构。

观点：每个利益相关者在一定程度上都对该企业具有依赖性，他们会对企业做出相应的要求，这些要求很可能与其他利益相关者的利益相冲突。

解读：每个人对企业的期望不一样，他们之间会有冲突；提示：本观点会在本章第四节详细提及。

3. 关键性业绩指标

从多角度衡量业绩时，应当为每一个成功关键因素建立一个或多个的关键性业绩指标，以便于比较。

4. 比较业绩　✔通读，有印象，选择题从未考过。

（1）业绩的比较方法。

业绩的比较方法包括：

①在一个时点上的衡量结果需要与相应的值进行比较，比如过去的业绩、内部设定的目标、产业的平均水平、产业最好的水平甚至世界最好的水平。

②衡量一段时间内的业绩可以使用趋势分析，结果可能是：改善的、不变的、下降的和不稳定的。衡量一段时间内的业绩也需要与相应的量进行比较。

（2）获取信息的途径（见表4-34）。

表4-34　**获取信息的途径**

内部信息	内部信息广泛传播于整个企业。 企业的外部人不容易获取到企业内部的信息，因而很难精准地评价企业的业绩	
外部获取信息	财务信息	互联网、产业出版刊物、政府官方的统计数据、产业协会和产业顾问以及专家，都是获取信息的来源
	客户信息	市场份额的信息也可从上述财务信息的来源获取。市场研究机构有很多资料，其中一些信息是共享的
	内部管理指标	财务指标，如资产回报率（ROA）以及销售回报率能部分反映内部信息
	管理效率	其他信息也能在年度报告中找到，特别是相对比率，如平均每个员工的销售量以及每个商店的销售量
	学习和成长指标	这是最难评估的指标。虽然企业有很多可以表征其前景的领域，比如开发新产品、进军新的市场，以及传播知识的能力等，但是这些都是不容易量化的

(3) 对总体业绩的评价。在对单个部分进行评价后，接下来要做的就是对企业总体业绩的评价（至少三年，趋势分析）。

二、战略控制方法

(一) 预算与预算控制

1.预算与预算控制的目的

预算就是财务计划。短期计划试图在长期战略计划的框架内提供一个短期目标。目标通常是用预算的形式来完成的。预算是一个多目标的活动，并在每个企业中广泛应用。

(1) 强迫计划。

(2) 交流思想和计划。

(3) 协调活动。

(4) 资源分配。

(5) 提供责任计算框架。

(6) 授权。 ✓简单了解，从未考过。

(7) 建立控制系统。

(8) 提供绩效评估手段。

(9) 激励员工提高业绩。

2.预算的类型

✓高频考点，考试题型：选择题为主；考试形式一般为小案例，要求能根据案例描述判断企业应该使用哪种预算类型；或者在优缺点部分考查知识点的直接还原。若考的稍微综合点，选择题也可以以小案例形式展现，但问考生：适合该企业的预算类型的优点/缺点有哪些。备考建议：要求掌握两种预算类型的名称，并掌握优缺点部分的关键字，能区分两种类型的优缺点。

编制预算最常用的方法有增量预算和零基预算。

(1) 增量预算（Incremental Budgeting）。 有基础的，新的一年在上年的基础上编制。

增量预算的含义及优缺点见表4-35。

表4-35 增量预算的含义及优缺点

增量预算	含义	新的预算使用以前期间的预算或者实际业绩作为基础来编制，在此基础上增加相应的内容
	优点	①预算是稳定的，并且变化是循序渐进的 ②经理能够在一个稳定的基础上经营他们的部门 ③系统相对容易操作和理解 ④遇到类似威胁的部门能够避免冲突 ⑤容易实现协调预算
	缺点	①它假设经营活动以及工作方式都以相同的方式继续下去 ②不能拥有启发新观点的动力 ③没有降低成本的动力 ④它鼓励将预算全部用光以便明年可以保持相同的预算 ⑤它可能过期，并且不再和经营活动的层次或者执行工作的类型有关

理解：很多企业在年底花钱如流水，原因在于若不花光预算，明年预算会减少。

（2）零基预算（Zero-based Budgeting）。

零基预算的含义及优缺点见表4-36。

表4-36 **零基预算的含义及优缺点**

零基预算			
	含义	在每一个新的期间必须重新判断所有的费用	
	优点	①能够识别和去除不充分或者过时的行动 ②能够促进更为有效的资源分配 ③需要广泛的参与 ④能够应对环境的变化 ⑤鼓励管理层寻找替代方法	技巧：克服了增量预算的缺点（增量预算的优缺点与零基预算相反，可以对照理解记忆）。
	缺点	①它是一个复杂的、耗费时间的过程 ②它可能强调短期利益而忽视长期目标 ③管理团队可能缺乏必要的技能	没有基础，没有连贯性。

（二）企业业绩衡量指标 ✓通读，略做了解，有大致印象，从未考过。

1.财务指标（见表4-37）

表4-37 **财务指标**

财务指标	具体项目
盈利能力和回报率指标	①毛利率 ②净利润率 ③已动用资本报酬率
股东投资指标	①每股盈余或市净率 ②股息率 ③市盈率
流动性指标	
负债和杠杆作用	

使用比率进行绩效评价的主要原因及其局限性见表4-38。

表4-38 **使用比率进行绩效评价的主要原因及其局限性**

比率评价	
主要原因	**局限性**
①通过比较各个时期的相应比率可以很容易发现这些比率的变动 ②相对于实物数量或货币价值的绝对数，比率更易于理解 ③比率可以进行项目比较并有助于计量绩效 ④比率可以用作目标 ⑤比率提供了总结企业结果的途径，并在类似的企业之间进行比较	①可比信息的可获得性 ②历史信息的使用 ③比率不是一成不变的 ④需要仔细解读 ⑤被扭曲的结果，经过会计的确认、估计与计量过程产生的财务指标本身很可能被扭曲 ⑥鼓励短期行为 ⑦忽略战略目标，例如顾客服务和创新 ⑧无法控制无预算责任的员工

2.非财务指标（见表4-39）

表4-39 **非财务指标**

含义	非财务业绩计量是基于非财务信息的业绩计量方法，可能产生于经营部门或者在经营部门使用，以监控非财务方面的活动
优点	能够很快提供，容易计算，容易理解并有效使用
缺点	可能容易受到一些市场因素等不可控变化的影响

*视频讲解

（三）平衡计分卡的业绩衡量方法

✓考试题型：主观题（爱考）或选择题（几乎每年必考）；选择题一般以小案例形式展现，需要同学们根据案例判断案例描述的是平衡计分卡中的哪个或哪几个角度。主观题一般考查基于案例的知识点直接默写（案例提示较少）。备考指导：建议全面掌握四个角度，理解每个角度的含义，考试考查方式较灵活。

1. 平衡计分卡的基本概念（见表4-40）

与考试无关的题外话：实际管理中，在设计平衡计分卡时考虑成功关键因素是一种通行的做法。

表4-40 **平衡计分卡概述**

定义	平衡计分卡表明了企业员工需要什么样的知识技能和系统，分配创新和建立适当的战略优势和效率，使企业能够把特定的价值带给市场，从而最终实现更高的股东价值
提出者	卡普兰（Kaplan）和诺顿（Norton）
衡量角度	财务角度、顾客角度、内部流程角度、创新与学习角度 ✓全面掌握，几乎每年必考。
意义	平衡了短期与长期业绩、外部与内部的业绩、财务与非财务业绩以及不同利益相关者的角度

✓爱考（早年考背诵比较多），建议全面掌握原文（能背），一旦考到主观题，性价比高。

图4-17是对平衡计分卡四个不同角度进行衡量的应用实例。

✓理解，考查方式一般以小案例形式展现，需要同学们根据案例判断案例描述的是平衡计分卡中的哪种或哪几种。选择题要求能根据案例做分析。

四个角度相互独立，但又相互联系，存在很多指标同时适用两个角度的情形。

图4-17 平衡计分卡实例

（1）财务角度。

财务角度主要关注股东对企业的看法，以及企业的财务目标。它通常包括利润、销售增长率、投资回报率以及现金流。

（2）顾客角度（见表4-41）。

表4-41　**顾客角度**　✔适当了解，从未考过。

概述	最典型的客户角度：定义目标市场 & 扩大关键细分市场的市场份额	
两个指标	滞后指标	目标市场的销售额（或市场份额）以及客户保留率、新客户开发率、客户满意度和盈利率　顾客态度的衡量指标（事后），从未考过。
	领先指标	与客户满意度有关的驱动指标：影响顾客满意度的因素（事前），从未考过。 时间、质量、价格、可选性、客户关系和企业形象
设计角度目标要考虑的问题	①对目标市场提供的价值定位是什么 ②哪些目标最清楚地反映了对客户的承诺 ③如果成功兑现了这些承诺，在客户获取率、客户保留率、客户满意度和盈利率这几个方面会取得什么样的绩效	

✔大致通读，从未考过。

（3）内部流程角度（见表4-42）。

表4-42　**内部流程角度**

概述	流程再造对促进组织改进十分重要　✔适当了解，从未考过。 设定目标的依据：企业战略和价值定位
设计角度目标要考虑的问题	①要在哪些流程上表现优异才能成功实施企业战略 ②要在哪些流程上表现优异才能实现关键的财务和客户目标

✔大致通读，从未考过。

（4）创新与学习角度（见表4-43）。✔过于绝对，关注一下，从未考过。

表4-43　**创新与学习角度**

概述	平衡计分卡最大的优点：把创新与学习列为四个角度中的一个
	平衡计分卡成功运用的关键：企业战略和创新与学习角度的衔接
设计角度目标要考虑的问题	①经理（和员工）要提高哪些关键能力才能改进核心流程，达到客户和财务目标从而成功执行企业战略 ②如何通过改善业务流程，提高员工团队合作、解决问题的能力以及工作主动性来提高员工的积极性和建立有效的组织文化，从而成功地执行企业战略 ③如何通过实施平衡计分卡来创造和支持组织的学习文化并加以持续运用

✔大致通读，从未考过。

见前文“意义”部分，平衡了短期、长期、财务、非财务等等。

2.平衡计分卡的特点 ✓主观题爱考的考点，要求掌握关键字。

平衡计分卡方法因为突破了财务作为唯一指标的衡量工具，做到了多个方面的平衡。与传统评价体系比较，平衡计分卡具有如下特点：

（1）平衡计分卡为企业战略管理提供强有力的支持。

（2）平衡计分卡可以提高企业整体管理效率。

（3）注重团队合作，防止企业管理机能失调。

（4）平衡计分卡可提高企业激励作用，扩大员工的参与意识。

（5）平衡计分卡可以使企业信息负担降到最少。

3.平衡计分卡的作用 ✓主观题爱考的考点，要求掌握关键字。

（1）平衡计分卡的出现，使得传统的绩效管理从人员考核和评估的工具转变成为战略实施的工具。

（2）平衡计分卡的出现，使得领导者拥有了全面的统筹战略、人员、流程和执行四个关键因素的管理工具。见前文“意义”部分：平衡了短期和长期、财务和非财务等等。

（3）平衡计分卡的出现，使得领导者拥有了可以平衡长期和短期、内部和外部，确保持续发展的管理工具。

（4）平衡计分卡被誉为近75年来世界上最重要的管理工具和方法。

（四）统计分析与专题报告

✓考试题型：选择题较冷门考点，一般考查知识点的直接还原。备考建议：知道，能做出判断即可。

1.统计分析报告

（1）统计分析结果：可以通过表格式、图形式和文章式等多种形式表现出来。文章式的主要形式是统计分析报告，是全部表现形式中最完善的一种。

（2）统计分析报告：运用统计资料和统计分析方法，以独特的表达方法和结构特点，表现所研究事物本质和规律性的一种应用文章。

（3）统计分析报告的特点：

①统计分析报告是以统计数据为主体；

②统计分析报告是以科学的指标体系和统计方法来进行分析研究说明；

③统计分析报告具有独特的表达方式和结构特点（脉络清晰、层次分明；数据、情况、问题和建议融为一体）。

2.专题报告

（1）专题报告的定义：根据企业管理人员的要求，指定专人对特定问题进行深入、细致的调查研究，形成包括现状与问题、对策与建议等有关内容的研究报告，以供决策者参考。

（2）专题报告的意义：有助于企业对具体问题进行控制；有助于企业管理人员开阔战略视野；有助于企业内外的信息沟通。

（3）专题报告的作用：不仅能揭示有关降低成本、提高市场份额或更好地运用资本的奥秘，而且对战略目标的实现、战略时空的选择、战略措施的实施都有很大的益处。

第四节　战略管理中的权力与利益相关者

◇ 企业主要的利益相关者及其利益期望

◇ 企业利益相关者的利益矛盾与均衡

◇ 权力与战略过程

权力与利益相关者分析是公司战略分析的重要组成部分，公司战略的制定与实施和其各利益相关者利益与权力的均衡密不可分。

利益相关者的定义：利益相关者是对企业产生影响的，或者受企业行为影响的任何团体和个人。

✓知道，需要理解，本部分是之后“二、企业利益相关者的利益矛盾与均衡”的基础，一般不会单独考查。

一、企业主要的利益相关者及其利益期望

利益相关者的分类及其利益期望见表4-44。

表4-44　　利益相关者的分类及其利益期望

利益相关者分类			利益期望
内部利益相关者	向企业投资的利益相关者	股东	① 资本收益——股息、红利 ② 利润最大化/股东价值最大化 ③ 争得多数股权（如果企业的投资者不止一方）
		机构投资者	
	经理阶层		销售额最大化
	企业员工		主要追求个人收入和职业稳定的极大化
外部利益相关者	政府		最直接的利益期望是对企业税收的期望
	购买者和供应者		在他们各自的阶段增加更多的价值
	债权人		企业有理想的现金流量管理状况，以及较高的偿付贷款和利息的能力
	社会公众		企业能够承担一系列的社会责任

二、企业利益相关者的利益矛盾与均衡

✓本部分理论性较强，需要将人名、模型名称、理论概述对得上号，应对选择题（较冷门），一般考查知识点的直接还原。

企业的发展是企业各种利益实现的根本条件，是企业利益相关者的共同利益所在。但是，由于利益相关者的利益期望不同，他们对企业发展的方向和路径也就有不同的要求，因而会产生利益的矛盾和冲突。这些矛盾和均衡冲突主要表现在以下几个方面。

（一）投资者与经理人员的矛盾与均衡（见表4-45）

表4-45 投资者与经理人员的矛盾与均衡

提出者	理论名称	理论概述
鲍莫尔	“销售最大化”模型	经理：总是期望企业获得最大化销售收益 股东：利润最大化/股东价值最大化 均衡结果：企业的产出量是最大化销售收益产量和利润最大化的产出点之间选择一个中间点
马里斯	增长模型	经理：主要目标是公司规模的增长 均衡结果：企业的增长率确定在双方都可能接受的一个区域内
威廉森	管理权限理论	经理：将按他们各自的最佳利益来使企业运转，最大化他们自己的效用函数，从而使他们的权力和声望最大化
		经理的效用函数体现在三个重要变量中： ①雇员开支（雇用人员的数量和质量） ②酬金开支（支出账目、高质量办公服务等） ③可支配的投资开支（超越严格经济动机，反映管理者权力和偏好的投资）
		主张：经理们必须有一种非同寻常的理性，经理们必须把他们的个人利益和作为经理本身所做出的决定区别开来
彭罗斯	最佳投资战略理论	理论概述：从动态角度强调经理的最佳投资战略在决定企业的总体增长中所起的作用 经理：努力在任何计划项目中选择最有利可图的投资，以便从现有的收益中为未来投资提供资金

都反映了企业的经理人员运用自身相对股东的信息优势来实现其对企业的利益追求。

（二）企业员工与企业（股东或经理）之间的利益矛盾与均衡（见表4-46）

表4-46 企业员工与企业（股东或经理）之间的利益矛盾与均衡

提出者	列昂惕夫
模型名称	列昂惕夫模型
博弈双方	企业员工 VS 企业（股东或经理）
理论概述	企业员工代表企业工会决定工资，企业决定就业水平。 员工：追求工资收入最大化和工作稳定（反映在企业就业水平高） 企业：追求利润最大化 均衡：选择最佳就业水平，在工资水平约束下实现企业利润最大化

（三）企业利益与社会效益的矛盾与均衡（见表4-47）

表4-47 **企业利益与社会效益的矛盾与均衡**

社会效益	代表所有企业外部利益相关者的共同利益	
外部利益相关者对企业的共同期望	承担社会责任	①保证企业利益相关者的基本利益要求（税收、还债、保护股民的基本权益、正确处理与上下游的利益分配等） ②保护自然环境 ③赞助和支持社会公益事业（慈善事业等）
均衡	商业伦理（商业伦理的实质是一个企业或组织在社会中应发挥什么作用和负什么责任的问题）	

【总结】企业利益相关者的利益矛盾与均衡（见表4-48）

表4-48 **企业利益相关者的利益矛盾与均衡各理论的总结**

博弈双方	**理论提出者**	**理论名称**
投资者 VS 经理人员	鲍莫尔	“销售最大化”模型
	马里斯	增长模型
	威廉森	管理权限理论
	彭罗斯	最佳投资战略理论
企业员工 VS 企业（股东或经理）	列昂惕夫	列昂惕夫模型
企业利益 VS 社会效益		

记忆偏方：描述投资者VS经理人的理论，提出者的人名都是3个字的。

人名是4个字的。

【总结】均衡结果：组织呆滞。

✓了解即可，选择题极冷门考点，若考查，一般考查知识点的直接还原。

企业最终确定的各种目标是一种妥协，最终的有效性几乎总是低于最大值。由于承认这种低效率，上述呆滞导致的额外“支付”由各成员分摊。

三、权力与战略过程

✓考试题型：一般为选择题，考查方式一般为知识点的直接还原，在权力运用的知识点上，比较爱出小案例，要求考生根据案例描述判断案例中的权力运用类型。

*视频讲解

由于权力（Power）和与其相关的术语被广泛地运用于学术界和商业界，因而它们的含义很多且很容易混淆。

【辨析】权力 VS 职权（见表4-49）✓高频选择题考点，一般考查知识点的直接还原。

表 4-49　　　　**权力与职权的比较**

职权是权力的一种。

	权　力	职　权
定义	个人或利益相关者能够采取（或者说服其他有关方面采取）某些行动的能力	管理职位所固有的发布命令和希望命令得到执行的一种权力
影响力	影响力在各个方面	沿着企业的管理层次方向自上而下
接受度	受制权力的人不一定能够接受这种权力	一般能够被下属接受
来源	来自各个方面	包含在企业指定的职位或功能之内
识别	很难识别和标榜	在企业的组织结构图上很容易确定

（一）企业利益相关者的权力来源

1. 对资源的控制与交换的权力。（所有权的延伸）

2. 在管理层次中的地位。（法定权、奖励权、强制权）（职权）

3. 个人的素质和影响。（榜样权和专家权）

4. 参与或影响企业的战略决策与实施过程。

5. 利益相关者集中或联合的程度。→"人多力量大"，小股东联合等。

✓建议将五个来源全面掌握，万一主观题（频率：极冷门，几乎不考）考查，性价比高。

注意：

（二）在战略决策与实施过程中的权力运用

权力本身是战略管理过程中的重要基础，制定战略和有效地实施战略需要权力和影响力。如果用合作性和坚定性两维坐标来描述企业某一利益相关者在企业战略决策与实施过程中的行为模式，可以分为以下五种类型，如图4-18、表4-50所示。

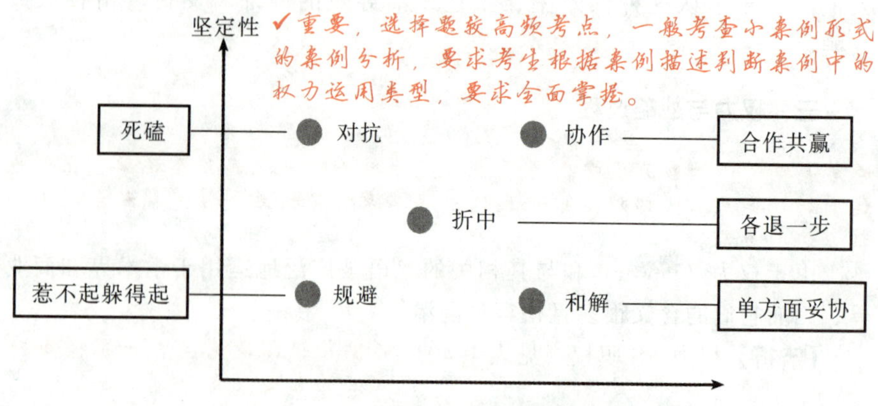

图 4-18　对待矛盾与冲突的行为模式

表4-50　　对待矛盾与冲突的行为模式

对抗	特征	坚定行为＋不合作行为
	目的	使对方彻底就范，根本不考虑对方的要求
和解	特征	不坚定行为＋合作行为
	目的	保持或改进现存的关系
	处理方式	默认和让步
协作	特征	坚定行为＋合作行为
	目的	力图寻求相互利益的最佳结合点，并借助于这种合作，使双方的利益都得到满足
折中	特征	中等程度的坚定性＋中等程度的合作性行为
	目的	通过各方利益相关者之间的讨价还价，相互做出让步，达成双方都能接受的协议
	处理方式	折中模式既可以采取积极的方式，也可以采取消极的方式： ①积极的方式：对冲突的另一方做出承诺，给予一定的补偿，以求得对方的让步； ②消极的方式：以威胁、惩罚等要挟对方做出让步。 多数场合，则是双管齐下
规避	特征	不坚定行为＋不合作行为
	处理方式	以时机选择的早晚区分为两种情况： ①当预期将要发生矛盾与冲突时，通过调整来躲避冲突； ②当矛盾与冲突实际发生时主动撤出

✓知道即可，一般以小案例形式出现，要求考生根据案例描述判断案例中的权力运用类型，以下内容为判断依据。

第五节　公司治理

◇ 公司治理的概念
◇ 公司治理理论
◇ 两大公司治理问题
◇ 公司治理的主要参与方及其作用
◇ 公司治理的基础设施
◇ 公司治理的原则

本节内容在2016年的基础上做了逻辑调整，并略有增加，同学们应该适当关注。

复习指导：理解即可，有个印象，选择题冷门考点。

一、公司治理的概念（见表4-51）

✓选择题冷门考点，理解即可，有个印象。

表4-51　公司治理的概念

狭义	所有者（主要是股东）对经营者的一种监督与制衡机制，即通过一种制度安排，合理地配置所有者和经营者之间的权力与责任关系
	目标：保证股东利益最大化，防止经营者对所有者利益的背离
广义	公司治理不仅包括了监督和控制公司及其所有者之间的关系，也包括了监督和控制公司与其他广泛的利益相关者的关系
	目标：保证所有利益相关者的利益最大化

二、公司治理理论（见表4-52）

表4-52　公司治理理论

委托代理理论	含义：由于公司的所有者和经营者之间存在委托代理关系，两者之间的利益不一致而产生代理成本，并可能最终导致公司经营成本增加的问题就称为委托代理问题
	理论背景：委托代理关系是随着生产力大发展和规模化大生产的出现而产生的
	产生原因：所有权与控制权分离 ① 委托人与代理人之间的利益冲突 ② 委托人与代理人之间的信息不对称 ③ 代理成本 ✓多选题冷门考点，通读有印象即可。
	需要解决的问题：作为委托人的股东怎样才能以最小的代价，使得作为代理人的经营者愿意为委托人的目标和利益而努力工作
利益相关者理论	含义：任何一个公司的发展都离不开各利益相关者的投入与参与，企业追求的是利益相关者的整体利益，而不仅仅是某些利益相关者的利益 提示：从利益相关者视角来分析企业的公司治理问题，如今得到了普遍的认可

三、两大公司治理问题

✓2017年教材新增内容，应适当关注，建议通读。

两大公司治理问题的理论概述见表4-53。✓多选题冷门考点，一般考查知识点的直接还原。

表4-53　两大公司治理问题的理论概述

	代理型公司治理问题	剥夺型公司治理问题
面对问题	股东与经理之间的关系	股东与股东间的利益关系
本质	公司所有者与经营者的代理问题	大股东与中小股东之间的代理问题
别称	经理人对于股东的“内部人控制”问题	终极股东对于中小股东的“隧道挖掘”问题

（一）经理人对于股东的“内部人控制”问题（见表4-54）

表4-54　经理人对于股东的“内部人控制”问题

现象描述	企业的内部成员（如厂长、经理或工人）直接参与企业的战略决策，并掌握了大部分企业的实际控制权，在公司战略决策中追求自身利益，甚至内部各方面联手谋取各自的利益，从而架空所有者的有效控制，并以此来侵蚀外部人（股东）的合法权益
主要表现	过高的在职消费，盲目过度投资；信息披露不规范、不及时；经营者的短期行为，过度耗用资产，工资、奖金等收入增长过快，侵占利润；资产转移，敷衍偷懒；大量拖欠债务，甚至严重亏损等等
	我国国企改革过程中的“内部人控制”的主要表现形式：国有资产流失、会计信息失真

（二）终极股东对于中小股东的“隧道挖掘”问题（见表4-55）

表4-55　终极股东对于中小股东的“隧道挖掘”问题

现象描述	中小股东	只拥有名义上的控制权
	大股东	有绝对影响力的大股东可以以牺牲众多的中小股东利益为代价，通过追求自利目标而不是公司价值目标来实现自身福利最大化
表现形式	可以通过资产购销、产品购销的关联交易，以对控股大股东有利的形式转移定价，债务担保，对公司投资机会进行侵占	
	可以利用各种金融手段直接实现利益侵占，如采用通过扩股发行稀释其他股东权益、冻结少数股权、操纵上市公司的会计报告、渐进的收购行为、以低于市场价格回购中小股东的股票，以及“高派现”等其他旨在侵害中小股东的各种财务交易行为	

四、公司治理的主要参与方及其作用

✓2017年教材对该知识点做了修改与重新表述，变动较大（建议适当关注），是选择题相对爱考的知识点，一般考查知识点的直接还原。建议大致了解主要参与方及其作用（选择题冷门考点），并且能区分哪些是内部治理结构，哪些是外部治理机制（选择题较冷门考点）。

公司治理的参与方如图4-19所示。

"公司治理的参与方"是讲义基于教材逻辑的表述，建议复习时按讲义逻辑理解，效果更佳。

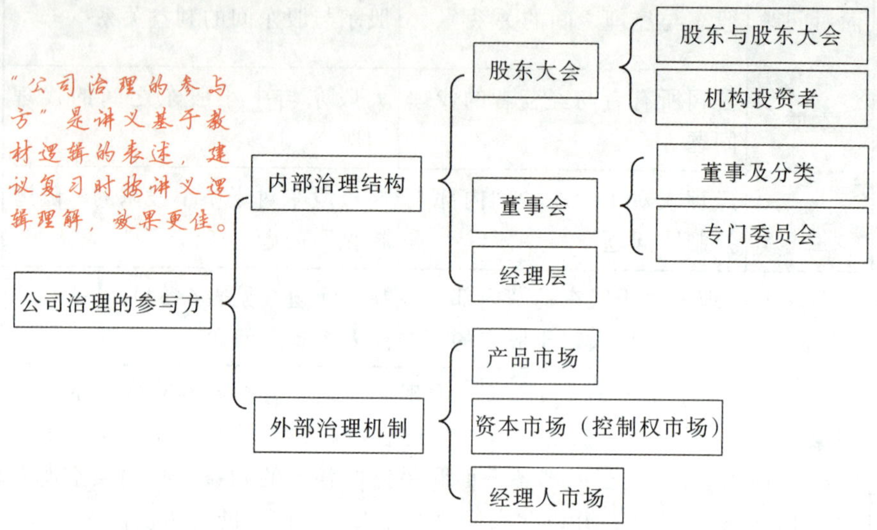

图4-19　公司治理的参与方结构图

（一）内部治理结构

1.股东大会

股东大会在公司治理中的作用见表4-56。

表4-56　　股东大会在公司治理中的作用

<table>
<tr><th>股东大会</th><th colspan="3">在公司治理中的作用</th></tr>
<tr><td rowspan="3">股东与股东大会</td><td>股东</td><td colspan="2">可以是自然人，也可以是法人</td></tr>
<tr><td rowspan="2">股东大会</td><td>基本特征</td><td>① 公司内部的最高权力机构和决策机构
② 是公司的非常设机构，除了每年的例行年会和特别会议以外，股东大会并不在公司出现</td></tr>
<tr><td colspan="2">股东大会是股东表达意见的主要渠道</td></tr>
<tr><td rowspan="2">机构投资者</td><td colspan="3">机构投资者是指用自有资金或者从分散的公众手中筹集的资金专门进行有价证券投资活动的法人机构，包括证券投资基金、社会保障基金、商业保险公司和各种投资公司等</td></tr>
<tr><td colspan="3">通过参与股东大会表决参与公司的管理，形成机构投资者的行动主义，使公司治理变得更加有效
机构投资者的行动主义内涵包括：
①机构投资者与所投资公司董事会举行一对一的例会，即参与和对话过程
②机构投资者积极在股东大会中行使表决权
③机构投资者积极关注所投资公司的董事会成员构成
④机构投资者联合向公司管理层提出公司战略和经营建议</td></tr>
</table>

✓选择题冷门考点，通读即可。

2.董事会（见表4-57）

表4-57　**董事会**

董事及分类①	内部董事	又称执行董事，主要指担任董事的本公司管理人员
	外部董事	含义：不在公司担任除董事以外的其他职务的董事
		分类：关联董事 & 独立董事
专门委员会②	审计委员会	①检查公司会计政策、财务状况和财务报告程序 ②与公司外部审计机构进行交流 ③对内部审计人员及其工作进行考核 ④对公司的内部控制
	薪酬与考核委员会	①负责制定董事、监事与高级管理人员考核的标准，并进行考核 ②负责制定、审查董事、监事、高级管理人员的薪酬政策与方案
	提名委员会	①分析董事会构成情况，明确对董事的要求 ②制定董事选择的标准和程序 ③广泛搜寻合格的董事候选人 ④对股东、监事会提名的董事候选人进行形式审核 ⑤确定董事候选人提交股东大会表决
	战略决策委员会	①监督、核实公司重大投资决策等 ②制定公司长期发展战略

①选择题较冷门考点，一般以文字描述性质的选项出现，考查知识点的直接还原。

②选择题较冷门考点（2017年新增），一般考查知识点的直接还原。建议了解专业委员会的名称，大致通读其作用即可。其中，审计委员会还会在第六章第四节“内部控制评价与审计”中详细描述。

3.经理层（见表4-58）✓2017年新增内容，建议适当关注。

表4-58　**经理层**

经理人的职权	总经理：在我国，总经理受聘于董事会，但其职权由《公司法》明文规定	
	公司经理人员的职权包括： ①主持公司的生产经营管理工作，组织实施董事会决议 ②组织实施公司年度经营计划和投资方案 ③拟订公司内部管理机构设置方案 ④拟定公司的基本管理制度 ⑤制定公司的具体规章 ⑥提请聘任或者解聘公司副经理、财务负责人 ⑦决定聘任或者解聘除应由董事会决定聘任或者解聘以外的负责管理人员 ⑧董事会授予的其他职权	
经理人的薪酬激励	年薪制	概述：基本报酬+风险收入
		缺点：可能导致短期行为
	股权激励	具有“报酬激励”和“所有权激励”双重作用

（二）外部治理机制（见表4-59）

表4-59　外部治理机制

产品市场	作用	产品市场竞争越激烈，经理人员败德行为的空间越小 产品市场的竞争可以提供有关经理人员行为的更有价值的信息
资本市场（控制权市场）	含义	资本市场是一种市场形式，是指所有在这个市场上交易的人、机构以及他们之间的关系
	作用	收购和重组的威胁被认为是控制经理人员行为的最有效方法之一
经理人市场	含义	经理人市场是指在公开、公平、公正的竞争条件下，企业自主地通过招标、招聘等方式选择职业经理的人才市场
	作用	声誉、信誉→报酬

五、公司治理的基础设施（如图4-20所示）

✓2017年新增内容，建议适当关注。需知道哪些属于基础设施，具体内容大致通读，有印象即可。万一考查，一般也以选择题方式出现，考查知识点的直接还原。

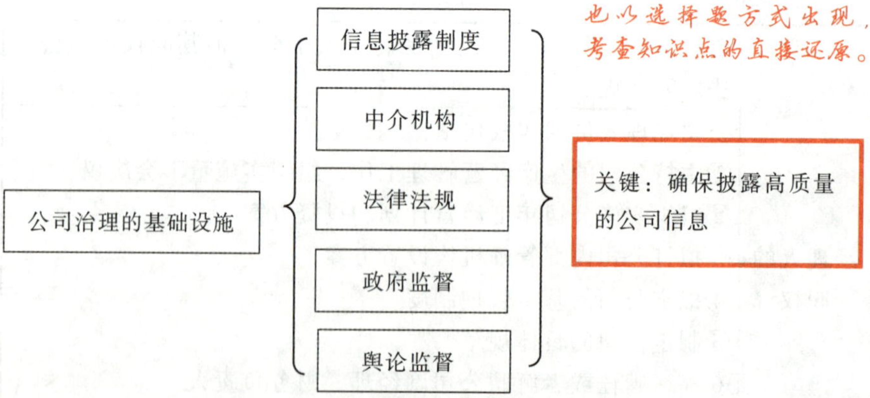

图4-20　公司治理的基础设施结构图

（一）信息披露制度（向公司利益相关者提供必要的公司信息，见表4-60）

表4-60 **信息披露制度**

含义	上市公司为保障投资者利益、接受社会公众的监督而依照法律规定必须将自身的财务变化、经营状况等信息和资料向证券管理部门和证券交易所报告，并向社会公开或公告，以便使投资者充分了解情况的制度
包括	公司证券发行前的披露和上市后的持续信息公开，主要由招股说明书制度、定期报告制度和临时报告制度组成
主要特征	①信息披露义务的强制性、自愿性 ②信息披露内容的多样性 ③信息披露时间的持续性等
在公司治理结构中的作用	①信息披露在内部治理结构中的监督作用 ②信息披露在内部治理结构中的激励作用 ③信息披露在内部治理结构中的契约沟通作用 ④信息披露有助于外部治理机制（产品市场、资本市场、经理人市场等）的有序运作

（二）中介机构（让公司利益相关者相信公司所提供信息的真实性和可靠性，见表4-61）

表4-61 **中介机构**

中介机构的作用		需要保持足够的独立性，对公司披露的信息出具客观公正的评估，为公司的利益相关者负责，避免公司利益相关者的利益受到损害
独立性		中介机构独立性的制度安排对于中介机构信用机制的建立至关重要，是中介机构信用机制建构的核心
		中介机构独立性的制度安排是否有效，取决于： ①中介机构人员的职业操守和专业能力，即进行专业业务服务既要有专业胜任能力，又要有独立的地位，并保持合理的职业谨慎 ②相关的制度设计
类型	**会计师事务所**	一方面为公司起草和审查财务报告，另一方面还要查找公司账目的漏洞，防止虚假信息的出现，从而保证真实、准确地描述公司财务状况
	投资银行	投资银行是主要从事证券发行、承销、交易、企业重组、兼并与收购、投资分析、风险投资及项目融资等业务的非银行金融机构 投资分析结论对广大投资者投资决策有重大影响 参与的企业兼并、收购和重组等业务
	律师事务所	律师事务所会综合考虑接受发行公司准备的相关文件，提醒发行公司和投资银行遵守信息披露制度

（三）法律法规

投资者法律保护主要是指一个国家的法律法规对投资者的保护条款及这些条款的执行情况。对中小投资者法律保护越好，公司价值越高。

对小股东的权利保护较好时，普通投资者预期他们未来的投资收益被大股东剥夺的可能性较小，从而更愿意购买这些公司的股票；相反，对小股东的权利保护较差时，普通投资者面临着很大的被大股东欺诈的可能性，因而不能实现他们应该得到的未来收益。在这种情况下，普通投资者愿意为这些公司的股票付出的价格就低，在极端的情况下甚至可能迫使一些公司退出股票市场。

（四）政府监管

政府监管的必要性和重要性：

（1）信息不对称问题导致市场失灵，从而需要政府监管；

（2）由于法律的不完备性，需要通过政府监管加以弥补。

有效的政府监管体系应包括以下四个方面（见表4-62）：

表4-62　　**政府监管体系**

法律监管	描述	法律具有权威性与强制性，对公司治理中各主体和客体的行为具有最高权威的强制性约束，是其他形式监督的依据和基础
	包括	①制定法律规章，即立法监管 ②法院执法，即司法介入监管
	不足	①法律规章的制定不完善、不健全 ②司法介入监管一般是被动的和事后的，不利于保护受损人的利益
行政监管	描述	指各级行政机关依法律的授权和规定对公司治理中各主体和客体的行为所进行的监督（主动行为）
	主体	证券委及其派出机构、财政部、国资委、保监会等
市场环境监管	市场环境监管是指政府通过对市场环境的建设来达到公司治理的目的。良好的市场体系，必然要依靠政府去培育和营造	
信息披露监管	描述	一国或地区对上市公司信息披露行为所采取的管理体系、管理结构和管理手段的总称，是上市公司监管体制的重要组成部分
	管理机构	主要包括证券主管机关和证券交易所

（五）媒体、专业人士的舆论监督（见表4-63）

表4-63　**媒体、专业人士的舆论监督**

实施主体的层次	公众	舆论话题的发现者与提供者
	媒体（双重任务）	①公众舆论监督的实现途径和输出管道 ②舆论监督话题的发现者与供应者
媒体监督	具有全方位性和独立性，对公司治理主体和客体（公司、监管部门）构成现实的和潜在的监督	
公众监督	对公司治理的影响主要来自专业人士的作用，包括公司治理、公司财务等方面的专家和学者	

【总结】公司治理效率的影响因素（如图4-21所示）

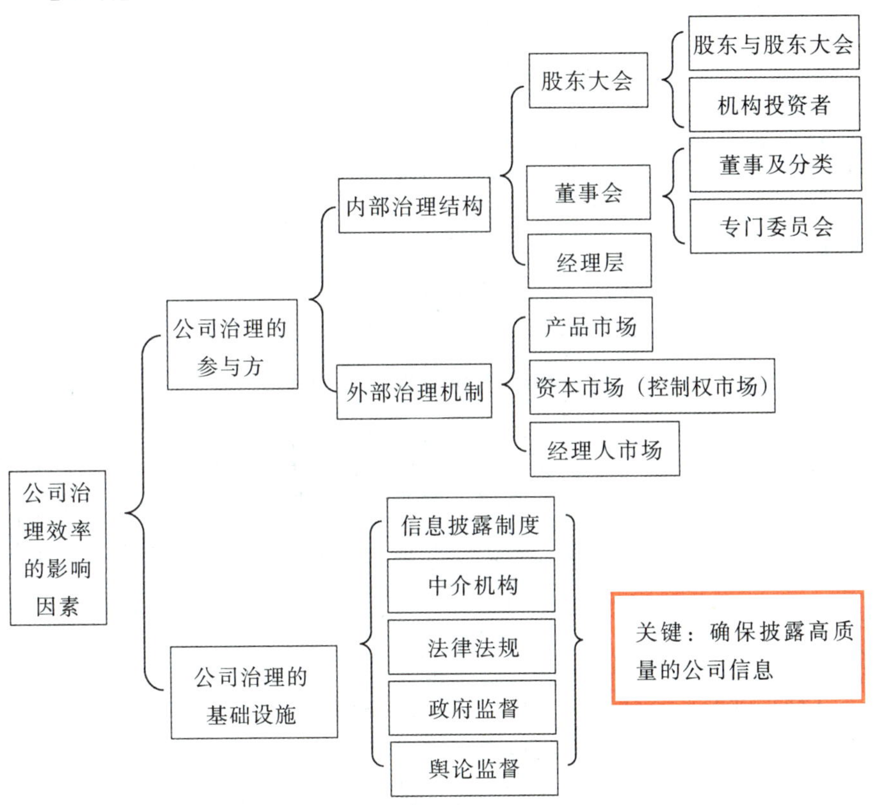

图4-21　公司治理效率的影响因素图

六、公司治理的原则

✔2017年该知识点无变化。虽然该知识点篇幅较长，但是从未考过，建议通读，在理解的基础上，有印象即可。万一出现在考试中，一般也以选择题形式出现。

《OECD公司治理原则》主要包括以下内容：

1.确保有效的公司治理框架

（1）公司治理框架的构建应着眼于其对整体经济运行的影响，着眼于其对市场参与者提供的激励，着眼于提升市场的透明度和效率。

（2）影响一国公司治理实践的法律和监管要求应具有透明性和可强制

执行性。

（3）一国监管当局的责任划分应明确并且确保维护公众的利益。

（4）监督、管理和执行当局应具备相应的权威性、公正性，应拥有一定资源以便能够用一种专业化和客观的方式执行职责，更重要的是他们的决定应及时、透明并做出充分的解释。

2.股东权利和主要的所有者职能（见表4-64）

公司治理框架应该保护和促进股东权利的行使。

表4-64 股东权利和主要的所有者职能

股东的权利	具体内涵
（1）股东的基本权利	①安全登记所有权的方法 ②转让和交易股票 ③及时、定期地从公司得到相关和真实的信息资料 ④参加股东大会和参与投票表决 ⑤选举和撤换董事会成员 ⑥分享企业利润
（2）股东应该具有参与权、充分告知权、有关企业重大变更的决策权	这些重大变更包括： ①修改法规、公司章程、其他类似的公司管理文件 ②授权增发股份 ③特别交易，包括转让全部或大部分资产，而这将造成公司被出售的结果
（3）股东应有机会参加股东大会并在大会行使投票权，有权了解包括投票程序在内的股东大会的有关规则	①股东应当及时收到关于股东大会举行的日期、地点、议程等充分的信息，也包括关于会议决定的事项的充分、及时的信息 ②股东应当有机会对董事会提出问题，包括对于年度审计报告、在股东大会议程中增加项目、对提议的决议案、对于适当的限制条件等问题 ③在公司治理决策的关键点上，例如选举和任命董事会成员，有效的股东参与应该被推进。在董事会成员和关键经理人员的薪酬政策上，股东应该能够使得他们的观点被大家知道。对董事会成员和员工的报酬安排的公正程度应当是股东核准的前提 ④股东可以亲自投票，也可以缺席投票，两者都赋予投票结果以同等效力
（4）如果公司的资本结构和安排使得一部分股东享有与其所有权不相称的某种程度的控制权，相关的情形应予以披露	
（5）公司控制权市场应被允许以有效率和高透明的方式运作	①用来规范在资本市场上获得公司控制权和非常规交易，如并购、公司主要资产的出售等的规则和程序，应该明确制定和披露，以便投资者理解他们的权利和追索权。交易应该在透明的价格和公平的条件下进行，以便所有股东依照他们的类别保护他们的权利 ②反并购机制不应作为董事会和管理层免受监督的借口
（6）应促进股东权利，包括机构投资者股东权利的行使	①以受托人身份行使权利的机构投资者应披露与他们的投资相关的公司整体治理情况和投票政策，其中包括行使投票权的决策程序，机构投资者的投票记录每年应定期向市场披露 ②以受托人身份行使权利的机构投资者应披露对他们行使投资所有者权利构成重大利益冲突的情形的处理方式
（7）包括机构投资者在内的全体股东应有权利就与上述基本股东权利有关的问题互相咨询，可能造成不正当密谋的情形除外	

3.平等对待全体股东（见表4-65）

公司治理框架应保障包括少数股东和外国股东在内的全体股东得到平等的对待。所有股东在权利受到侵害时都有权得到有效的赔偿。

表4-65　　　　　　　　　**平等对待全体股东**

（1）同一类别、同一系列的股东应当得到同样的公平待遇	①在同一类别任何系列内，所有的股份都应该具有同样的权利。所有的投资者在他们购买之前都应该获得有关全部类别和系列股份所赋有的权利的信息。在投票权上的任何改变都应该由受到负面影响的股份类别核准 ②对于控股股东滥用行为造成的利益上的直接或间接伤害，小股东应当受到保护，并且应该有有效的补偿方法 ③选举应该在有表决权的股权所有者协商同意的方式上由托管人和代理人投票 ④对远程投票的妨碍应当被去除 ⑤普通股东大会的过程和程序应该对所有股东都公平对待。公司程序不应使得投票过分复杂困难和花费昂贵
（2）禁止内部交易和滥用的私利交易	
（3）在直接影响到企业的任何交易或事件中，无论董事会成员和关键经营人员直接、间接或在第三方利益上对于董事会具有实质性利益的，都应当被要求公开	

4.利益相关者在公司治理中的作用

公司治理框架应承认法律规定的利益相关者在公司治理中的权利，并鼓励公司与利益相关者共同创造财富、工作和财务稳健、可持续发展的企业。

（1）受法律保护的利益相关者的权利应得到尊重。

（2）如果利益相关者的权利受法律保护，利益相关者在权利受到侵害时应有机会获得有效的赔偿。

（3）禁止以提升业绩作为雇员参与公司治理的条件。

（4）如果利益相关者参加了公司治理程序，则他们有权及时、定期获取与他们的权利有关的充分信息。

（5）利益相关者，包括个人雇员应有权自由地同公司董事会就公司的不法或不道德的做法进行交流，并不得因行使该权利而妨碍其他权利的行使。

（6）公司治理应具备有效、快捷的破产制度，能够有效保障债权人的权利。

5.信息披露和透明度

公司治理框架应确保与公司重大事件有关的信息及时、准确地予以披露，其中包括财务状况、业绩、所有权及公司的治理情况。

（1）应当披露的重大信息至少包括：

①公司的财务和业绩状况；

②公司经营目标；

③公司主要的股票所有权及相关的投票权；

④董事会和主要行政人员，以及他们的报酬；

⑤关联方交易；

⑥可预期的重大风险因素；

⑦与雇员和其他利益相关者有关的重大事件；

⑧公司的治理结构和制度。

（2）信息的编制、审计和披露应具备相当的质量，符合国际承认的会计标准、金融和非金融信息披露标准和审计标准。

（3）公司每年应聘请独立、尽职、有执业资格的审计人员出具年度审计报告，由外部人员为董事会和股东对财务报表的编制和呈报的方式提供客观的依据。

（4）外部审计人员对公司负有注意义务，向董事会和股东负责。

（5）信息传播的途径应确保信息使用人能够平等、及时、便捷地获取信息。

（6）分析师、经纪人、评级机构以及其他可能影响投资者决策的中介机构对于可能对他们意见的公正性产生影响的重大利益冲突情形予以披露。这些机构还应建立并披露处理利益冲突的程序。

6.董事会的义务

公司治理结构应确保董事会对公司的战略指导和对管理层的有效监督，确保董事会对公司和股东的责任和忠诚。

（1）董事会成员在执行公司事务时应履行完全的信息披露义务，根据公司和全体股东的最大利益，忠实、诚信、勤勉地履行职责。

（2）如果董事会的决策可能对不同的股东团体造成不同的影响，董事会应做到公平对待全体股东。

（3）董事会应具备高度的道德准则，以维护股东的利益为己任。

（4）董事会应履行特定的职责。包括：

①审查、指导公司的战略、重要行动计划、风险政策、年度预算和商业计划；决定公司的业绩目标；监督业绩目标的执行情况和公司的行为；监督重大的资本支出、收购和出售等行为。

②对公司治理的有效性进行监督并根据实际需要加以修改。

③选举并决定主要行政人员的报酬，监督他们的行为，在必要的时候更换新的人员并对他们职务的交接进行监督。

④促使主要行政人员和董事会成员的报酬与公司的长期利益相一致。

⑤确保董事会成员的提名和选举过程的正规性和透明度。

⑥监督管理层、董事会成员和股东同公司之间的潜在的利益冲突，其

中包括滥用公司资产和关联方交易中的舞弊行为。

⑦确保公司会计和财务报告制度的完整性，其中包括独立审计师的完整性；确保公司具备恰当的控制制度，特别是风险管理制度，财务和营运控制制度等，确保公司的行为不违反法律和相关的准则等。

⑧监督信息披露和交流的过程。

（5）董事会应能够在公司事务中做出客观独立的判断。

①董事会应考虑委派相当数量的非执行董事对可能存在利益冲突的事项进行判断。例如，为了确保财务和非财务报告制度的完整性，对关联方交易进行审查，董事会的提名以及行政人员和董事会成员的报酬等事项。

②如果董事会成立了专门的委员会，他们的职责、组成和工作程序应予以明确并由董事会进行披露。

③董事会成员应有足够的精力和时间履行职责。

（6）为了更好地履行职责，董事会成员应能够及时、准确地获取与履行职责有关的信息。

第六节 信息技术在战略管理中的作用

◇ 信息技术与组织变革

◇ 信息技术与竞争战略

◇ 信息技术与企业价值链网

一、信息系统与组织变革

✓主观题冷门考点，此知识点可以联系第一章战略变革和第四章组织变革考查跨章节的简答题。建议掌握，性价比高。理解：作用力与反作用力。

（一）信息技术与组织变革的关系

信息技术与组织变革是相互影响的关系如图4-22所示。

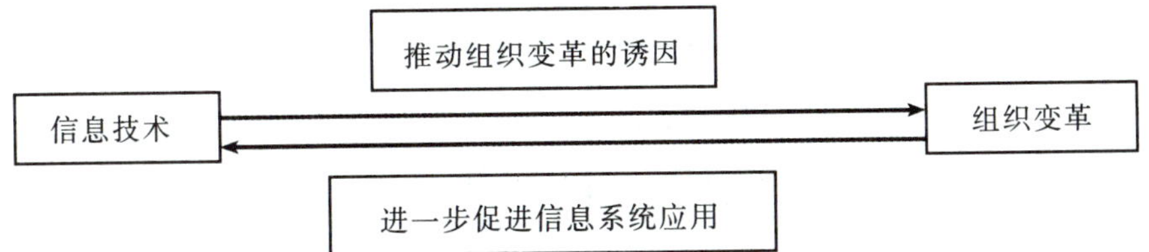

图4-22 信息技术与组织变革是相互影响的关系图

二者相互影响，同时也受许多中介因素影响，如组织决策、组织政治、组织文化和组织环境等。

（二）信息技术与组织结构变革 ✓任何题型都有可能考查。

（1）支持组织扁平化调整。

（2）支持新型组织结构。

在信息技术的支持下，一些组织设计并采用了一些新型的组织结构以增强组织竞争力，其中最为重要的是团队结构和虚拟组织，见表4-66。

表4-66　新型的组织结构

团队结构	是以团队作为协调组织活动的主要方式，团队成员在动机、价值取向和目标追求上具有高度的一致性，要求成员既是全才又是专才。团队具有高度的自主性，对大多数操作性工作负全部责任
虚拟组织	是组织扁平化在企业之间的形式，是当市场出现新机遇时，具有不同资源与优势的企业为了共同开拓市场，共同对付其他的竞争者而组织、建立在信息网络基础上的共享技术与信息，分担费用，联合开发的、互利的企业联盟体

（三）信息技术与业务流程重组

业务流程重组是企业过程创新活动，需要人们用归纳推理的方式来看待信息技术和信息系统。信息处理能力以及计算机与互联网技术的连通性增加了组织信息和知识的存取性、存储量和传播性，不仅可以大大提高业务流程的效率，使现有过程运行得更快、更好，还在于使组织打破传统的规则，建立全新的工作方式。信息技术在重组业务流程中起到重要的作用。

✓主观题冷门考点，此知识点可以联系第三章竞争战略考查跨章节的主观题。建议适当掌握关键字，性价比高。

二、信息技术与竞争战略

信息技术与竞争战略的关系如图4-23所示。

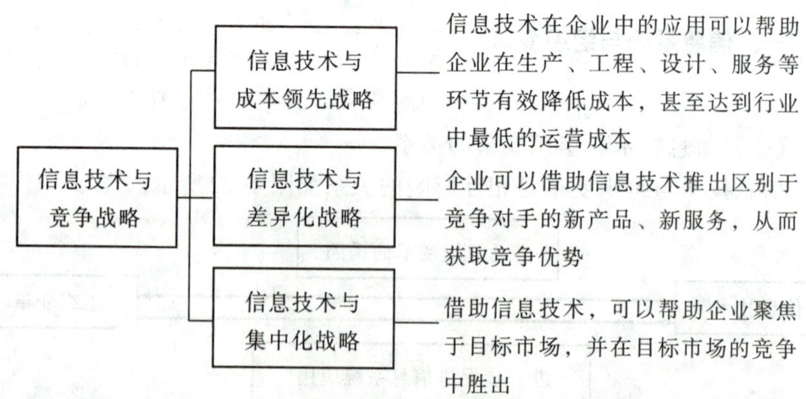

图4-23　信息技术与竞争战略的关系图

三、信息技术与企业价值链网

✓通读，适当了解关键字，选择题冷门考点，暂未考过。

（一）信息技术与企业价值链

（1）在价值链的每一个阶段，都可以考虑如何利用信息技术来改善运行效率，提升增值过程，为客户创造更多的价值。

（2）信息技术对价值链基本活动的支持，可以通过自动仓储系统和自动化运输调度系统来提升企业内外部物流运作效率，通过计算机控制的生产制造系统提升生产运作效率，通过计算机化的产品销售和服务系统提升销售与服务的效能。

（3）信息技术对价值链支持活动的支持，可以通过计算机辅助设计系统来提升技术研发效能，通过人力资源管理系统提升人力资源效能，通化计算机化订货系统加强采购效率，通过办公自动化技术或电子化的日程安排和消息传送系统提升基础管理。

（4）信息技术能够帮助企业全面渗透到企业价值链的各主要环节，有效降低成本，提升客户价值，赢得竞争优势。

（二）信息技术与企业价值网

1.价值网模型

（1）价值网是由利益相关者之间相互影响而形成的价值生成、分配、转移和使用的关系及其结构。

（2）价值网强调“以顾客为中心”：

- 在专业化分工的生产服务模式下，把处于“价值链”上不同位置并存在密切关联的企业或者相关利益体整合在一起，建立一个以顾客为核心的价值创造体系，共同为顾客创造价值。
- 当顾客出现新的价值需求时，网络成员也可以联合起来进行共同研发，迅速满足顾客需求。

（3）整合与协作。

- 通过充分整合价值网络中相关成员的价值创造能力，可以更好地为顾客提供个性化的价值。
- 价值网成员建立的相互关系不是零和博弈下的背弃式竞争，而是基于双赢思想的紧密合作，成员公司之间建立合作关系能够实现核心能力优势互补，共担风险和成本，共享市场和顾客忠诚。

（4）价值网理论对价值链理论进行了拓展和提升。

- 价值网络是围绕顾客价值重构原有价值链，通过网络中不同层次和不同主体之间的互动关系而形成的多条价值链在多个环节上网状的联系和交换关系。由这些关系形成的网络将产生网络效应，处于每个网络节点上的个体或组织可以从这种聚合作用中创造或者获取更多的价值。
- 价值网在战略思维上发生了巨大的变化，它强调竞争和合作两个方面，这种竞争和合作的结合被称为合作竞争。

（5）与价值链相比，价值网更多是“以客户为本”，很少以线性方式运作。

2.信息技术与企业生态系统（见表4–67）

表4–67　　企业生态系统

企业生态系统	企业生态系统（Business Ecosystems）的概念建立在价值网理念的基础上，是有别于传统企业竞争模型的一种新的商业模型
主要特点	（1）由一个或少数几个企业统领着这个生态系统，并建造了平台以供其他专业定位企业应用。可以突破传统的组织边界限制，实现跨企业、跨区域、跨行业，甚至全球化的发展和合作
	（2）信息技术在企业生态系统建立与运作中扮演着强有力的角色。价值网络中的企业通过网络技术等构筑的信息系统平台凝聚在一起，形成整体运作的企业生态系统

智能测评

扫码听分享	做题看反馈
亲爱的同学，本章主要介绍战略实施相关内容，整体上难度不大，但内容也不少，重点关注纵横向分工、文化与绩效、战略稳定性与文化适应性、企业战略与结构、预算控制、平衡计分卡和公司治理以及信息技术管理等内容。考虑到内容变动，预测本章今年分值会有一定的上升。 扫一扫上方的二维码，来听学习导师的分享吧！	学完马上测！ 请扫描上方的二维码进入本章测试，检测一下自己学习的效果如何。做完题目，还可以查看自己的个性化测试反馈报告。这样，在以后复习的时候就更有针对性、效率更高啦！

✓近3年平均分值为15分左右，本章考试题型为客观题和简答题。但是，本章易于联系第六章内部控制与战略管理相关内容，考查综合题。

*本章导学视频

第五章 风险与风险管理

本章属于较重要的章节。本章主要介绍了风险与风险管理的相关概念，属于承上启下的章节。

学习本章需重点掌握：（1）企业面临的风险种类；（2）风险的定义、全面风险管理、风险度量；（3）风险管理的目标；（4）风险管理体系；（5）11个风险管理技术与方法。

其中，11个风险种类、7个风险管理策略、风险管理组织体系，考查主观题的概率较大。

✓本章理论性内容较多，主要以理解为主。本章相对而言，战略管理部分不易把握，但考查灵活度上却比战略管理部分差很多。本章虽然分值较大，但考点较为集中，因此利于同学备考。

主要内容

第一节 风险与风险管理概述
第二节 风险管理的目标
第三节 风险管理基本流程
第四节 风险管理体系
第五节 风险管理技术与方法

第一节 风险与风险管理概述

◇ 风险的概念
◇ 企业面对的风险种类
◇ 风险管理的概念

一、风险的概念（见表5-1）

【案例】

	某知识点考查风险		
	不考	选择题	主观题
概率	10%	70%	20%

体现了风险是一系列可能发生的结果。

表5-1 风险的概念

风险观念的演变	风险（不确定性）=损失→风险（不确定性）=损失+机会
定义	企业风险是指未来的不确定性对企业实现其经营目标的影响
衡量标准	影响结果&可能性（概率）
重点把握	1）企业风险与企业战略相关 2）风险是一系列可能发生的结果，不能简单理解为最有可能的结果 3）风险既具有客观性，又具有主观性 4）风险总是与机遇并存

【案例】若选择国际化战略，则面临跨国经营的风险，体现了企业风险与企业战略相关。

【对照案例】炒股：个股的风险是客观存在的，但个人可以选择不同的股票进行投资，体现了风险既具有客观性，又具有主观性。

二、企业面对的风险种类

✓考试题型：主观题、客观题。频率：每年必考，十分重要。主观题一般以案例形式出现，要求考生联系案例，分析案例中的企业面临哪些风险，并说明理由（该考法相对比较简单）。或直接问案例中企业面临的特定风险有哪些，该考法需要同学们默写具体风险的相关内容，然后联系案例进行分析。选择题一般以小案例的形式呈现，需要同学们判断案例中描述了哪些风险。备考指导：建议全面掌握11种风险的名称，理解相应的具体内容。其中，建议全面掌握市场风险、运营风险和操作风险的内容（属于主观题爱考的知识点，建议背诵）。

✓记忆技巧：使用PEST的衍生模型PESTEL辅助记忆，其中，P代表政治风险；E（经济）由两部分组成：（1）市场风险；2）产业风险；S代表社会文化风险；T代表技术风险；E代表自然环境风险（Environment）；L代表法律与合规风险（Law）。

✓　风险种类的概述（见表5-2）→★十分重要，建议全面掌握。

表5-2　**风险种类的概述**

外部风险（7种）	政治风险、法律风险与合规风险、社会文化风险、技术风险、自然环境风险、市场风险、产业风险
内部风险（4种）	战略风险、运营风险、操作风险、财务风险

✓理解为主，具体内容知道即可，一般以案例形式考查，同学们要能判断，案例描述的风险属于政治风险。

✓高频考点，易混淆知识点，选择题中操作风险通常与运营风险互为混淆项。具体辨析后续内容会展开介绍。

（一）外部风险

1.政治风险（见表5-3）

表5-3　**政治风险**

含义	是指完全或部分由政府官员行使权力和政府组织的行为而产生的不确定性
表现形式	1）外汇管制的规定；2）进口配额和关税；3）组织结构及要求最低持股比例；4）限制向东道国的银行借款；5）没收资产

【对照案例】看新闻联播炒股，体现了政府组织的行为对股票市场产生的不确定性。

【案例】特朗普关税新政出台，捷豹、路虎公司被迫将每辆车的售价至少抬高17 000美元，体现了政治风险中的关税因素。

2.法律风险与合规风险（见表5-4）

✓理解为主，大致知道关键字，一般以案例形式考查，同学们要能判断，案例描述的风险属于法律与合规风险。

表5-4 **法律风险与合规风险**

合规风险		
含义	因违反法律或监管要求而受到制裁、遭受金融损失以及因未能遵守所适用法律、法规、行为准则或相关标准而给企业带来损失的可能性	
法律风险		
含义	企业在经营过程中因自身经营行为的不规范或者外部法律环境发生重大变化而造成不利法律后果的可能性	
包括	法律环境因素，包括立法不完备、执法不公正等 市场主体自身法律意识淡薄，在经营活动中不考虑法律因素等 交易相对方的失信、违约或欺诈等	
法律风险VS合规风险		
辨析	法律风险	侧重于民事责任的承担
	合规风险	侧重于行政责任和道德责任的承担

【案例】银行与客户约定的利率超出了央行规定的基准利率幅度。合规风险：监管机关的行政处罚、重大财产损失、声誉损失。法律风险：银行对客户的民事赔偿责任。

3.社会文化风险（见表5-5）

✓理解为主，大致知道关键字，一般以案例形式考查，同学们要能判断，案例描述的风险属于社会文化风险。

表5-5 **社会文化风险**

含义	文化这一不确定性因素的影响给企业经营活动带来损失的可能性	
包括	①跨国经营活动引发的文化风险	国家文化差异
	②企业并购活动引发的文化风险	组织文化与民族文化
	③组织内部因素引发的文化风险	个人层面的文化

【案例】美国的英雄主义VS中国的集体主义，体现国家文化的差异。

【案例】保加利亚的员工：YES or NO（是或不是）傻傻分不清，体现个人层面文化对组织的影响。

4.技术风险（见表5-6）

表5-6 **技术风险**

定义	广义	某一种新技术给某一行业或某些企业带来增长机会的同时，可能对另一行业或另一些企业形成巨大的威胁	
	狭义	在技术创新过程中，由于技术本身复杂性和其他相关因素变化产生的不确定性而导致技术创新遭遇失败的可能性	
划分	技术活动过程所处的不同阶段	技术设计风险	设计阶段，由于技术构思或设想的不全面性致使技术及技术系统存在先天"缺陷"或创新不足而引发的各种风险
		技术研发风险	技术研究或开发阶段，外界环境变化的不确定性、技术研发项目本身的难度和复杂性、技术研发人员自身知识和能力的有限性，都可能导致技术的研发面临着失败的危险
		技术应用风险	技术成果在产品化、产业化的过程中所带来的一系列不确定性的负面影响或效应

【案例】互联网技术在给互联网行业带来机会的同时，也给传统制造业、零售业和金融业带来了冲击，体现了广义的技术风险。

✓从未考过，建议略作了解，以防出选择题。

【案例】德国大众尾气门事件导致其赔付102亿美元，体现了自然环境风险。

5.自然环境风险（见表5-7）

表5-7 自然环境风险

含义	企业由于其自身或影响其业务的其他方造成的自然环境破坏而承担损失的风险
注意	企业需要关注的不仅包括企业自身对自然环境造成的直接影响，还应包括企业与客户和供应商之间的联系而对自然环境造成的间接影响
方向强调	企业（直接&间接）→自然环境

✔考情分析：有一年考试AB卷均以主观题方式考查，都要求默写具体内容，然后需要考生联系案例进行分析。备考指导：建议背诵5句话，具体内容需理解。

6.市场风险

市场风险可以考虑以下几个方面：

（1）产品或服务的价格及供需变化带来的风险

（2）能源、原材料、配件等物资供应的充足性、稳定性和价格的变化带来的风险

（3）税收政策和利率、汇率、股票价格指数的变化带来的风险

（4）主要客户、主要供应商的信用风险

（5）潜在进入者、竞争者、与替代品的竞争带来的风险

【案例】蒜你狠→蒜你贱，体现了产品的价格变化带来的风险。

【案例】煤超疯，体现了能源、原材料的供需与价格变化带来的风险。

【案例】4个月涨幅780%的妖股，体现了股票价格风险。

【案例】特朗普关税新政：捷豹、路虎公司称关税将侵蚀掉它们所有的销售利润，体现了税收风险。

✔记忆技巧：联系五力模型：供应商与客户→信用风险；潜在进入者、竞争者、替代品→竞争带来的风险。

✔主观题较冷门考点，建议记忆关键的3个因素，性价比高。结论部分理解，能做选择题即可。

7.产业风险（见表5-8）

表5-8 产业风险

含义	在特定产业中与经营相关的风险		
关键因素	①产业（产品）生命周期阶段	结论	随着产品生命周期的推移，产业风险逐步降低
	②产业波动性	含义	波动性产业是指迅速变化、经常上下起伏的产业
		结论	与产业风险正相关
	③产业集中程度	结论	与产业风险负相关

回顾第二章产品生命周期：不确定性变小了，风险=不确定性，因此随着产品生命周期的推移，产业风险逐步降低。

【案例】电子业、软件业、房地产业、建筑业，这些行业都属于波动性较大的行业。

【案例】我国四大电信运营商：移动、联通、电信、广电，体现了电信运营行业集中程度较强，行业风险相对较小。

（二）内部风险

1.战略风险（见表5-9）

✓理解即可，此处，该知识点一般不会单独考查文字描述题，战略风险的具体内容详见第六章第三节 内部控制的应用，发展战略。若考查，也只能让同学们分析案例描述中有无战略风险。

表5-9 战略风险

定义	未来的不确定性对企业实现其战略目标的影响
具体表现	（1）缺乏明确的发展战略或发展战略实施不到位，可能导致企业盲目发展，难以形成竞争优势，丧失发展机遇和动力 （2）发展战略过于激进，脱离企业实际能力或偏离主业，可能导致企业过度扩张，甚至经营失败 （3）发展战略因主观原因频繁变动，可能导致资源浪费，甚至危及企业的生存和持续发展

✓考情分析：主观题、客观题，属于高频考点。考查方式：主观题直接让考生默写运营风险的相关内容，然后需要联系案例进行分析。选择题一般以小案例形式出现，考查案例有无涉及运营风险。

2.运营风险（见表5-10）

表5-10 运营风险

含义	企业在运营过程中，由于内外部环境的复杂性和变动性以及主体对环境的认知能力和适应能力的有限性，而导致的运营失败或使运营活动达不到预期的目标的可能性及其损失
包括	1）企业产品结构、新产品研发方面可能引发的风险 2）企业新市场开发、市场营销策略（包括产品或服务定价与销售渠道、市场营销环境状况等）方面可能引发的风险 3）企业组织效能、管理现状、企业文化，高、中层管理人员和重要业务流程中专业人员的知识结构、专业经验等方面可能引发的风险 ✓主观题爱考的考点，建议背诵，全面掌握关键字。 4）期货等衍生产品业务中发生失误带来的风险 5）质量、安全、环保、信息安全等管理中发生失误导致的风险 6）因企业内、外部人员的道德风险或业务控制系统失灵导致的风险 7）给企业造成损失的自然灾害等风险 8）对企业现有业务流程和信息系统操作运行情况的监管、运行评价及持续改进能力评价引发的风险

运营风险

✓选择题爱考的考点，需额外关注。

【案例】泥石流、台风，体现自然灾害对企业造成损失的风险。

【辨析】运营风险：自然→企业；自然环境风险：企业→自然。

操作风险

3.操作风险（见表5–11） 【教材变动】2017年重新表述，建议考生强烈关注。

✓考情分析：易出主观题、选择题，属于高频考点。考查方式：主观题直接让考生默写操作风险的相关内容，然后需要联系案例进行分析。选择题一般以小案例形式出现，考查案例有无涉及操作风险。注意，操作风险与运营风险的辨析也是选择题常考的考点。备考指导：1）需能辨析运营风险与操作风险；2）需全面掌握操作风险的内容。

表5–11 **操作风险**

含义	由于内部程序、人员和系统的不充备或失效，或由于外部事件造成损失的风险
包括	（1）内部欺诈 （2）外部欺诈 （3）雇用合同以及工作状况带来的风险事件。由于不履行合同，或者不符合劳动健康、安全法规所引起的赔偿要求 （4）客户、产品以及商业行为引起的风险事件 （5）有形资产的损失。由于灾难性事件或其他事件引起的有形资产的损坏或损失 （6）经营中断和系统出错 （7）涉及执行、交割以及交易过程管理的风险事件

✓主观题爱考的考点，建议背诵，性价比高。或"额外注意，欺诈属于操作风险"。

4.财务风险（见表5–12） 【教材变动】2017年新增内容，建议引起关注，可能考查案例背景下的选择题。

表5–12 **财务风险**

含义	企业在生产经营过程中，由于内外部环境的各种难以预料或无法控制的不确定性因素的作用，使企业在一定时期内所获取的财务收益与预期收益发生偏差的可能性	
注意	财务风险是客观存在的，企业管理者只能采取有效措施降低财务风险，而不能完全消除 ✓选择题冷门考点，适当关注。	
包括	（1）筹资风险	借入资金的筹资风险：企业是否能按时还本付息
		所有者投资的筹资风险：使用效益的不确定性
	（2）投资风险	投资项目不能达到预期收益，从而影响企业盈利水平和偿债能力的风险
	（3）资金回收风险	企业产品售出后，资金转化过程在时间和金额上的不确定性
	（4）收益分配风险	由于收益分配而可能给企业今后的生产经营活动带来的不利影响
		收益分配风险来源于两个方面： ①收益确认的风险 ②对投资者分配收益的形式、时间和金额的把握不当而产生的风险

三、风险管理的概念

（一）风险偏好与风险承受度（见表5-13）

✓理解即可，考查方式一般为文字描述性的选择题，考查知识点的直接还原。

表5-13　**风险偏好与风险承受度**

风险偏好	企业希望承受的风险范围，分析风险偏好要回答的问题是公司希望承担什么风险和承担多少风险
风险承受度	企业风险偏好的边界，是企业采取行动的预警指标，企业可以设置若干承受度等级，以显示不同的警示级别
注意	风险偏好和风险承受度是风险管理概念的重要组成部分 风险偏好和风险承受度概念的提出基于企业风险管理理念的变化
提出意义	风险偏好概念提出的意义在于研究企业风险和收益的关系，明确企业的风险偏好和风险承受度，从而把握企业在风险和收益之间如何选择平衡点

（二）企业风险管理的定义与特征

✓多选题爱考的考点，考查一般为文字描述的选择题，考查知识点的直接还原。建议掌握5个特征的名称，理解相应的内涵。

✓　风险管理的定义

全面风险管理，指企业围绕总体经营目标，通过在企业管理的各个环节和经营过程中执行风险管理的基本流程，培育良好的风险管理文化，建立健全全面风险管理体系（包括风险管理策略、风险理财措施、风险管理的组织职能体系、风险管理信息系统和内部控制系统），从而为实现风险管理的总体目标提供合理保证的过程和方法。

✓　企业风险管理的特征（见表5-14）

表5-14　**企业风险管理的特征**

战略性	主要运用于企业战略管理层面，站在战略层面整合和管理企业层面风险是全面风险管理的价值所在	
全员化	企业全面风险管理是一个由企业治理层、管理层和所有员工参与的，旨在把风险控制在风险容量以内，增进企业价值的过程	
专业性	要求风险管理的专业人才实施专业化管理	
二重性	企业全面风险管理的商业使命在于：①损失最小化管理；②不确定性管理；③绩效最优化管理	
	解释	当风险损失不能避免时，尽量减少损失至最小化 风险损失可能发生可能不发生时，设法降低风险发生的可能 风险预示着机会时，化风险为增进企业价值的机会
系统性	全面风险管理必须拥有一套系统的、规范的方法，从而为实现风险管理的总体目标提供合理的保证	

✓易错点，也是考试爱考的考点。

二重性的理解来源于风险的定义，风险=损失+机会。

✓ 风险管理新旧理念之间的差异（见表5-15）

✓高频考点，十分重要！一般考查知识点直接还原，解题思路：全面风险管理范围更广。

表5-15　风险管理新旧理念之间的差异

		传统风险管理	全面风险管理
涉及面	涉及人员	主要是财务会计主管和内部审计等部门负责	在高层的参与下，每个成员都承担与自己行为相关的风险管理责任
	涉及风险	就单个风险个体实施风险管理，主要是可保风险和财务风险	从总体上集中考虑和管理所有风险（包括纯企业风险和风险机会）
连续性		只有管理层认为必要时才进行	是企业系统的、有重点的、持续的行为
态度		被动地将风险管理作为成本中心	主动积极地将风险管理作为价值中心
目标		与企业战略联系不紧，目的是转移或避免风险	紧密联系企业战略，目的是寻求风险优化措施
方法		事后反应式的风险管理方法，即先检查和预防经营风险，然后采取应对措施	事前风险防范，事中风险预警和及时处理，事后风险报告、评估、备案及其他相应措施
关注焦点		专注于纯粹和灾害性风险	焦点在所有利益相关者的共同利益最大化上

第二节　风险管理的目标

✓本部分可以结合第六章COSO委员会内部控制的目标记忆关键字。本知识点是主观题冷门考点、选择题较冷门考点。一般考查知识点的直接还原，灵活性不高。备考指导：推荐初次接触可以以选择题方式备考，强化阶段建议掌握关键字。

我国《中央企业全面风险管理指引》设定了风险管理如下的总体目标：

战略目标

1.确保将风险控制在与公司总体目标相适应并可承受的范围内；

2.确保内外部，尤其是企业与股东之间实现真实、可靠的信息沟通，

包括编制和提供真实、可靠的财务报告；→ 对应COSO报告目标

3.确保遵守有关法律法规；→ 对应COSO合规目标

4.确保企业有关规章制度和为实现经营目标而采取的重大措施的贯彻执行，保障经营管理的有效性，提高经营活动的效率和效果，降低实现经营目标的不确定性；→ 对应COSO经营目标

5.确保企业建立针对各项重大风险发生的危机处理计划，保护企业不因灾害性风险或人为失误而遭受重大损失。

【提示】相比于COSO内部控制目标，风险管理框架中的目标设计中增加了战略目标。✓较冷门考点，可结合第六章内部控制的目标出混淆项，注意辨析。

第三节　风险管理基本流程

◇ 收集风险管理初始信息

◇ 进行风险评估

◇ 制定风险管理策略

◇ 提出和实施风险管理解决方案

◇ 风险管理的监督与改进

✓ 风险管理基本流程概述（如图5-1所示）

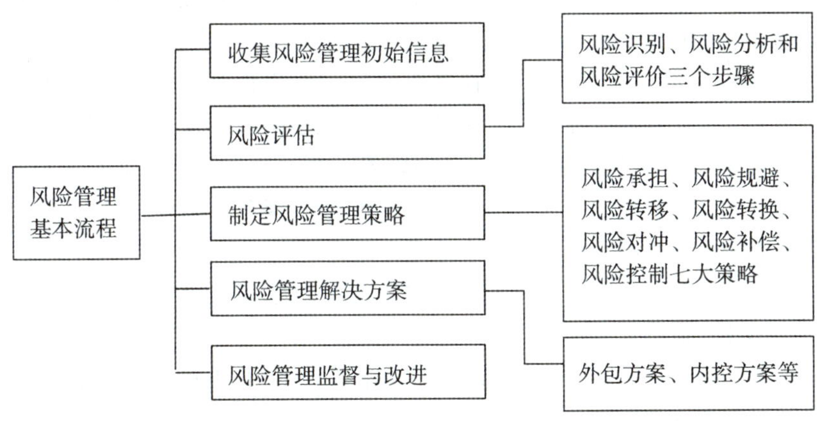

图5-1　风险管理基本流程

一、收集风险管理初始信息（见表5-16）

1.要广泛地、持续不断地收集与本企业风险和风险管理相关的内部、外部初始信息，包括历史数据和未来预测数据。

2.应把收集初始信息的职责分工落实到各有关职能部门和业务单位。

3.收集初始信息要根据所分析的风险类型具体展开。

✓了解即可，选择题较冷门考点，一般以文字描述性选择题的形式出现，考查知识点的直接还原。

企业还要对收集的初始信息进行必要的筛选、提炼、对比、分类、组合，以便进行风险评估。

表5-16　　收集风险管理初始信息

	收集初始信息
战略风险	1）国内外企业战略风险失控导致企业蒙受损失的案例 2）国内外宏观经济政策以及经济运行情况、企业所属产业的状况、国家产业政策 3）科技进步、技术创新的有关内容 4）市场对该企业产品或服务的需求 5）与企业战略合作伙伴的关系，未来寻求战略合作伙伴的可能性 6）该企业主要客户、供应商及竞争对手的有关情况 7）与主要竞争对手相比，该企业的实力与差距 8）本企业发展战略和规划、投融资计划、年度经营目标、经营战略，以及编制这些战略、规划、计划、目标的有关依据 9）该企业对外投融资流程中曾发生或易发生错误的业务流程或环节
运营风险	1）产品结构、新产品研发 2）新市场开发、市场营销策略，包括产品或服务定价与销售渠道、市场营销环境状况等 3）企业组织效能、管理现状、企业文化，高、中层管理人员和重要业务流程中专业人员的知识结构、专业经验 4）期货等衍生产品业务中曾发生或易发生失误的流程和环节 5）质量、安全、环保、信息安全等管理中曾发生或易发生失误的业务流程或环节 6）因企业内、外部人员的道德风险致使企业遭受损失或业务控制系统失灵 7）给企业造成损失的自然灾害以及除上述有关情形之外的其他纯粹风险 8）对现有业务流程和信息系统操作运行情况的监管、运行评价及持续改进评价 9）企业风险管理的现状和能力
财务风险	财务指标相关，例如：负债、负债率、偿债能力、现金流、盈利能力等
法律风险	关键字：法律、合同、协议、道德操守、知识产权

✓只考过一个选择题，属于冷门知识点，建议通读，一般考查为了分析某一风险，需要同学们选择收集的初始信息有哪些，即同学们能判断某个搜集的信息对应分析什么风险即可。

结合本章第一节"运营风险"相关内容理解，不用记忆。

二、进行风险评估

✓该知识点是后续知识点的基础，一般不单独考查，建议理解即可。

风险评估包括风险辨识、风险分析、风险评价三个步骤，见表5-17。

表5-17 风险评估

风险辨识	含义	查找企业各业务单元、各项重要经营活动及其重要业务流程中有无风险，有哪些风险 翻译：有没有，有哪些。
	手段	定性+定量，具体内容见本章第五节
风险分析	含义	对辨识出的风险及其特征进行明确的定义描述，分析和描述风险发生可能性的高低、风险发生的条件 翻译：概率为多少。
	分析内容	包括风险之间的关系分析，以便于对风险进行统一管理
风险评价	含义	评估风险对企业实现目标的影响程度、风险的价值等 翻译：影响有多大。
	评估多项风险	风险评估系图法（详见本章第五节） 对风险发生可能性的高低和对目标的影响程度进行评估，绘制风险坐标图，对各项风险进行比较，初步确定对各项风险管理的优先顺序和策略 → 翻译：对于发生概率大、影响大的风险，应优先处理。

【提示】 ✓粗略了解即可，属于冷门考点。

风险评估应由企业组织有关职能部门和业务单位实施，也可聘请有资质、信誉好、风险管理专业能力强的中介机构协助实施。 翻译：可以自己做，也可以让第三方来。

企业应对风险管理信息实行动态管理，定期或不定期实施风险辨识、分析、评价，以便对新的风险和原有风险的变化进行重新评估。 翻译：动态过程。

三、制定风险管理策略

风险管理策略的定义：企业根据自身条件和外部环境，围绕企业发展战略，确定风险偏好、风险承受度、风险管理有效性标准，选择风险承担、风险规避、风险转移、风险转换、风险对冲、风险补偿、风险控制等适合的风险管理工具，并确定风险管理所需人力和财力资源的配置原则的总体策略。

✓ 定义图解（如图5-2所示）

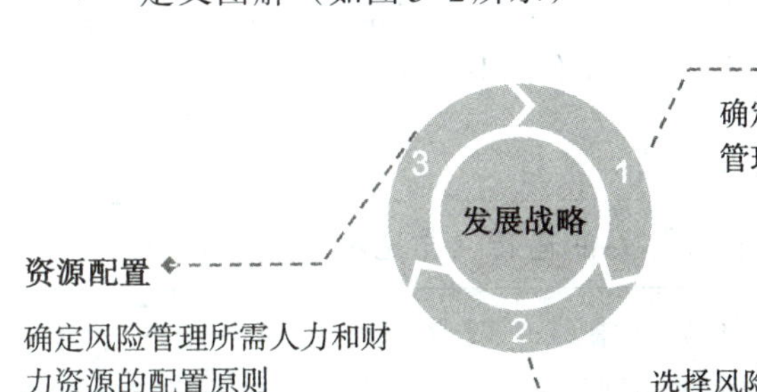

✓选择题从未考过，类比战略管理循环（战略分析、战略选择、战略实施）理解。

图5-2 定义图解

✔ 注意事项（见表5-18）

表5-18　**注意事项**

制定风险管理策略	根据风险的不同类型选择适宜的风险管理策略
风险偏好和风险承受度	企业应根据不同业务特点统一确定风险偏好和风险承受度
	确定风险偏好和风险承受度，要正确认识和把握风险与收益的平衡，防止和纠正两种错误倾向： a. 忽视风险，片面追求收益而不讲条件、范围，认为风险越大、收益越高　翻译：太激进。 b. 单纯为规避风险而放弃发展机遇　翻译：太保守。
优选顺序的确定	根据风险评估系图法确认风险管理的优选顺序，明确风险管理成本的资金预算和控制风险的组织体系、人力资源、应对措施等总体安排
修订和完善	对于已经制定和实施的风险管理策略，企业应定期总结和分析已制定的风险管理策略的有效性和合理性，结合实际不断修订和完善

✔选择题冷门考点，一般考查知识点的直接还原，建议适当关注。

联系风险管理的特征：二重性进行理解。

✔本章第五节还会讲解，主要思路：对于发生概率高、影响大的风险，应优先处理。

四、提出和实施风险管理解决方案

✔属于较冷门的选择题考点，一般考查知识点直接还原，建议了解即可。

（一）风险管理解决方案的两种类型（见表5-19）

表5-19　**风险管理解决方案的两种类型**

概述	企业应根据风险管理策略，针对各类风险或每一项重大风险制订风险管理解决方案	
含义	风险管理解决方案一般应包括风险解决的具体目标，所需的组织领导，所涉及的管理及业务流程，所需的条件、手段等资源，风险事件发生前、中、后所采取的具体应对措施以及风险管理工具（如关键风险指标管理、损失事件管理等）	
类型	外部解决方案	一般指外包
	内部解决方案	风险管理体系的运转（详见本章第四节）
		在具体实施中，一般是以下几种手段的综合应用：风险管理策略；组织职能；内部控制（简称内控），包括政策、制度、程序；信息系统，包括报告体系；风险理财措施

✔属于较冷门的选择题考点，描述过于绝对，适当关注。

（二）关键风险指标管理（见表5-20）✓从未考过，建议通读，一般考查知识点的直接还原。

表5-20　　**关键风险指标管理**

含义	对引起风险事件发生的关键成因指标进行管理的方法
特征	关键风险指标管理可以管理单项风险的多个关键成因，也可以管理影响企业主要目标的多个主要风险
实施步骤	1）分析风险成因，从中找出关键成因 2）将关键成因量化，确定其度量，分析确定导致风险事件发生（或极有可能发生）时该成因的具体数值 3）以该具体数值为基础，以发出风险信息为目的，加上或减去一定数值后形成新的数值，该数值即为关键风险指标 4）建立风险预警系统，即当关键成因数值达到关键风险指标时，发出风险预警信息 5）制定出现风险预警信息时应采取的风险控制措施 6）跟踪监测关键成因的变化，一旦出现预警，即实施风险控制措施
指标分解	对于关键风险指标的分解，要兼顾各职能部门和业务单位的诉求

（三）落实风险管理解决方案　✓选择题冷门考点，了解即可。

1.高度重视，要认识到风险管理是企业时刻不可放松的工作，是企业价值创造的根本源泉。

2.风险管理是企业全员的分内工作，没有风险的岗位是不创造价值的岗位，没有理由存在。

3.落实到组织，明确分工和责任，全员进行风险管理。

4.为确保工作的落实到位，要对风险管理解决方案的实施进行持续监控改进，并与绩效考核联系起来。

五、风险管理的监督与改进

✓从未考过，通读为主，有大致印象即可，少数地方需适当关注（会在后文标出）。

✓　风险管理的监督与改进概述（见表5-21）

表5-21　　**风险管理的监督与改进概述**

监督重点	重大风险、重大事件和重大决策、重要管理及业务流程
监督对象	风险管理初始信息、风险评估、风险管理策略、关键控制活动及风险管理解决方案的实施情况
对风险管理有效性的检验方法	压力测试、返回测试、穿行测试以及风险控制自我评估等方法

✓选择题较冷门考点，适当关注。

✓从未考过，适当关注。

✓ 根据变化情况和存在的缺陷及时加以改进（见表5-22）

表5-22　**根据变化情况和存在的缺陷及时加以改进**

部门		具体描述
企业各有关部门和业务单位	职能	定期（对风险管理工作进行）自查和检验，及时发现缺陷并改进
	检查、检验报告	应及时报送企业风险管理职能部门
企业风险管理职能部门	职能	定期（对各部门和业务单位的风险管理工作）对实施情况和有效性进行检查和检验 评估（风险管理策略）、评价（跨部门的风险管理解决方案）
	评价和建议报告	报送企业总经理或其委托分管风险管理工作的高级管理人员
企业内部审计部门	职能	1）频次：至少每年一次 2）对象：全部部门/业务单位&风险管理工作/效果 3）动作：监督评价
	评价报告	应直接报送董事会或董事会下设的风险管理委员会和审计委员会

企业可聘请有资质、信誉好、风险管理专业能力强的中介机构对企业全面风险管理工作进行评价，出具“风险管理评估和建议专项报告”。报告一般应包括以下几方面的实施情况、存在缺陷和改进建议：

✓从未考过，建议通读。

1.风险管理基本流程与风险管理策略；

2.企业重大风险、重大事件的重要管理，业务流程的风险管理及内部控制系统的建设；

3.风险管理组织体系与信息系统；

4.全面风险管理总体目标。

第四节　风险管理体系

◇ 风险管理策略

◇ 风险管理组织体系

◇ 内部控制系统

◇ 风险理财措施

◇ 风险管理信息系统

✓　风险管理体系概述（表5-23）　✓大致知道，多选题冷门考点。

表5-23　　**风险管理体系概述**

风险管理体系概述	
风险管理体系包括	1）风险管理策略
	2）风险理财措施
	3）风险管理的组织职能体系
	4）内部控制系统
	5）风险管理信息系统

一、风险管理策略

✓了解即可，选择题较冷门考点，一般以文字描述形式出现，考查知识点的直接还原。

（一）风险管理策略总体定位与作用（表5-24）

表5-24　　**风险管理策略总体定位与作用**

含义	企业根据自身条件和外部环境，围绕企业发展战略，确定风险偏好、风险承受度、风险管理有效性标准，选择适合的风险管理工具（7种，详见后文），并确定风险管理所需人力和财力资源的配置原则的总体策略
总体定位	1）风险管理策略是根据企业经营战略制定的全面风险管理的总体策略 2）风险管理策略在整个风险管理体系中起着统领全局的作用 3）风险管理策略在企业战略管理的过程中起着承上启下的作用，制定与企业战略保持一致的风险管理策略减少了企业出现战略错误的可能性
作用	1）为企业的总体战略服务，保证企业经营目标的实现 2）连接企业的整体经营战略和运营活动 3）指导企业的一切风险管理活动 4）分解为各领域的风险管理指导方针

（二）风险管理策略的组成部分　✓通读，多选题冷门考点。

1.风险偏好和风险承受度。明确公司要承担什么风险，承担多少。

2.风险管理的工具选择。明确怎样管理重大风险。

3.全面风险管理的资源配置。明确如何安排人力、财力、物资、外部资源等风险管理资源。

4.全面风险管理的有效性标准。明确怎样衡量风险管理工作成效。

（三）风险管理策略的工具（7种）

✓高频考点，几乎每年必考，十分重要！选择题一般以案例形式出现，需要考生判断，该案例的风险管理工具的使用是否正确。主观题一般以征求意见的形式提问，让考生直接默写几种风险管理工具的名称，并说明相关含义（近年来主观题考查相对较少）。建议掌握7种风险管理工具的名称（建议背诵），具体含义必须理解。

1.风险承担（风险保留、风险自留）（见表5-25） 翻译：自己扛。

表5-25 风险承担

含义	企业对所面临的风险采取接受的态度，从而承担风险带来的后果	
原因	未能辨识出的风险	企业只能采用风险承担
	辨识出的风险	1）缺乏能力进行主动管理，对这部分风险只能承担
		2）没有其他备选方案
		3）从成本效益考虑，这一方案是最适宜的方案
注意	对于企业的重大风险，即影响到企业目标实现的风险，企业一般不应采用风险承担	

✓关注风险承担的原因和注意事项，此处是选择题爱考的考点，一般考查知识点的直接还原。

2.风险规避（见表5-26）

表5-26 风险规避

含义	企业回避、停止或退出蕴含某一风险的商业活动或商业环境，避免成为风险的所有人 翻译：惹不起，躲得起。
处理形式	1）退出某一市场以避免激烈竞争 2）拒绝与信用不好的交易对手进行交易 3）外包某项对工人健康安全风险较高的工作 4）停止生产可能有客户安全隐患的产品 5）禁止各业务单位在金融市场进行投机 6）不准员工访问某些网站或下载某些内容 ✓选择题爱考的考点。

理解：自己不干，属于选择题爱考的考点，注意理解。

✓考查方式：通常以小案例的形式出现，让考生判断案例描述中有无涉及风险规避。因此，该知识点要求理解，应知道有这些情况，能做小案例分析。

3.风险转移（见表5-27） 本质特征：所有权发生转移。

表5-27 风险转移

含义	企业通过合同将风险转移到第三方，企业对转移后的风险不再拥有所有权
特征	转移风险不会降低其可能的严重程度，只是从一方移除后转移到另一方
处理形式	1）保险 保险属于风险转移，非常重要，为选择题高频考点。 2）非保险型的风险转移：将风险可能导致的财务风险损失负担转移给非保险机构（例如，服务保证书等） 3）风险证券化：通过证券化保险风险构造的保险连接型证券（ILS）。这种债券的利息支付和本金偿还取决于某个风险事件的发生或严重程度

✓选择题从未出现过，属于冷门考点，大致知道有这么回事即可。

4. 风险转换（见表 5-28）

例：放宽交易客户信用标准，扩大了销售但增加了应收账款回收的风险，体现企业通过战略调整，将产品滞销风险转化为客户信用风险。

表 5-28　**风险转换**

含义	企业通过战略调整等手段将企业面临的风险转换成另一个风险
特征	一般不会直接降低企业总的风险，其简单形式就是在降低某一风险的同时，增加另一风险
处理形式	战略调整和衍生产品等
注意	企业可以通过风险转换在两个或多个风险之间进行调整，以达到最佳效果 风险转换可以在低成本或者无成本的情况下达到目的

5. 风险对冲（见表 5-29）

额外增加了新的风险

表 5-29　**风险对冲**

含义	采取各种手段，引入多个风险因素或承担多个风险，使得这些风险能够互相对冲（互相抵销） 含义理解：不把鸡蛋放在一个篮子里。
处理形式	资产组合使用；多种外币结算的使用；战略上的多元化经营；套期保值；不同行业的经济周期风险对冲等
注意	风险对冲必须涉及风险组合，而不是针对单一风险，对于单一风险，只能进行风险规避、风险控制

套期保值属于风险对冲，属于选择题高频考点，十分重要。

6. 风险补偿（见表 5-30）

表 5-30　**风险补偿**

含义	企业对风险可能造成的损失采取适当的措施进行补偿
处理形式	补偿的形式有财务补偿、人力补偿、物资补偿等 财务补偿：损失融资，包括企业自身的风险准备金或应急资本等
注意	风险补偿表现在企业主动承担风险，并采取措施以补偿可能的损失

损失融资、风险准备金、应急资本都属于风险补偿的范围，此处为选择题高频考点。

7. 风险控制（见表 5-31）

表 5-31　**风险控制**

含义	控制风险事件发生的动因、环境、条件等，以达到减轻风险事件发生时的损失或降低风险事件发生概率的目的	
处理形式	降低风险事件发生的概率	例如：加油站禁止吸烟
	控制风险事件发生后的影响	例如：设立质量检查防止次品出厂等
注意	风险控制对象一般是可控风险，包括多数运营风险，如质量、安全和环境风险，以及法律风险中的合规性风险	

✔了解风险控制的两种方式，属于选择题较爱考的考点。

✔适当关注，属于选择题较冷门的出题选项，通常考查知识点的直接还原。

✓每年必考，必须理解，非常重要。总结表格是解决风险管理工具相关案例分析题的核心。

【总结】（见表5-32）

表5-32　**总结**

风险管理策略的工具	关键字归纳
风险承担	自己承担
风险规避	回避风险
风险转移	转移给他人
风险转换	一种风险转换为其他风险
风险对冲	风险与风险互相抵消
风险补偿	补偿风险带来的损失
风险控制	降低发生概率或产生的损失

✓ **【提示】**：根据不同的风险类型选择适宜的风险管理策略（见表5-33）✓选择题冷门考点，建议适当了解。

表5-33　**提示**

风险类型	风险管理策略
战略、财务、运营、政治、法律	风险承担、风险规避、风险转移、风险控制
能通过保险、期货、对冲等金融手段进行理财的风险	风险转移、风险对冲、风险补偿

（四）确定风险偏好和风险承受度（见表5-34）

表5-34　**确定风险偏好和风险承受度**

✓多选题冷门考点，一般考查知识点的直接还原，大致知道即可。

✓高频考点，可以结合风险管理组织体系或内部控制相关内容考查选择题，一般以文字形式的选择题出现，考查知识点的直接还原。

确定企业整体风险偏好的考虑因素	风险个体	对每一个风险都可以确定风险偏好和风险承受度
	相互关系	既要考虑同一个风险在各个业务单位或子公司之间的分配，又要考虑不同风险之间的关系
	整体形状	一个企业的整体风险偏好和风险承受度基于针对每一个风险的风险偏好和风险承受度
	行业因素	同一风险在不同行业风险偏好不同
补充说明	风险偏好和风险承受度是针对公司的重大风险制定的，对企业的非重大风险的风险偏好和风险承受度不一定要十分明确，甚至可以先不提出	
	重大风险的风险偏好是企业的重大决策，应由董事会决定	

（五）风险度量

1.风险度量概述（表5-35）✓选择题冷门考点，建议适当了解。

表5-35　**风险度量概述**

关键在于量化	风险偏好可以定性，风险承受度一定要定量 ✓选择题爱考，通常是一个选项。
风险度量+模型	企业应该采取统一的风险度量模型，对所采取的风险度量方法取得共识；但不一定在整个企业使用唯一的风险度量方法，允许对不同的风险采取不同的度量方法
选择适当的度量	对不同种类的风险要使用不同的度量模型

2.风险度量方法（见表5-36）✓理解，近年来考查方式一般为哪些衡量方法与概率相关，哪些与概率无关，这也是近几年选择题的高频考点。

表5-36　**风险度量方法**

风险度量方法		**详细描述**
概率统计方法	最大可能损失	风险事件发生后可能造成的最大损失 结论：最大可能损失与概率无关。
	概率值	损失发生的概率或可能性
	期望值	概率加权平均值。常用：统计期望值、效用期望值
	波动性	波动性（方差或均方差） 结论：在险值（VAR）与概率相关。
	在险值（VAR）	含义：在正常的市场条件下，在给定的时间段中，给定的置信区间内，预期可能发生的最大损失 特点：通用、直观、灵活 局限性：适用的风险范围小，对数据要求严格，计算困难，对肥尾效应无能为力
直观方法		专家意见、次分析法（AHP）等；通常，会综合使用统计和直观的方法

✓知道有这些方法，熟悉名称，为选择题爱考的考点。

✓选择题较冷门考点，大致知道，有印象即可。

✓考情分析：只在选择题中作为迷惑项出现过一次，通读即可。

3.风险量化的困难（见表5-37）✓从未考过，通读，了解大标题。

表5-37　**风险量化的困难**

风险量化的困难	**补充说明**
1）方法误差	企业情况很复杂，致使建立的风险度量不能够准确反映企业的实际情况
2）数据	很多情况下，企业的有关风险数据不足、质量不好
3）信息系统	企业的信息传递不够理想，导致需要的信息未能及时到达
4）整合管理	由于数据和管理水平的限制，因而不能与现存的管理连接，有效应用结果

（二）风险管理委员会（见表5-41）

表5-41　**风险管理委员会**

风险管理委员会		有条件的企业，董事会可下设风险管理委员会。风险管理委员会对董事会负责
人员要求	召集人	召集人应由不兼任总经理的董事长担任；董事长兼任总经理的，召集人应由外部董事或独立董事担任
	成员	该委员会成员中需有熟悉企业重要管理及业务流程的董事，以及具备风险管理监管知识或经验、具有一定法律知识的董事
职责		1）提交全面风险管理年度报告 2）审议风险管理策略和重大风险管理解决方案 3）审议重大决策、重大风险、重大事件和重要业务流程的判断标准或判断机制，以及重大决策的风险评估报告 4）审议内部审计部门提交的风险管理监督评价审计综合报告 5）审议风险管理组织机构设置及其职责方案 6）办理董事会授权的有关全面风险管理的其他事项

关键字总结：审议+提交全面风险管理年度工作报告，必须掌握，是选择题解题关键！

【提示】 ✓了解即可，为选择题冷门考点。

1.企业总经理对全面风险管理工作的有效性向董事会负责。

2.总经理或总经理委托的高级管理人员，负责主持全面风险管理的日常工作，负责组织拟订企业风险管理组织机构设置及其职责方案。

（三）风险管理职能部门（见表5-42）

表5-42　**风险管理职能部门**

风险管理职能部门	履行全面风险管理的职责，对总经理或其委托的高级管理人员负责
职责	1）研究提出全面风险管理工作报告 2）研究提出跨职能部门的重大决策、重大风险、重大事件和重要业务流程的判断标准或判断机制 3）研究提出跨职能部门的重大决策风险评估报告 4）研究提出风险管理策略和跨职能部门的重大风险管理解决方案，并负责该方案的组织实施和对该风险的日常监控 5）负责对全面风险管理有效性的评估，研究提出全面风险管理的改进方案 6）负责组织建立风险管理信息系统 7）负责组织协调全面风险管理日常工作 8）负责指导、监督有关职能部门、各业务单位以及全资、控股子企业开展全面风险管理工作 9）开展风险管理的其他有关工作

关键字总结：研究提出/负责，必须掌握，是选择题解题关键！

✓ 思路（组织结构）：董事会→风险管理委员会→风险管理职能部门，见表5-43。

表5-43 **思路（组织结构）**

职责	董事会	风险管理委员会	风险管理职能部门
全面风险管理年度工作报告	审议并向股东（大）会提交	提交	研究提出
风险管理总体目标、风险偏好、风险承受度	确定		
风险管理策略和重大风险管理解决方案	批准	审议	研究提出
企业面临的各项重大风险及其风险管理现状	了解和掌握，并做有效控制的决策		研究提出
重大决策、重大风险、重大事件和重要业务流程的判断标准或判断机制	批准	审议	研究提出
重大决策的风险评估报告	批准	审议	研究提出
风险管理监督评价审计报告（内审部门提交的）	批准	审议	
风险管理组织机构设置及其职责方案	批准	审议	
风险管理措施	批准		
企业风险管理文化的培育	督导		
对全面风险管理有效性的评估			负责
组织建立风险管理信息系统			负责
组织协调全面风险管理日常工作			负责

✓【总结】本表格建议在冲刺阶段进行突击背诵，防止考查主观题。

由总经理或总经理委托的高级管理人员负责（较冷门考点）。

（四）审计委员会（详见第六章）（见表5-44）

✓知道即可，该知识点一般不单独考查，会在第六章内部控制组织结构中做详细说明。

表5-44 **审计委员会**

审计委员会与内部审计部门	
组织结构	董事会→审计委员会→内部审计部门
内部审计部门	对审计委员会负责
职能	在风险管理方面，主要负责研究提出全面风险管理监督评价体系，制定监督评价相关制度，开展监督与评价，出具监督评价审计报告

（五）企业其他职能部门及各业务单位

企业其他职能部门及各业务单位在全面风险管理工作中，应接受风险管理职能部门和内部审计部门的组织、协调、指导和监督。

（六）下属公司 ✓了解标题，通读内容即可。

企业应通过法定程序，指导和监督其全资、控股子企业建立与企业相适应或符合全资、控股子企业自身特点、能有效发挥作用的风险管理组织体系。

三、内部控制系统

✓通读，此部分会在第六章全面展开，此处并不重要。

内部控制系统，指围绕风险管理策略目标，针对企业战略、规划、产品研发、投融资、市场运营、财务、内部审计、法律事务、人力资源、采购、加工制造、销售、物流、质量、安全生产、环境保护等各项业务管理及其重要业务流程，通过执行风险管理基本流程，制定并执行的规章制度、程序和措施。

四、风险理财措施

> ✓考情分析：本部分是选择题考查的重点、难点，也是每年必考的知识点。一般的考查形式为知识点的直接还原，即便以案例分析形式出现，案例描述中也会出现知识点原文。备考指导：要求理解。

风险管理体系中的一个重要部分是风险理财措施。在这里，先介绍风险理财的基本概念。

（一）风险理财的一般概念

1.风险理财概述（见表5-45）

因此，是前文的七种风险管理工具在金融手段上的体现。

表5-45 风险理财概述

含义	风险理财是用金融手段管理风险
包括	保险（风险转移）、套期保值（风险对冲）、应急资本等（风险补偿）
必要性	风险理财是全面风险管理的重要组成部分 • 对于可控的风险，所有的风险控制措施，除了规避风险在特定范畴内完全有效外，其余均无法保证不会发生 • 风险理财可以针对不可控的风险 ⟶ ✓高频考点，必须掌握。
特点	1）风险理财的手段既不改变风险事件发生的可能性，也不改变风险事件可能引起的直接损失程度 2）量化的标准较高：风险理财需要判断风险的定价，不仅需要掌握风险事件的可能性和损失的分布，更需要量化风险本身的价值 3）应用范围：一般不包括声誉等难以衡量其价值的风险，也难以消除战略失误造成的损失 4）风险理财手段：技术强，许多风险理财工具本身有着比较复杂的风险特性，使用不当容易造成重大损失

✓选择题的重灾区，一般以文字描述形式出现，考查知识点的直接还原。

2.风险理财与公司理财

风险理财过去被认为是公司财务管理的一部分，现在则认为其在很多情况下超出了公司财务管理的范畴。具体表现在：

（1）风险理财注重风险因素对现金流的影响；

（2）风险理财影响公司资本结构，注意以最低成本获得现金流；

（3）风险理财成为公司战略的有机组成部分，其风险经营的结果直接影响公司整体价值的提升。

✔选择题高频考点，考查方式：知识点的直接还原。

3.风险理财创造价值（见表5-46）

✔选择题爱考的考点，要求能区分两者之间的区别。核心思路：现代观念→风险具有二重性→创造价值。

表5-46　　风险理财创造价值

项目	传统的风险理财	风险理财
特征	是损失理财，即为可能发生的损失融资，补偿风险造成的财务损失，例如买保险	与损失理财相反，公司可能通过使用金融工具来承担额外的风险
目的	降低公司承担的风险	改善公司的财务状况，创造价值

【结论】风险理财对机会的利用是整个经营战略的有机组成部分和重要战略举措。

（二）风险理财的策略与方案　✔选择题冷门知识点，有印象即可。

前面已经提到风险管理策略的七大工具：风险承担、风险规避、风险转移、风险转换、风险对冲、风险补偿、风险控制。风险理财是运用金融手段来实施这些策略的。

1.选择风险理财策略的原则和要求

（1）与公司整体风险管理策略一致。

（2）与公司所面对风险的性质相匹配。

（3）选择风险理财工具的要求。企业在选择这些风险理财工具时，要考虑如下几点：合规的要求；可操作性；包括法律法规环境；企业的熟悉程度；风险理财工具的风险特征；不同风险理财手段可能适用同一风险。

（4）成本与收益的平衡。

2.对金融衍生产品的选择

企业在选择风险理财的策略与方案时，涉及对金融衍生产品的选择。

（1）金融衍生产品的概念

金融衍生产品是其价值决定于一种或多种基础资产或指数的金融合约。

（2）金融衍生产品的类型（见表5-47）

✔**考情分析：**本知识点与金融从业中证券从业、基金从业相关知识重合，在CPA战略考试中从未考查，建议略作了解，以备万一。其中，期货和期权相关定义是后续知识点“套期保值”理解的基础，需要理解相关定义。

表 5-47　**金融衍生产品的类型**

类型		内容
远期合约		远期合约指合约双方同意在未来日期按照固定价格交换金融资产的合约（指明买卖的商品或金融工具种类、价格及交割结算的日期）
	市场状况	如果即期价格低于远期价格，市场状况被描述为正向市场或溢价
		如果即期价格高于远期价格，市场状况被描述为反向市场或差价
互换交易		主要指对相同货币的债务和不同货币的债务通过金融中介进行互换的一种行为
期货		期货是指在约定的某个日期按约定的条件（包括价格、交割地点、交割方式）买入或卖出一定数量的某种资产。期货可以分为：商品期货&金融期货
		期货合约是期货交易的买卖对象或标的物，是由期货交易所统一制定的，规定了某一特定的时间和地点交割一定数量和质量商品的标准化合约
期权		期权是在规定的一段时间内，可以以规定的价格购买或者出卖某种规定的资产的权利
		期权合约是指以金融衍生产品作为行权品种的交易合约。指在特定时间内以特定价格买卖一定数量交易品种的权利
	买方期权	指赋予期权持有人在期权有效期内按履约价格买进（但不负有必须买进的义务）规定资产的权利
	卖方期权	指期权持有人在期权有效期内按履约价格卖出（但不负有必须卖出的责任）规定资产的权利

提示：期货合约与远期合约的区别。选择题从未考过。

	远期合约	期货合约
合约是否标准化	否	是
交易地点	场外交易	场内交易

两种期权类型含义，是理解后续知识点“期权套期保值”（较高频考点）的基础，也是考查“期权套期保值”知识点可能出现的专有名词，需要适当关注。

【提示】美式期权与欧式期权的辨析（从未考过的选择题考点）

✓美式期权：在到期日之前的任何时间以及到期日都能执行

✓欧式期权：只能在到期日执行

（3）运用衍生产品进行风险管理的主要思路

①增加自己愿意承担的风险；

②消除或降低自己不愿承担的风险；

③转换不同的风险。

✓了解即可，该知识点可考查多选题，考查方式一般为知识点的直接还原，属于较冷门考点。

（4）衍生产品的特点（见表 5-48）

✓通读有印象即可，属于冷门考点，一般考查知识点的直接还原。相比于优点，缺点部分考查概率较大（可联系“风险类型”知识点（每年必考）一起考查：衍生产品业务中发生失误带来的风险为运营风险）。

表 5-48　**衍生产品的特点**

优点	准确性；时效；使用方便；成本优势；灵活性；对于管理金融市场等市场风险有不可替代的作用
缺点	衍生产品的杠杆作用很大，因而风险很大，如用来投机可能会造成巨大损失

（5）运用衍生产品进行风险管理需满足的条件 ✓从未考过，建议通读，以防考选择题。

①满足合规要求；

②与公司的业务和发展战略保持一致；

③建立完善的内部控制措施，包括授权、计划、报告、监督、决策等流程和规范；

④采用能够准确反映风险状况的风险计量方法，明确头寸、损失、风险限额；

⑤完善的信息沟通机制，保证头寸、损失、风险敞口的报告及时可靠；

⑥合格的操作人员。

（三）损失事件管理（见表5-49）

✓考试题型：近年来每年必考的考点，该知识点可以考查主观题和客观题。近年来，选择题一般是案例形式，案例阐述了损失事件管理方法含义的原文描述，要求考生判断该管理方法的名称。主观题一般是案例描述，问该案例中涉及了哪种或哪几种损失事件管理方法，然后要求考生联系案例做分析。备考建议：建议全面掌握（需要背诵）5种损失事件管理方法的名称，并理解各自的含义。

表5-49　**损失事件管理**

损失事件管理概述	
含义	可能给企业造成重大损失的风险事件的事前、事后管理的方法
损失的内容	包括企业的资金、声誉、技术、品牌、人才等
损失事件管理的方法	1）损失融资；2）风险资本；3）应急资本；4）保险；5）专业自保

1.损失融资（表5-50） ✓选择题较高频考点，一般以知识点直接还原的形式考查，建议理解为主，无须记忆。

表5-50　**损失融资**

含义	为风险事件造成的财物损失融资，是从风险理财的角度进行损失事件的事后管理，是损失事件管理中最有共性，也是最重要的部分		
企业损失的分类	预期损失	预期损失融资	一般作为运营资本的一部分
	非预期损失	非预期损失融资	属于风险资本的范畴

2.风险资本（见表5-51）

✓高频选择题选项！必须掌握。

表5-51　　**风险资本**

此处是难点，但并不是十分重要的知识点，近三年仅考查一次。考试主要以选择题形式考查简单计算，需要考生：
● 已知风险资本，判断生存概率的大小；
● 已知生存概率，判断需准备的风险资本的金额。
联系图示理解此处举例：使用7.5-5=2.5（风险资本）；1-5%=95%（生存概率）。若风险资本高于2.5，则该公司生存概率大于95%。验算方法：一般而言，生存概率会较高。

含义	除经营所需的资本之外，公司还需要额外的资本用于补偿风险造成的财务损失
	传统的风险资本表现形式是风险准备金
	风险资本是使一家公司破产的概率低于某一给定水平所需的资金，因此取决于公司的风险偏好
简单计算	例如，一家公司每年最低运营资本是5亿元，但是有5%的可能性需要7.5亿元维持运营，有1%的可能性需要10亿元才能维持运营。换句话说，如果风险资本为2.5亿元，那么这家公司的生存概率就是95%，而5亿元的风险资本对应的则是99%的生存概率 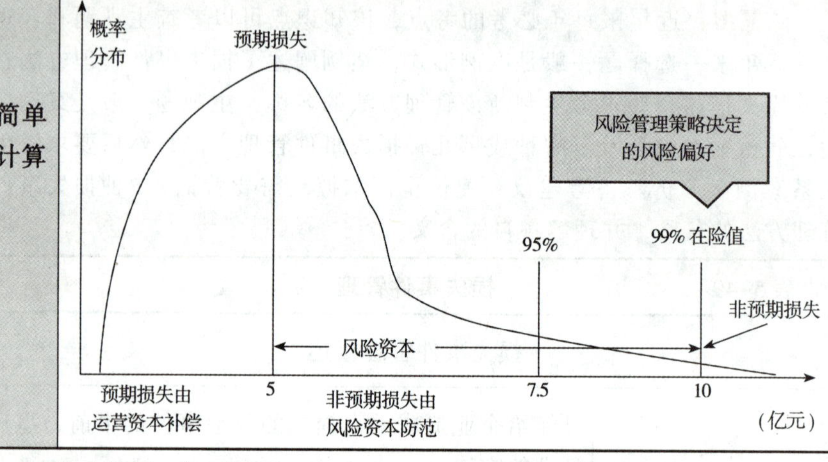

3.应急资本（见表5-52）

表5-52　　**应急资本**

✓此处是易错点，考试一般以原文考查为主，且容易与损失融资放在一起出混淆项，该知识点是解题的关键，较为重要。

含义	是一个金融合约，规定在某一个时间段内、某个特定事件发生的情况下公司有权从应急资本提供方处募集股本或贷款（或资产负债表上的其他实收资本项目），并为此按时间向资本提供方缴纳权力费，这里特定事件称为触发事件
简单形式	公司为满足特定条件下的经营需要而从银行获得的信贷额度，一般通过与银行签订协议加以明确，比如信用证、循环信用工具等
特点	1）应急资本的提供方并不承担特定事件发生的风险，而只是在事件发生并造成损失后提供用于弥补损失、持续经营的资金。事后公司要向资本提供者归还这部分资金，并支付相应的利息
	2）应急资本是一个综合运用保险和资本市场技术设计和定价的产品，是企业风险补偿策略的一种方式 ✓必须掌握，选择题高频选项。
	3）应急资本是一个在一定条件下的融资选择权，公司可以不使用这个权利
	4）应急资本可以提供经营持续性的保证

4.保险（见表5-53）

表5-53　**保险**

含义	保险合同规定保险公司为预定的损失支付补偿（也就是为损失进行融资），作为交换，在合同开始时，购买保险合同的一方要向保险公司支付保险费
特征	风险转移
提示	可保风险是纯粹风险，机会风险不可保

✓需关注，常考考点，考查方式一般为知识点的直接还原。

5.专业自保（见表5-54）

✓属于冷门考点，至今为止还未考过。建议在通读的基础上，稍作理解即可。

表5-54　**专业自保**

含义	专业自保公司又称专属保险公司，是非保险公司的附属机构，为母公司提供保险，并由其母公司筹集保险费，建立损失储备金。几乎所有的大跨国公司都有专业自保公司
特点	专业自保公司由被保险人所有和控制，要承保其母公司的风险，但可以通过租借的方式承保其他公司的保险，不在保险市场上开展业务

（四）套期保值

✓需掌握，该知识点为选择题重灾区，属于高频考点，考查方式一般为文字描述，需要考生判断该描述是否正确。解题的思路为：套期保值是为了降低风险，而投机与套期保值相反。

1.套期保值与投机（见表5-55）

表5-55　**套期保值与投机**

	套期保值	**投机**
含义	为冲抵风险而买卖相应的衍生产品的行为	与套期保值相反的便是投机行为
目的	降低风险	承担额外的风险以盈利
结果	降低了风险	增加了风险

2.期货套期保值

（1）期货价格与现货价格（表5-56）

✓需知道，较冷门的选择题考点，一般以文字描述进行考查，需要考生判断题目描述得是否正确。

表5-56　**期货价格与现货价格**

相关概念		**详细说明**
期货价格与现货价格		绝大多数期货合约不会在到期日用标的物兑现。期货价格表现的是市场对标的物的远期预期价格
基差	**含义**	标的物的现货价格与所用合约的期货价格之差
	数值	基差在期货合约到期日为零，在此之前可正可负
	趋势	一般而言，离到期日越近，基差就越小

期货套期保值

（2）期货套期保值（期货对冲）（见表5-57）

> ✓该知识点是难点，也是选择题爱考的考点。考试考查该知识点通常有两种方式：
> （1）使用案例告诉未来的现货市场的交易方向，考查如何进行套期保值；
> （2）告诉期货市场和现货市场的相关价格和交易数量，考查使用套期保值的组合收益的简单计算。
> 因此，以上内容必须在理解的基础上加以掌握。

套期保值解题步骤归纳：（1）找到案例中关于未来现货市场的交易方向（买入/卖出）→一般是已知条件；（2）在未来时点的期货市场上做与现货市场方向相反的动作（卖出/买入）→套期保值核心步骤；（3）为了期货市场在未来能平仓，现在时点，在期货市场上做与未来交易方向相反的动作（买入/卖出）。

表5-57 **期货套期保值（期货对冲）**

含义	为配合现货市场上的交易，而在期货市场上做与现货市场商品相同或相近但交易部位相反的买卖行为，以便将现货市场的价格波动的风险在期货市场上抵消	
原理	某一特定商品的期货价格和现货价格受相同的经济因素影响和制约	
方式	1）空头期货套期保值	如果某公司要在未来某时间出售资产，可以通过持有该资产期货合约的空头来对冲风险
	2）多头套期保值	如果要在未来某时买入某种资产，则可采用持有该资产期货合约的多头来对冲风险

①空头期货套期保值

【总结】套期保值的步骤（情形1：未来要现货，市场要卖出）（见表5-58）

> 已知：未来现货市场要卖出（步骤1）→未来时点需要在期货市场上做买入（方向与现货市场相反）（步骤2）→现在时点需要在期货市场上做卖出（步骤3）

表5-58 **总结**

项目	现在		未来	
	买入	卖出	买入	卖出
现货市场				①
期货市场		③	②	

【例子】（见表5-59）

表5-59　　例子

	现货市场	期货市场
7月	签订合同承诺在12月提供200吨铜给客户，因此购买现货铜200吨，每吨价格7 000美元	在期货交易所卖出12月到期的期铜200吨，每吨期铜价格7 150美元
12月	现货市场每吨铜的价格是6 800美元。按现货价格提交客户200吨铜	当月期铜价格接近现货价格，为每吨6 800美元。按此价格买进期铜200吨
结果	每吨亏损200美元	每吨盈利350美元

套期保值综合收益计算：（1）现货市场收益=交易数量×（单位卖出价-单位买入价）=200×（6 800-7 000）=-40 000（美元）；（2）期货市场收益=交易数量×（单位卖出价-单位买入价）=200×（7 150-6 800）=70 000（美元）；（3）套期保值综合收益=现货市场收益+期货市场收益=-40 000+70 000=30 000（美元）

✓小技巧：①期货市场收益总是与现货市场收益相反，即现货市场赚，则期货市场亏，反之亦然；②因此，即便有的同学搞不清楚期货市场买入价和卖出价，只要能根据生活常识正确计算出现货市场的收益，则根据收益相反原则，也可以将期货市场收益计算正确。

②多头套期保值

【总结】套期保值的步骤（情形2：未来要现货，市场要买入）（见表5-60）

已知：未来现货市场要买入（步骤1）→未来时点需要在期货市场上做卖出（方向与现货市场相反）（步骤2）→现在时点需要在期货市场上做买入（步骤3）。

表5-60　　总结

项目	现在		未来	
	买入	卖出	买入	卖出
现货市场			①	
期货市场	③			②

【例子】（见表5-61）

表5-61　　例子

	现货市场	期货市场
7月	签订合同承诺在12月购买1 000吨原油，此时，现货每吨价格380美元	在期货交易所买进12月到期的原油期货1 000吨，每吨价格393美元
12月	现货市场每吨原油价格是400美元。按现货价格购买1 000吨原油	当月原油期货价格接近现货价格，为每吨399美元，按此价格卖出原油期货1 000吨
结果	每吨亏损20美元	每吨盈利6美元

套期保值综合收益计算：

（1）现货市场收益=1 000×（380-400）=-20 000（美元）

（2）期货市场收益=交易数量×（单位卖出价-单位买入价）=1 000×（399-393）=6 000（美元）

（3）套期保值综合收益=现货市场收益+期货市场收益=-20 000+6 000=-14 000（美元）

【案例】巴林银行某员工使用期货市场进行投机，结果大量亏损，最终导致巴林银行倒闭，体现了期货投机会增加风险。

（3）期货投机的风险

期货投机，是指基于对市场价格走势的预期，为了盈利在期货市场上进行的买卖行为。由于远期市场价格的波动性，与套期保值相反，期货的投机会增加风险。

3.期权套期保值

✓考情分析：该知识点属于难点，但并不是考查的重点。期权套期保值思路与期货套期保值思路相同。计算组合收益也与期货套期保值类似，但期权市场收益还需要减去期权的持有成本。期权套期保值考试频率略低于期货套期保值，属于较冷门知识点。

（1）利用期权套期保值

期权作为对冲的工具可以起到与保险相似的作用。

例如：现持有某股票，价格为100美元，为了防止该股票价格下降造成损失，而购进在一定期间内、行权价格为100美元的卖方期权。假设成本为7.5美元。

✓ 期权套期保值组合的收益（如图5-3所示）

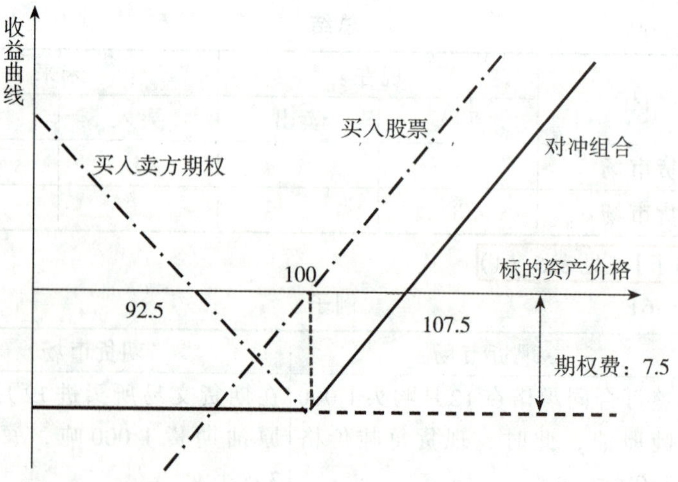

图5-3 期权套期保值组合收益图

（2）期权投机的风险

期权也可以作为投机的工具，但风险更大。

✓ 风险理财措施综述

（1）风险理财是全面风险管理的重要组成部分，在对许多风险的管理上，有着不可替代的地位和作用；

（2）风险理财形式多样，应用灵活，时效性强，具有许多其他手段不可比拟的优点；

（3）风险理财技术性强，需要专门的人才、知识、组织结构、程序和法律环境；

（4）风险理财手段的不当使用，包括策略错误和内控失灵，可能带来巨大的损失。因此，风险理财本身的风险管理尤为重要。

五、风险管理信息系统

✓通读，有大致印象即可，属于选择题冷门考点。若考查，一般以文字叙述的形式考查知识点的直接还原。

企业应将信息技术应用于风险管理的各项工作，建立涵盖风险管理基本流程和内部控制系统各环节的风险管理信息系统，包括信息的采集、存储、加工、分析、测试、传递、报告、披露等。

企业应采取措施确保向风险管理信息系统输入的业务数据和风险量化值的一致性、准确性、及时性、可用性和完整性。对输入信息系统的数据，未经批准，不得更改。见表5-62。

表5-62　　**风险管理信息系统**

风险管理信息系统的功能	1）能够进行对各种风险的计量和定量分析、定量测试 2）能够实时反映风险矩阵和排序频谱、重大风险和重要业务流程的监控状态 3）能够对超过风险预警上限的重大风险实施信息报警 4）能够满足风险管理内部信息报告制度和企业对外信息披露管理制度的要求 5）应实现信息在各职能部门、业务单位之间的集成与共享，既能满足单项业务风险管理的要求，也能满足企业整体和跨职能部门、业务单位的风险管理综合要求	
注意	企业应确保风险管理信息系统的稳定运行和安全，并根据实际需要不断进行改进、完善或更新	
情况	已建立或基本建立企业管理信息系统	应补充、调整、更新已有的管理流程，建立完善的风险管理信息系统
	尚未建立企业管理信息系统	应使风险管理与企业各项管理业务流程、管理软件统一规划、统一设计、统一实施、同步运行

第五节 风险管理技术与方法

◇ 头脑风暴法
◇ 德尔菲法（Delphi Method）
◇ 失效模式影响和危害度分析法（FMECA）
◇ 流程图分析法（Flow Charts Analysis）
◇ 马尔科夫分析法（Markov Analysis）
◇ 风险评估系图法
◇ 情景分析法
◇ 敏感性分析法
◇ 事件树分析法（Event Tree Analysis，ETA）
◇ 决策树法（Decision Tree）
◇ 统计推论法

✓本节主要介绍了11种风险管理技术与方法，如图5-4所示，一般以选择题的方式考查，属于高频出题点。考试一般考查某种方法的适用条件，需要考生判断该方法属于定性分析、定量分析，还是定性加定量分析。对于头脑风暴法和德尔菲法，选择题曾以知识点直接还原的方式考查过该方法的优缺点，需要考生能做判断。其中，划线的7种方法考试频率相对较高。

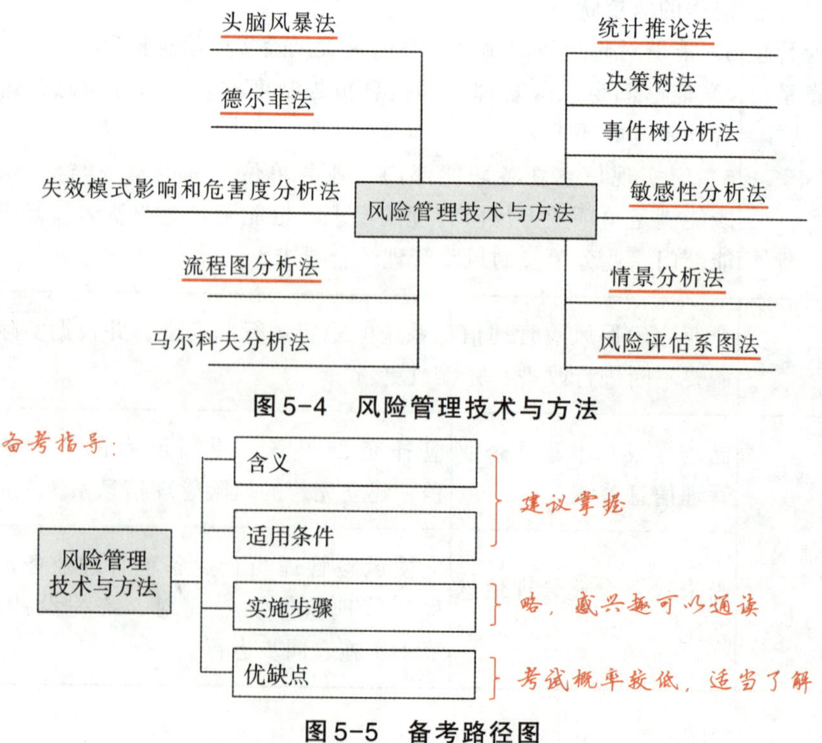

图5-4 风险管理技术与方法

图5-5 备考路径图

一、头脑风暴法（见表5-63）

✓该知识点属于近几年考试爱考的选择题考点，可以与德尔菲法的优缺点联系考查，建议抓关键字，有大致印象即可。

表5-63 头脑风暴法

含义	又称智力激励法、BS法、自由思考法，是刺激并鼓励一群知识渊博、知悉风险情况的人员畅所欲言、开展集体讨论的方法
适用范围	适用于充分发挥专家意见，在风险识别阶段进行定性分析
优点	1）激发了想象力，有助于发现新的风险和全新的解决方案 2）让主要的利益相关者参与其中，有助于进行全面沟通 3）速度较快并易于开展
局限性	1）参与者可能缺乏必要的技术及知识，无法提出有效的建议 2）由于头脑风暴法相对松散，因此较难保证过程的全面性 3）可能会出现特殊的小组状况，导致某些有重要观点的人保持沉默而其他人成为讨论的主角 4）实施成本较高，要求参与者有较好的素质，这些因素是否满足会影响头脑风暴法实施的效果

二、德尔菲法（见表5-64）

✓该知识点属于近几年考试爱考的选择题考点，常与头脑风暴法的优缺点联系考查，建议抓关键字，有大致印象即可。其中，重点关注主要缺点：过程复杂、耗时长。

表5-64 德尔菲法

含义	德尔菲法又名专家意见法，是在一组专家中取得可靠共识的程序，其基本特征是专家单独、匿名表达各自的观点，同时随着过程的推进，他们有机会了解其他专家的观点
适用范围	适用于在专家一致性意见基础上，在风险识别阶段进行定性分析
优点	1）由于观点是匿名的，因此更有可能表达出那些不受欢迎的看法 2）所有观点有相同的权重，避免重要人物占主导地位的问题 3）专家不必一次聚集在某个地方，比较方便 4）这种方法具有广泛的代表性
局限性	1）权威人士的意见影响他人的意见 2）有些专家碍于情面，不愿意发表与其他人不同的意见 3）出于自尊心而不愿意修改自己原来不全面的意见 4）德尔菲法的主要缺点是过程比较复杂、花费时间较长

✓该知识点属于冷门知识点，建议通读即可。但失效模式影响和危害度分析法属于定性加定量分析，是选择题常考的一个选项，需要掌握。

三、失效模式影响和危害度分析法（见表5-65）

表5-65　　失效模式影响和危害度分析法

含义	即失效模式影响及危害度分析法，是一种BOTTOM-UP（自下而上）分析方法，可用来分析、审查系统的潜在故障模式
适用范围	适用于对失效模式、影响及危害进行定性或定量分析，还可以对其他风险识别方法提供数据支持
优点	1）广泛适用于人力、设备和系统失效模式，以及硬件、软件和程序 2）识别组件失效模式及其原因和对系统的影响，同时用可读性较强的形式表现出来 3）通过在设计初期发现问题，从而避免了开支较大的设备改造 4）识别单点失效模式
局限性	1）只能识别单个失效模式，无法同时识别多个失效模式 2）除非得到充分控制并集中充分精力，否则研究工作既耗时又开支较大

✓该知识点属于较冷门知识点，建议略作了解。该方法的关键步骤是画出流程图，然后寻找每个步骤会出现哪些风险。因此，该方法属于定性分析，这是选择题常考的一个选项，需要掌握。

四、流程图分析法（见表5-66）

表5-66　　流程图分析法

含义	是对流程的每一阶段、每一环节逐一进行调查分析，从中发现潜在风险，找出导致风险发生的因素，分析风险产生后可能造成的损失以及对整个组织可能造成的不利影响
适用范围	对企业生产或经营中的风险及其成因进行定性分析
优点	流程图分析是识别风险最常用的方法之一 其主要优点：清晰明了，易于操作，且组织规模越大，流程越复杂，流程图分析法就越能体现出优越性。通过业务流程分析，可以更好地发现风险点，从而为防范风险提供支持
局限性	该方法的使用效果依赖于专业人员的水平

五、马尔科夫分析法（见表5-67）

✓该知识点属于冷门知识点，建议通读即可，需掌握此方法属于定量分析方法。

表5-67 马尔科夫分析法

含义	通常用于对那些存在多种状态（包括各种降级使用状态）的可维修复杂系统进行分析
适用范围	适用于对复杂系统中不确定性事件及其状态改变的定量分析
优点	能够计算出具有维修能力和多重降级状态的系统的概率
局限性	1）无论是故障还是维修，都假设状态变化的概率是固定的 2）所有事项在统计上具有独立性，因此未来的状态独立于过去的状态，除非两个状态紧密相接 3）需要了解状态变化的各种概率 4）有关矩阵运算的知识比较复杂，非专业人士很难看懂

六、风险评估系图法（见表5-68）

✓该方法在前面知识点提及多次，属于选择题爱考的知识点。该方法以风险发生的可能性（概率）和风险发生影响大小为两个维度：

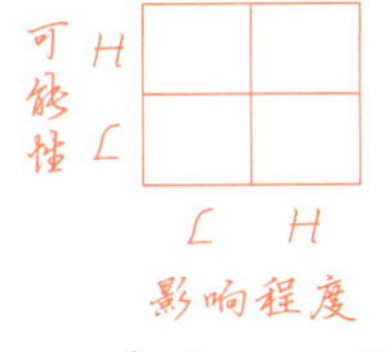

其中，双高的风险需要优先处理。

表5-68 风险评估系图法

含义	用以评估风险影响的常见的定性方法是制作风险评估系图。风险评估系图识别某一风险是否会对企业产生重大影响，并将此结论与风险发生的可能性联系起来，为确定企业风险的优先次序提供框架
适用范围	适用于对风险初步的定性分析
优点	风险评估系图法作为一种简单的定性方法，直观明了
局限性	如需要进一步探求风险原因，则显得过于简单，缺乏有效的经验证明和数据支持

七、情景分析法（表5-69）

✓该知识点属于较冷门知识点，建议略作了解。其中，必须掌握情景分析属于定性加定量分析（考试爱考）。

表5-69 情景分析法

含义	情景分析可用来预计威胁和机遇可能发生的方式，以及如何在各类长期及短期风险中识别威胁，把握机遇
适用范围	通过模拟不确定性情景，对企业面临的风险进行定性和定量分析
优点	对于未来变化不大的情况能够给出比较精确的模拟结果
局限性	1）在存在较大不确定性的情况下，有些情景可能不够现实 2）在运用情景分析时，主要的难点涉及数据的有效性以及分析师和决策者开发现实情境的能力，这些难点对结果的分析具有修正作用 3）如果将情景分析作为一种决策工具，其危险在于所用情景可能缺乏充分的基础，数据可能具有随机性，同时可能无法发现那些不切实际的结果

✓该知识点属于较冷门知识点，建议适当了解。其中，必须掌握敏感性分析法属于定量分析，知道显示方式为龙卷风图（考试爱考）。

八、敏感性分析法（见表5–70）

表5–70 敏感性分析法

含义	是针对潜在的风险性，当研究项目的各种不确定因素变化至一定幅度时，计算其主要经济指标变化率及敏感程度的一种方法
显示方式	敏感性分析最常用的显示方式是龙卷风图。龙卷风图有助于比较具有较高不确定性的变量与相对稳定的变量之间的相对重要程度
适用范围	适用于对项目不确定性对结果产生的影响进行的定量分析
优点	为决策者提供有价值的参考信息；可以清晰地为风险分析指明方向；可以帮助企业制订紧急预案
局限性	分析所需要的数据经常缺乏，无法提供可靠的参数变化情况分析时借助公式计算，没有考虑各种不确定因素在未来发生变动的概率，无法给出各参数的变化情况，因此其分析结果可能和实际相反

九、事件树分析法（见表5–71）

表5–71 事件树分析法

含义	事件树是一种表示初始事件发生之后互斥性后果的图解技术，其根据是为减轻其后果而设计的各种系统是否起作用，它可以定性地和定量地应用
适用范围	适用于对故障发生以后，在各种减轻事件严重性的因素下，对多种可能后果的定性和定量分析 ✓考试爱考，必须掌握。
优点	1）ETA以清晰的图形显示了经过分析的初始事项之后的潜在情景，以及缓解系统或功能成败产生的影响 2）它能说明时机、依赖性，以及故障树模型中很繁琐的多米诺效应 3）它生动地体现事件的顺序，而使用故障树是不可能表现的
局限性	1）为了将ETA作为综合评估的组成部分，一切潜在的初始事项都要进行识别，这可能需要使用其他分析方法（如危害及可操作研究法），但总是有可能错过一些重要的初始事项 2）事件树只分析了某个系统的成功及故障状况，很难将延迟成功或恢复事项纳入其中 3）任何路径都取决于路径上以前分支点处发生的事项，因此，要分析各可能路径上众多从属因素。然而，人们可能会忽视某些从属因素，如常见组件、应用系统以及操作员等。如果不认真处理这些从属因素，就会导致风险评估过于乐观

十、决策树法（见表5-72）

表5-72　　决策树法

含义	在不确定性情况下，以序列方式表示决策选择和结果
适用范围	适用于对不确定性投资方案期望收益的定量分析
优点	1）对于决策问题的细节，提供了一种清楚的图解说明 2）能够计算达到一种情形的最优路径
局限性	1）大的决策树可能过于复杂，不易与其他人交流 2）为了能够用树形图表示，可能有过于简化环境的倾向

十一、统计推论法（见表5-73）

表5-73　　统计推论法

含义	是进行项目风险评估和分析的一种十分有效的方法	
分类	前推	根据历史的经验和数据推断出未来事件发生的概率及后果
	后推	是在手头没有历史数据可供使用时所采用的一种方法。是把未知的想象的事件及后果与已知事件及后果联系起来，把未来风险事件归结到有数据可查的造成这一风险事件的初始事件上，从而对风险做出评估和分析
	旁推	利用类似项目的数据进行外推，用某一项目的历史记录对新的类似建设项目可能遇到的风险进行评估和分析
适用范围	适合于各种风险分析预测，是一种定量分析的方法 ✓考试爱考，必须掌握。	
优点	1）在数据充足、可靠的情况下简单易行 2）结果准确率高	
局限性	1）由于历史事件的前提和环境已发生了变化，不一定适用于现在或未来 2）没有考虑事件的因果关系，使外推结果可能产生较大偏差。为了修正这些偏差，有时必须在历史数据的处理中加入专家或集体的经验修正	

✓选择题高频考点，考查方式基本为案例描述，让选择一个风险管理的技术与方法，解题的关键通常是方法的性质（定性、定量、定性+定量）。

【总结】（见表5-74）

表5-74 总结

定性分析	头脑风暴法、德尔菲法、流程图分析法、风险评估系图法
定量分析	马尔科夫分析法、敏感性分析法、决策树法、统计推论法
定性和定量分析	失效模式影响和危害度分析法、情景分析法、事件树分析法

智能测评

扫码听分享	做题看反馈
亲爱的同学，学习本章的风险类型可以结合第二章的战略分析进行理解。本章容易混淆的内容包括风险类型的区分、风险管理策略的识别，相对较难理解的是风险管理体系的一些概念和理财措施以及风险管理的技术方法。另外，同学们需要注意理解内部控制和风险管理的异同。 扫一扫二维码，来听导师的分享吧。	学完马上测！ 请扫描上方的二维码进入本章测试，检测一下自己学习的效果。做完题目，还可以查看自己的个性化测试反馈报告。这样，在以后复习的时候就更有针对性、效率更高啦！

*本章导学

第六章　内部控制

✓本章在近3年考试中，平均分值为19分左右。

本章属于十分重要的章节。本章主要介绍了内部控制的要素应用评价与审计，其中，内部控制的应用部分属于考试重点“关照”的部分。

本章需重点掌握：（1）内部控制的3目标、5要素；（2）18项内部控制应用指引；（3）内部控制评价指引；（4）内部控制审计指引；（5）董事会、审计委员会和内部审计部门在内部控制中的作用。其中，18项内部控制应用指引、审计委员会在内部控制中的作用，容易考查主观题。

✓本章考试题型涉及客观题和简答题，常与第五章“风险与风险管理”、第三章“战略选择”相结合，考查跨章节的综合题。主观题方面，每年必考一个应用指引，这已经成了CPA战略考试的传统项目。

主要内容

第一节　内部控制概述

第二节　内部控制的要素

第三节　内部控制的应用

第四节　内部控制评价与审计

✓本章理论性内容极多，但基本考查知识点的直接还原，因此在灵活度上不会为难同学们。考试分值较大，背诵量也较大，在学习的过程中联系实际或之前学习过的知识点会对复习有所帮助。而且针对18项应用指引也有解题套路，因此，在备考过程中不要被这章的内容以及篇幅吓到。

第一节　内部控制概述

本知识点讲解视频

◇ COSO委员会关于内部控制的定义与框架

◇ 我国内部控制规范体系

✓选择题较冷门考点，一般以文字描述形式出现，考查知识点的直接还原。

一、COSO委员会关于内部控制的定义与框架（见表6-1）

表6-1　　COSO委员会关于内部控制的定义与框架

定义	公司的董事会、管理层及其他人士为实现以下目标（运营的效益和效率、财务报告的可靠性和遵循适用的法律法规）提供合理保证而实施的程序
特征	① 内部控制是一个实现目标的程序及方法，而其本身并非目标 ② 内部控制只提供合理保证，而非绝对保证 ③ 内部控制要由企业中各级人员实施与配合 翻译：全员参与
3目标	① 保证经营的效率和有效性（运营目标） ② 确保财务报告的可靠性（财务报告目标） ③ 遵循适用的法律法规（合规目标） ✓较冷门的多选题考点，考试爱把风险管理的目标与内部控制的目标联系考查（知识点直接还原），同学们要注意辨析（COSO的风险管理目标有战略目标，而内部控制没有，此处为易混淆知识点）。该知识点也是主观题（联系案例的直接默写）的冷门考点，由于背诵字数较少，建议掌握，性价比高。

✓从未单独考查过。若考查，一般会以选择题的选项形式出现，考查知识点的直接还原。建议理解即可。

理解：与战略的现代定义的特征类似，仅仅是手段、途径，而非终点和目标。

续表

5要素	控制环境	包括员工的正直、道德价值观和能力，管理当局的理念和经营风格，管理当局确立权威性和责任、组织和开发员工的方法等
	风险评估	为了达成组织目标而对相关的风险所进行的辨别与分析
	控制活动	为了确保实现管理当局的目标而采取的政策和程序，包括审批、授权、验证、确认、经营业绩的复核、资产的安全性等
	信息与沟通	为了保证员工履行职责而必须识别、获取的信息及其沟通
	监控	对内部控制实施质量的评价，主要包括经营过程中的持续监控，即日常管理和监督、员工履行职责的行动等，也包括个别评价，或者是两者的结合

5要素有时间的话，通读即可，本章第二节会详细展开，此处不是太重要。

二、我国内部控制规范体系

（一）《企业内部控制基本规范》（见表6-2）

表6-2　《企业内部控制基本规范》

内容与地位	规定内部控制的目标、要素、原则和总体要求，是内部控制的总体框架，在内部控制标准体系中起统领作用
3目标	①合理保证企业经营管理合法合规、资产安全、财务报告及相关信息真实完整 ②提高经营效率和效果 ③促进企业实现发展战略
5要素	①内部环境 ②风险评估 ③控制活动 ④信息与沟通 ⑤内部监督

类似COSO内部控制三目标的合规目标&财务报告目标。

类似COSO内部控制3目标的运营目标

战略目标，此处为易混淆知识点（我国内部控制的目标比COSO多了个战略目标），适当关注，至今还从未考过。若考查，一般考查知识点的直接还原。

【总结】我国内部控制规范体系与COSO委员会的框架的区别（见表6-3）

表6-3　**我国内部控制规范体系与COSO委员会的框架的区别**

	COSO	我国内部控制基本规范
3目标	① 保证经营的效率和有效性	① 提高经营效率和效果
	② 遵循适用的法律法规	② 合理保证企业经营管理合法合规、资产安全、财务报告及相关信息真实完整
	③ 确保财务报告的可靠性	③ 促进企业实现发展战略
5要素	控制环境	内部环境
	风险评估	风险评估
	控制活动	控制活动
	信息与沟通	信息与沟通
	监控	内部监督

✓辨析部分为选择题冷门考点。若考查，一般考查知识点的直接还原。

（二）《企业内部控制应用指引》（见表6-4）

该知识点会在本章第3节和第4节详尽展开，建议此处通读，建立一个大体框架即可，从未考过。

表6-4　**《企业内部控制应用指引》**

内容与地位	企业按照内部控制原则和内部控制“五要素”建立健全本企业内部控制所提供的指引，在配套指引乃至整个内部控制规范体系中占据主体地位 针对18项具体业务，提出了建议性的应用指引，为企业以及外部审核人建立与评价内控体系提供了参照标准

（三）《企业内部控制评价指引》和《企业内部控制审计指引》（见表6-5）

表6-5　**《企业内部控制评价指引》和《企业内部控制审计指引》**

概述	《企业内部控制评价指引》和《企业内部控制审计指引》是对企业按照内部控制原则和内部控制“五要素”建立健全本企业“事后控制”的指引，是对企业贯彻《基本规范》和《应用指引》效果的评价与检验
《评价指引》	为企业对内部控制的有效性进行全面评价、形成评价结论、出具评价报告提供指引
《审计指引》	为会计师事务所对特定基准日与财务报告相关的内部控制设计与执行有效性进行审计提供指引

第二节 内部控制的要素

本知识点讲解视频

◇ 控制环境
◇ 风险评估
◇ 控制活动
◇ 信息与沟通
◇ 监控

✓选择题高频考点，近年来几乎每年必考，一般以小案例的形式出现，需要考生判断案例所描述的属于5个要素中的哪一种或哪几种。主观题冷门考点，一般需要默写5要素的名称，并联系案例相关信息按5要素归类。

复习建议：掌握5要素的名称（背诵），在理解的基础上了解大致内容，能联系案例作分析即可。

一、控制环境

（一）COSO《内部控制框架》关于控制环境要素的要求与原则（见表6-6）

表6-6 COSO《内部控制框架》关于控制环境要素的要求与原则

含义	控制环境决定了企业的基调，直接影响企业员工的控制意识 控制环境提供了内部控制的基本规则和构架，是其他4要素的基础
具体内容	控制环境包括： ①员工的诚信度、职业道德和才能 ②管理哲学和经营风格 ③权责分配方法、人事政策 ④董事会的经营重点和目标等
原则	①企业对诚信和道德价值观做出承诺 ②董事会独立于管理层，对内部控制的制定及其绩效施以监控 ③管理层在董事会的监控下，建立目标实现过程中所涉及的组织架构、报告路径以及适当的权力和责任 ④企业致力于吸引、发展和留住优秀人才，以配合企业目标达成 人力资源 ⑤企业根据其目标，使员工各自担负起内部控制的相关责任

✓本知识点是解决案例形式选择题的关键，建议了解。

归纳：规范的公司治理结构。该处知识点在第五章风险管理组织结构中已经有所涉及。

职责分工

（二）我国《企业内部控制基本规范》关于内部环境要素的要求

1.组织结构相关要求

✓选择题较冷门考点，一般考查文字形式的选择题，考查知识点的直接还原。

【注意】由于第六章的特殊原因，教材仅仅将《企业内部控制基本规范》《企业内部控制应用指引》《企业内部控制评价指引》《企业内部控制审计指引》的表述做了简单的罗列，对于具体要求和条文的内在关联、逻辑并没有点出，使得考生在第六章的学习中感觉比较混乱。鉴于此，本知识点以及以后相关知识点都是从教材提炼关键字、梳理逻辑后精编而成，以表格形式呈现，帮助解决看不进去书，或者是感觉混乱的问题。建议以后续的表格为基础进行复习（可以替代教材）

组织结构的总体要求：企业应当根据国家有关法律法规和企业章程，建立规范的公司治理结构和议事规则，明确决策、执行、监督等方面的职责权限，形成科学有效的职责分工和制衡机制，见表6-7。

表6-7　　**组织结构的总体要求**

<table>
<tr><td rowspan="4">规范的公司治理结构</td><td>董事会</td><td colspan="2">负责内部控制的建立健全和有效实施</td></tr>
<tr><td>监事会</td><td colspan="2">对董事会建立与实施内部控制进行监督</td></tr>
<tr><td>经理层</td><td colspan="2">负责组织领导企业内部控制的日常运行</td></tr>
<tr><td colspan="3">企业应当成立专门机构或者指定适当的机构具体负责组织协调内部控制的建立实施及日常工作</td></tr>
<tr><td rowspan="3">审计委员会</td><td>组织结构</td><td colspan="2">企业应当在董事会下设立审计委员会</td></tr>
<tr><td>职责</td><td colspan="2">审计委员会负责审查企业内部控制，监督内部控制的有效实施和内部控制自我评价情况，协调内部控制审计及其他相关事宜等</td></tr>
<tr><td>负责人</td><td colspan="2">应当具备相应的独立性、良好的职业操守和专业胜任能力</td></tr>
<tr><td rowspan="2">内部机构</td><td colspan="3">企业应当结合业务特点和内部控制要求设置内部机构，明确职责权限，将权利与责任落实到各责任单位</td></tr>
<tr><td colspan="3">企业应当通过编制内部管理手册，使全体员工掌握内部机构设置、岗位职责、业务流程等情况，明确权责分配，正确行使职权</td></tr>
<tr><td rowspan="3">内部审计工作</td><td>总体要求</td><td colspan="2">应当加强内部审计工作，保证内部审计机构设置、人员配备和工作的独立性</td></tr>
<tr><td rowspan="2">缺陷报告</td><td>内部控制缺陷</td><td>内部审计机构应当按照企业内部审计工作程序进行报告</td></tr>
<tr><td>内部控制重大缺陷</td><td>内部审计机构有权直接向董事会及其审计委员会、监事会报告</td></tr>
</table>

此处知识点可以参照第五章风险管理组织结构的董事会、监事会、经理层的相关内容进行理解。

审计委员会的职责在本章第四节还会做详细阐述，本处不是太重要。

这是同学们第一次接触“重大”两个字，后续还会有更多关于“重大”问题怎么处理的问题。关于“重大”的问题，是考试爱考的考点，并且常常以知识点直接还原的形式考查，因此需要同学们掌握。核心思路：重大事项特殊处理。

2.人力资源相关要求（见表6-8）

表6-8　　**人力资源相关要求**

<table>
<tr><td rowspan="2">人力资源政策</td><td>要求</td><td>企业应当制定和实施有利于企业可持续发展的人力资源政策</td></tr>
<tr><td>具体内容</td><td>人力资源政策应当包括下列内容：
① 员工的聘用、培训、辞退与辞职
② 员工的薪酬、考核、晋升与奖惩
③ 关键岗位员工的强制休假制度和定期岗位轮换制度
④ 掌握国家秘密或重要商业秘密的员工离岗的限制性规定
⑤ 有关人力资源管理的其他政策</td></tr>
<tr><td rowspan="2">人力资源职责</td><td colspan="2">选拔 & 聘用标准：职业道德修养和专业胜任能力</td></tr>
<tr><td colspan="2">加强员工培训和继续教育，不断提升员工素质</td></tr>
</table>

2、3、4建议通读，做大致了解。属于选择题较冷门考点，若考查，最多以文字描述形式，即选择题的一个选项出现（一般都是知识点直接还原），考生们能通过选项提示判断对错即可。

3. 文化建设相关要求（见表6-9）

表6-9　**文化建设相关要求**

总体要求	企业应当加强文化建设，培育积极向上的价值观和社会责任感，倡导诚实守信、爱岗敬业、开拓创新和团队协作精神，树立现代管理理念，强化风险意识	
企业成员职责	董事、监事、经理及其他高级管理人员	应当在企业文化建设中发挥主导作用
	企业员工	应当遵守员工行为守则，认真履行岗位职责

4. 法制建设相关要求

企业应当加强法制教育，增强董事、监事、经理及其他高级管理人员和员工的法制观念，严格依法决策、依法办事、依法监督，建立健全法律顾问制度和重大法律纠纷案件备案制度。

本知识点讲解视频

二、风险评估

《内部控制——整合框架》风险评估的内容可以联系第五章风险管理的内容进行对照理解。这里的风险评估包括：风险识别、风险分析和风险应对，范围比第五章的宽。本知识点属于选择题冷门考点，考试一般以小案例的形式出现，要求考生判断案例描述的是否是内部控制五要素的风险识别。因此，建议同学们通读，大致了解即可应对考试。

（一）COSO《内部控制——整合框架》关于风险评估要素的要求与原则（见表6-10）

表6-10　**COSO《内部控制——整合框架》关于风险评估要素的要求与原则**

含义	之前内部相对提出过，风险评估的先决条件是已建立了各种目标，并联接到主体内不同的层级风险评估的前提是使经营目标在不同层次上相互衔接，保持一致 风险评估指识别、分析相关风险以实现既定目标，从而形成风险管理的基础。由于经济、产业、法规和经营环境的不断变化，需要确立一套机制来识别和应对由这些变化带来的风险
原则	① 企业制定足够清晰的目标，以便识别和评估有关目标所涉及的风险 ② 企业从整个企业的角度来识别实现目标所涉及的风险，分析风险，并据此决定应如何管理这些风险 ③ 企业在评估影响目标实现的风险时，考虑潜在的舞弊行为 ④ 企业识别并评估可能会对内部控制系统产生重大影响的变更

（二）我国《企业内部控制基本规范》关于风险评估要素的要求

1.总体要求

企业应当根据设定的控制目标，全面、系统、持续地收集相关信息，结合实际情况，及时进行风险评估。

企业开展风险评估，应当准确识别与实现与控制目标相关的内部风险和外部风险，确定相应的风险承受度。风险承受度是企业能够承担的风险限度，包括整体风险承受能力和业务层面的可接受风险水平。

2.风险识别相关要求（见表6-11）

表6-11　　**风险识别相关要求**

内部风险	企业识别内部风险，应当关注下列因素： ① 董事、监事、经理及其他高级管理人员的职业操守、员工专业胜任能力等人力资源因素 ② 组织机构、经营方式、资产管理、业务流程等管理因素 ③ 研究开发、技术投入、信息技术运用等自主创新因素 ④ 财务状况、经营成果、现金流量等财务因素 ⑤ 营运安全、员工健康、环境保护等安全环保因素 ⑥ 其他有关内部风险因素
外部风险	企业识别外部风险，应当关注下列因素： ① 经济形势、产业政策、融资环境、市场竞争、资源供给等经济因素 ② 法律法规、监管要求等法律因素 ③ 安全稳定、文化传统、社会信用、教育水平、消费者行为等社会因素 ④ 技术进步、工艺改进等科学技术因素 ⑤ 自然灾害、环境状况等自然环境因素 ⑥ 其他有关外部风险因素

✓选择题冷门考点，可以结合外部环境分析理解（技巧PESTEL模型）。

3.风险分析相关要求（见表6-12）

表6-12　　**风险分析相关要求**

风险分析的方法	应当采用定性与定量相结合的方法，按照风险发生的可能性及其影响程度等，对识别的风险进行分析和排序，确定关注重点和优先控制的风险
风险分析的要求	应当充分吸收专业人员，组成风险分析团队，按照严格规范的程序开展工作，确保风险分析结果的准确性

4.风险应对相关要求（见表6-13）

表6-13　　风险应对相关要求

确定 风险应对策略	企业应当根据风险分析的结果，结合风险承受度，权衡风险与收益，确定风险应对策略
	企业应当合理分析、准确掌握董事、经理及其他高级管理人员、关键岗位员工的风险偏好，采取适当的控制措施，避免因个人风险偏好给企业经营带来重大损失
综合运用 风险应对策略	企业应当综合运用风险规避、风险降低、风险分担和风险承受等风险应对策略，实现对风险的有效控制
及时调整 风险应对策略	企业应当结合不同发展阶段和业务拓展情况，持续收集与风险变化相关的信息，进行风险识别和风险分析，及时调整风险应对策略

讲解视频

三、控制活动

（一）COSO《内部控制——整合框架》关于控制活动要素的要求与原则（见表6-14）

表6-14　　COSO《内部控制——整合框架》关于控制活动要素的要求与原则

要求	控制活动是指那些有助于管理层决策顺利实施的政策和程序。控制行为有助于确保实施必要的措施以管理风险，实现经营目标
具体 内容	控制行为体现在整个企业的不同层次和不同部门中。它们包括诸如批准、授权、查证、核对、复核经营业绩、资产保护和职责分工等活动
原则	① 企业选择并制定有助于将目标实现风险降低至可接受水平的控制活动 ② 针对信息技术，组织应选择并执行一般控制活动以支持其目标的实现企业用支持目标实现的技术选择并制定一般控制政策 ③ 企业通过政策和程序来部署控制活动：政策用来确定所期望的目标；程序则将政策付诸行动

控制活动是内控5要素中考查次数最多的，虽然考查方式一般为文字描述形式的选择题，考查知识点的直接还原，但是，同学们在这里不要掉以轻心。本知识点对后续《18项应用指引》的理解、解题很有助益，因此控制活动部分建议同学们全面理解，7种控制措施建议同学们能默写，熟悉关键字。

（二）我国《企业内部控制基本规范》关于控制活动要素的要求

1.总体要求

企业应当结合风险评估结果，通过手工控制与自动控制、预防性控制与发现性控制相结合的方法，运用相应的控制措施，将风险控制在可承受范围之内。

2.控制措施相关要求

✓7种控制措施（有时间最好能背诵）为重中之重!!! 每年必考，考试题型为选择题和主观题。选择题一般以文字形式考查某一具体控制措施的知识点直接还原，或以案例形式呈现，让考生判断属于内部控制五要素的哪种。主观题通常结合本章第三节 内部控制应用指引，以大案例形式呈现，比如问：案例中企业哪些地方不符合内部控制的要求？让考生做改错题。

控制措施一般包括：不相容职务分离控制、授权审批控制、会计系统控制、财产保护控制、预算控制、运营分析控制和绩效考评控制等（见表6-15）。

企业应当根据内部控制目标，结合风险应对策略，综合运用控制措施，对各种业务和事项实施有效控制。

【补充】企业不相容职务分工的内容

核心思路：一个人不能完成整个流程

1.会计岗位设置→2.货币资金业务→3.购货与付款业务→4.存货与仓储业务→5.工资业务→6.销售与收款业务→7.筹资与投资业务

（1）会计岗位设置中的不相容职务 注意出纳的不相容职务，十分爱考

出纳职务与收入、支出、费用的核算职务，债权债务的核算职务，稽核职务，会计档案的保管职务等均属于不相容职务，应当予以分离。

会计核算职务与相应的稽核检查职务属于不相容职务，应予以分离。

总分类账的登记职务与相关明细分类账的登记职务属于不相容职务，应当予以分离。

开展会计电算化的企业，电算化会计岗位中的软件操作职务、审核记账职务、电算审查职务、档案保管职务等互为不相容职务，均应当予以分离。

（2）货币资金业务中的不相容职务

钱账分管，即出纳专职负责货币资金的收支业务，除现金和银行存款日记账外，不兼记总账和债权债务等明细账，不负责汇总记账凭证，不抄寄各种往来结算账户对账单。除了出纳外，其他任何人，包括会计人员、单位领导、各种业务人员等，均不得办理货币资金收支业务，包括收付现金和接收、开出银行支票。

出纳与核对职务应分离，即库存现金要由专人定期或不定期地进行盘点；银行存款应指定专人及时对账，每月收受银行对账单、编制银行存款余额调节表，应当由出纳、管理现金和银行存款以外的人员负责。

支票的签发除有专用公章外，还要有会计机构负责人或企业负责人的私章同时盖印才有效。上述支票印签章不能由出纳一人保管。一切付款均须得到恰当批准，即付款经办人与审批人应当分离。

（3）采购与付款业务中的不相容职务

采购与付款业务不相容职务至少包括：请购与审批；询价与确定供应商；采购合同的订立与审批；采购与验收；采购、验收与相关会计记录；付款审批与付款执行。

（4）存货与仓储业务中的不相容职务

① 商品存货的保管、收发必须由专人负责，并建立账卡进行数量核算，其不得兼任采购或销售，也不能担任会计部门有关存货总账、明细账的登记职务；同时，应限制非实物保管人员接近资产，且其不得办理物资收发。

② 商品存货的请领、审批、发放与记账须相互独立，不能由一人包办。

③ 财产物资的保管与清查职务应分离，即应由会计部门组织，定期或不定期地查对账证、抽点实物，以保证账证相符、账账相符、账实相符。

（5）工资业务中的不相容职务

在工资业务中，起薪止薪决定、考勤记录、工薪发放、工资记录等职务应相互分离，一般涉及企业的劳动工资部门或人事部门、车间或班组、会计部门等职能部门。

劳动工资管理部门与会计部门的职责分工如下：

• 劳动工资管理部门的主要职责：

①根据在册职工和工资标准开列工资单。

②根据考勤记录和扣款记录计算工资额。

• 会计部门的主要职责：

①根据工资结算单编制工资费用分配表；

②根据工资费用分配表编制记账凭证入账。

（6）销售与收款业务中的不相容职务

①销售人员必须专职独立，不得兼记会计部门销售收入明细账和应收账款明细账，不得直接收取货款，不得兼管货物保管和发货，不得兼管货物采购。同时，其他部门有关人员也不得兼办销售，即销售与记账、收款、保管、发货、采购均属不相容职务。

②销售业务的各个环节，包括销售合同的签订、销售单的编制、发票的开出、售价的确定、销售方式和结算方式、销售折扣折让与退货等，都要经过恰当的批准，即批准与经办应予以分离。

③开票与发货、开票与收款、销售收入明细账的记录、应收账款明细账的记录和收款应予以分离，即负责销售收入明细账和应收账款明细账

的会计不得经手货币资金，并且销售收入明细账和应收账款明细最好由不同的会计人员负责。

④记账、收款和抄寄对账单属于不相容职务，应予以分离，即企业应由不负责现金出纳和销售及应收账款记账的人员，按月向客户寄发账单。

⑤财政部2002年12月23日发布的财会〔2002〕21号《内部会计控制规范——销售与收款（试行）》规定：

• 单位应分别设立办理销售、发货、收款三项业务的部门（或岗位）；

• 单位在销售合同订立前，应当指定专门人员就销售价格、信用政策、发货及收款方式等具体事项与客户进行谈判；

• 谈判人员至少有两人，并与订立合同的人员相分离；

• 编制销售发票通知单的人员与开具销售发票的人员相互分离；

• 销售人员应当避免接触销售现款；

• 单位应收票据的取得和贴现必须经由保管票据以外的主管人员书面批准。

（7）筹资与投资业务中的不相容职务

总原则：

①筹资与投资业务中的业务经办、授权批准和会计记录互为不相容职务，应予以分离。

②筹资与投资业务明细账与总账的登记职务应予以分离。

③筹资与投资业务中的记账、保管、核对职务均为不相容职务，应相互分离。

具体内容又可以分为筹资业务和投资业务两个方面。

• 筹资业务中的不相容职务通常包括：

①筹资计划编制人与审批人应适当分离，以利于审批人从独立的立场来评判计划的优劣。

②经办人员不能接触会计记录，通常由独立的机构代理发行债券和股票。

③会计记录人员同负责收、付款的人员相分离，有条件的，应聘请独立的机构负责支付业务。

④证券保管人员同会计人员相互分离。

• 投资业务中的不相容职务一般包括：

①对外投资预算的编制与审批。

②对外投资项目的分析论证与评估。

③对外投资的决策与执行。

④对外投资处置的审批与执行。

⑤对外投资业务的执行与相关会计记录。

表6-15　　控制措施相关要求

<table>
<tr><th>控制措施</th><th colspan="3">具体要求</th></tr>
<tr><td>不相容职务分离控制</td><td colspan="3">企业应当全面系统地分析、梳理业务流程中所涉及的不相容职务，实施相应的分离措施，形成各司其职、各负其责、相互制约的工作机制</td></tr>
<tr><td rowspan="5">授权审批控制</td><td>常规授权</td><td colspan="2">企业在日常经营管理活动中按照既定的职责和程序进行的授权</td></tr>
<tr><td>特别授权</td><td colspan="2">企业在特殊情况、特定条件下进行的授权</td></tr>
<tr><td colspan="3">企业应当根据常规授权和特别授权的规定，明确各岗位办理业务和事项的权限范围、审批程序和相应责任
企业应当编制常规授权的权限指引，规范特别授权的范围、权限、程序和责任，严格控制特别授权
企业各级管理人员应当在授权范围内行使职权和承担责任</td></tr>
<tr><td colspan="3">企业对于重大的业务和事项，应当实行集体决策审批或者联签制度，任何个人不得单独进行决策或者擅自改变集体决策</td></tr>
<tr><td rowspan="4">会计系统控制</td><td>总体要求</td><td colspan="2">企业应当严格执行国家统一的会计准则制度，加强会计基础工作，明确会计凭证、会计账簿和财务会计报告的处理程序，保证会计资料真实完整。
企业应当依法设置会计机构，配备会计从业人员</td></tr>
<tr><td rowspan="2">会计人员的要求</td><td>会计从业人员</td><td>必须取得会计从业资格证书</td></tr>
<tr><td>会计机构负责人</td><td>应当具备会计师以上专业技术职务资格</td></tr>
<tr><td>总会计师的设置</td><td colspan="2">大中型企业应当设置总会计师
设置总会计师的企业，不得设置与其职权重叠的副职</td></tr>
<tr><td>财产保护控制</td><td colspan="3">企业应当建立财产日常管理制度和定期清查制度，采取财产记录、实物保管、定期盘点、账实核对等措施，确保财产安全
企业应当严格限制未经授权的人员接触和处置财产</td></tr>
<tr><td>预算控制</td><td colspan="3">企业应当实施全面预算管理制度，明确各责任单位在预算管理中的职责权限，规范预算的编制、审定、下达和执行程序，强化预算约束</td></tr>
<tr><td>运营分析控制</td><td colspan="3">企业应当建立运营情况分析制度，经理层应当综合运用生产、购销、投资、筹资、财务等方面的信息，通过因素分析、对比分析、趋势分析等方法，定期开展运营情况分析，发现存在的问题，及时查明原因并加以改进</td></tr>
<tr><td>绩效考评控制</td><td colspan="3">企业应当建立和实施绩效考评制度，科学设置考核指标体系，对企业内部各责任单位和全体员工的业绩进行定期考核和客观评价
考评结果应当作为确定员工薪酬以及职务晋升、评优、降级、调岗、辞退等的依据</td></tr>
</table>

熟悉上述【补充】企业不相容职务分工的内容。
✓一般以选择题形式出现，以改错形式考查知识点的直接还原，考查频率为爱考。

"重大"问题：
✓高频考点！文字性描述，选择题与主观题（大案例、改错）均有可能出现！考查方式：知识点的直接还原，必须掌握！

✓选择题冷门考点（一般为知识点直接还原），大致了解即可。

✓选择题较冷门考点、主观题冷门考点。考查方式：一般结合《18项应用指引》，以案例形式出现，要求考生能做改错题（解题思路为直接还原知识点）。

3.预警机制与应急处理机制相关要求 ✓了解即可，为选择题冷门考点，考查方式一般为知识点的直接还原。

企业应当建立重大风险预警机制和突发事件应急处理机制，明确风险预警标准，对可能发生的重大风险或突发事件，制订应急预案，明确责任人员，规范处置程序，确保突发事件得到及时妥善处理。

四、信息与沟通

✓选择题较冷门考点，考试方式一般为知识点的直接还原，或者以小案例描述，让考生判断是否属于内控5要素中的信息与沟通要素。复习指导：建议通读，大致了解即可。

本知识点讲解视频

（一）COSO《内部控制——整合框架》关于信息与沟通要素的要求与原则（表6-16）

表6-16　COSO《内部控制——整合框架》关于信息与沟通要素的要求与原则

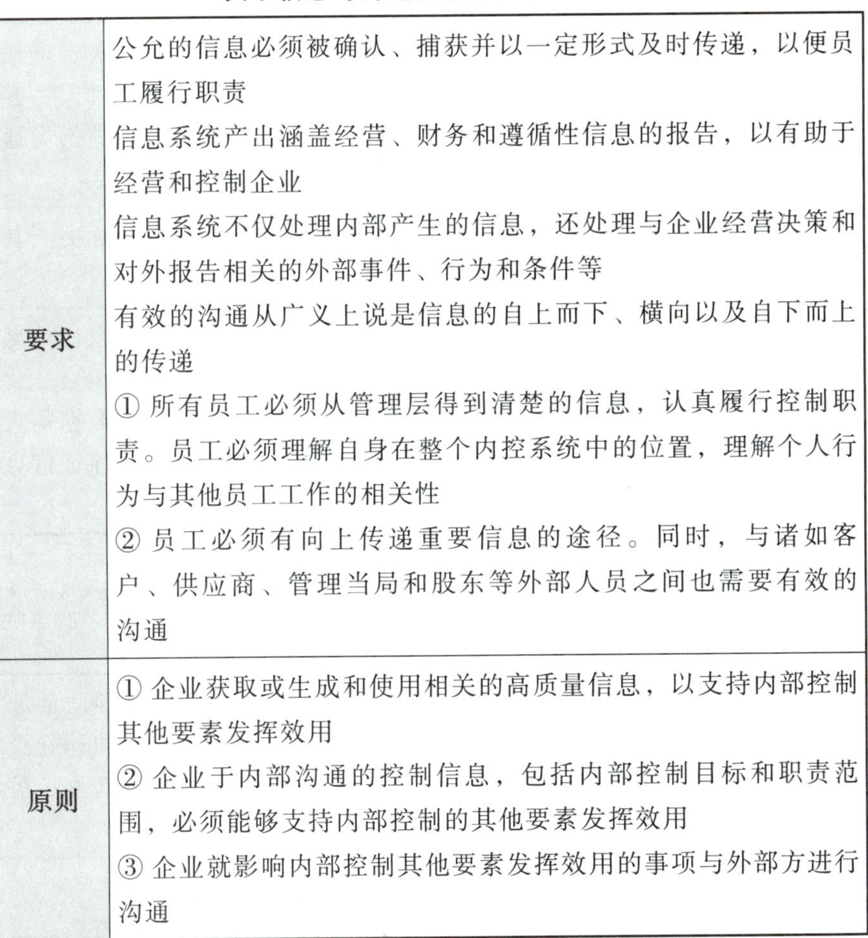

要求	公允的信息必须被确认、捕获并以一定形式及时传递，以便员工履行职责 信息系统产出涵盖经营、财务和遵循性信息的报告，以有助于经营和控制企业 信息系统不仅处理内部产生的信息，还处理与企业经营决策和对外报告相关的外部事件、行为和条件等 有效的沟通从广义上说是信息的自上而下、横向以及自下而上的传递 ① 所有员工必须从管理层得到清楚的信息，认真履行控制职责。员工必须理解自身在整个内控系统中的位置，理解个人行为与其他员工工作的相关性 ② 员工必须有向上传递重要信息的途径。同时，与诸如客户、供应商、管理当局和股东等外部人员之间也需要有效的沟通
原则	① 企业获取或生成和使用相关的高质量信息，以支持内部控制其他要素发挥效用 ② 企业于内部沟通的控制信息，包括内部控制目标和职责范围，必须能够支持内部控制的其他要素发挥效用 ③ 企业就影响内部控制其他要素发挥效用的事项与外部方进行沟通

（二）我国《企业内部控制基本规范》关于信息与沟通要素的要求

1.总体要求

企业应当建立信息与沟通制度，明确内部控制相关信息的收集、处理和传递程序，确保信息及时沟通，促进内部控制有效运行。

2.信息的收集、传递、集成与共享的相关要求（见表6-17）

表6-17 **信息的收集、传递、集成与共享的相关要求**

信息收集	总体要求	企业应当对收集的各种内部信息和外部信息进行合理筛选、核对、整合，提高信息的有用性
	内部信息获取	企业可以通过财务会计资料、经营管理资料、调研报告、专项信息、内部刊物、办公网络等渠道，获取内部信息
	外部信息获取	企业可以通过行业协会组织、社会中介机构、业务往来单位、市场调查、来信来访、网络媒体以及有关监管部门等渠道，获取外部信息
信息传递	企业应当将内部控制相关信息在企业内部各管理级次、责任单位、业务环节之间，以及企业与外部投资者、债权人、客户、供应商、中介机构和监管部门等有关方面之间进行沟通和反馈	
	信息沟通过程中发现的问题，应当及时报告并加以解决。其中，重要信息应当及时传递给董事会、监事会和经理层	
信息集成与共享	企业应当利用信息技术促进信息的集成与共享，充分发挥信息技术在信息与沟通中的作用 企业应当加强对信息系统开发与维护、访问与变更、数据输入与输出、文件储存与保管、网络安全等方面的控制，保证信息系统安全稳定运行	

“重要”问题：✔适当关注。为选择题冷门考点，一般考查知识点直接还原。

✔选择题高频考点，十分重要！一般考查知识点的直接还原，必须掌握反舞弊属于内部控制5要素的“信息与沟通”要素！

3.反舞弊相关要求（见表6-18）

表6-18 **反舞弊相关要求**

要求	企业应当建立反舞弊机制，坚持惩防并举、重在预防的原则，明确反舞弊工作的重点领域、关键环节和有关机构在反舞弊工作中的职责权限，规范舞弊案件的举报、调查、处理、报告和补救程序
反舞弊工作的重点	企业至少应当将下列情形作为反舞弊工作的重点： ① 未经授权或者采取其他不法方式侵占、挪用企业资产，谋取不当利益 ② 在财务会计报告和信息披露等方面存在的虚假记载、误导性陈述或者重大遗漏等 ③ 董事、监事、经理及其他高级管理人员滥用职权 ④ 相关机构或人员串通舞弊

✔较冷门的多选题考点，一般考查知识点的直接还原，大致知道啊。

4.举报投诉制度和举报人保护制度相关要求

企业应当建立举报投诉制度和举报人保护制度，设置举报专线，明确举报投诉处理程序、办理时限和办结要求，确保举报、投诉成为企业有效掌握信息的重要途径。举报投诉制度和举报人保护制度应当及时传达至全体员工。全体员工，表述过于绝对，适当关注。选择题冷门考虑。

五、监控

✔选择题冷门考点，若以小案例形式考查，则属让考生判断属于哪种要素，抓住关键字“监控、监督”就能解决问题，狐狸尾巴露出得十分明显，所以一般考查较少。建议通读为主，大致了解，能应付文字形式的选择题即可。

本知识点讲解视频

（一）COSO《内部控制——整合框架》关于监控要素的要求与原则（见表6-19）

表6-19　　COSO《内部控制——整合框架》关于监控要素的要求与原则

<table>
<tr><td rowspan="4">要求</td><td colspan="2">内部控制系统需要监控，即需要对该系统有效性进行评估。可以通过持续性的监控行为、独立评估或两者的结合来实现对内控系统的监控</td></tr>
<tr><td>持续性的监控行为</td><td>发生在企业的日常经营过程中，包括企业的日常管理和监督行为、员工履行各自职责的行为</td></tr>
<tr><td>独立评估活动</td><td>广度和频度有赖于风险评估结果和日常监控程序的有效性，以及管理层的其他考虑</td></tr>
<tr><td colspan="2">企业应依据监管机构、标准制定机构或者管理层和董事会所设定的标准，对各种发现进行评估，必要时应当向管理层和董事会报告各种缺陷</td></tr>
<tr><td>原则</td><td colspan="2">① 企业选择、制定并实行持续及/或单独的评估，以判定内部控制各要素是否存在且发挥效用
② 企业及时评估内部控制缺陷，并将有关缺陷及时通报给负责整改措施的相关方，包括高级管理层和董事会（如适当）</td></tr>
</table>

内部控制的缺陷应该自下而上进行汇报最高管理层和董事会

（二）我国《企业内部控制基本规范》关于内部监督要素的要求

1.内部控制监督制度相关要求（见表6-20）

✔大致了解，选择题冷门考点。若考查，一般以文字形式考查知识点的直接还原。

表6-20　　内部控制监督制度相关要求

<table>
<tr><td>总体要求</td><td colspan="2">企业应当根据本规范及其配套办法，制定内部控制监督制度，明确内部审计机构（或经授权的其他监督机构）和其他内部机构在内部监督中的职责权限，规范内部监督的程序、方法和要求</td></tr>
<tr><td rowspan="3">内部监督的分类</td><td>日常监督</td><td>含义：企业对建立与实施内部控制的情况进行常规、持续的监督检查</td></tr>
<tr><td rowspan="2">专项监督</td><td>含义：在企业发展战略、组织结构、经营活动、业务流程、关键岗位员工等发生较大调整或变化的情况下，对内部控制的某一或者某些方面进行有针对性的监督检查</td></tr>
<tr><td>范围和频率：应当根据风险评估结果以及日常监督的有效性等予以确定</td></tr>
</table>

2.缺陷认定与报告相关要求

企业应当制定内部控制缺陷认定标准，对监督过程中发现的内部控制缺陷，应当分析缺陷的性质和产生的原因，提出整改方案，采取适当的形式及时向董事会、监事会或者经理层报告。

企业应当跟踪内部控制缺陷整改情况，并就内部监督中发现的重大缺陷，追究相关责任单位或者责任人的责任。

3.内部控制自我评价相关要求（见表6-21）

表6-21　内部控制自我评价相关要求

总体要求	企业应当结合内部监督情况，定期对内部控制的有效性进行自我评价，出具内部控制自我评价报告
内部控制自我评价的方式、范围、程序和频率	由企业根据经营业务调整、经营环境变化、业务发展状况、实际风险水平等自行确定。国家有关法律法规另有规定的，从其规定

4.记录/资料保存相关要求 翻译：留证据。

企业应当以书面或者其他适当的形式，妥善保存内部控制建立与实施过程中的相关记录或者资料，确保内部控制建立与实施过程的可验证性。

应用指引导学

第三节　内部控制的应用

◇ 组织架构
◇ 发展战略
◇ 人力资源
◇ 社会责任
◇ 企业文化
◇ 资金活动
◇ 采购业务
◇ 资产管理
◇ 销售业务
◇ 研究与开发
◇ 工程项目
◇ 担保业务
◇ 业务外包
◇ 财务报告
◇ 全面预算
◇ 合同管理
◇ 内部信息传递
◇ 信息系统

《18项应用指引》的考试题型为主观题和文字型选择题，主观题一般考查直接默写，要求联系案例进行分析，文字选择题的形式也是案例分析。

复习指导：①需关注的主要风险（建议全面掌握）；②内部控制的要求与措施（建议以掌握关键要求和关键词为主）详见应用指引导学视频。

一、组织架构

组织架构，是指企业按照国家有关法律法规、股东（大）会决议和企业章程，结合本企业实际，明确股东（大）会、董事会、监事会、经理层和企业内部各层级机构设置、职责权限、人员编制、工作程序和相关要求的制度安排。

（一）组织架构设计与运行中需关注的主要风险（见表6-22）

✓要求记忆！可能考查知识点直接默写

表6-22　　组织架构设计与运行中需关注的主要风险

对象	风险点	可能导致的不良后果
治理结构	形同虚设，缺乏科学决策、良性运行机制和执行力	可能导致企业经营失败，难以实现发展战略
内部机构	设计不科学，权责分配不合理	可能导致机构重叠、职能交叉或缺失、推诿扯皮、运行效率低下

（二）内部控制要求与措施

✓建议通读，掌握关键要求即可，考试一般以案例改错形式出现。提示：本应用指引涉及的控制活动为：不相容岗位相分离&授权审批。

1.组织架构的设计（见表6-23）

表6-23　　组织架构的设计

治理结构	总体要求	企业应当根据国家有关法律法规的规定，明确董事会、监事会和经理层的职责权限、任职条件、议事规则和工作程序，确保决策、执行和监督相互分离，形成制衡
	董事会	对股东（大）会负责，依法行使企业的经营决策权
	专门委员会	可按照股东（大）会的有关决议，设立战略、审计、提名、薪酬与考核等专门委员会，明确各专门委员会的职责权限、任职资格、议事规则和工作程序，为董事会科学决策提供支持
	监事会	对股东（大）会负责，监督企业董事、经理和其他高级管理人员依法履行职责
	经理层	对董事会负责，主持企业的生产经营管理工作 经理和其他高级管理人员的职责分工应当明确
	注意	董事会、监事会和经理层的产生程序应当合法合规，其人员构成、知识结构、能力素质应当满足履行职责的要求
内部职能机构	企业应当按照科学、精简、高效、透明、制衡的原则，综合考虑企业性质、发展战略、文化理念和管理要求等因素，合理设置内部职能机构，明确各机构的职责权限，避免职能交叉、缺失或权责过于集中，形成各司其职、各负其责、相互制约、相互协调的工作机制	

【对照理解】董事会、监事会、管理层（决策、执行和监督相互分离）→公安、检察院、法院（三权分立）

续表

岗位职责	总体要求	企业应当对各机构的职能进行科学合理的分解，确定具体岗位的名称、职责和工作要求等，明确各个岗位的权限和相互关系
	特别要求	企业在确定职权和岗位分工过程中，应当体现不相容职务相互分离的要求 不相容职务通常包括：可行性研究与决策审批；决策审批与执行；执行与监督检查等
内部管理相关文件	企业应当制定组织结构图、业务流程图、岗（职）位说明书和权限指引等内部管理制度或相关文件，使员工了解和掌握组织架构设计及权责分配情况，以正确履行职责	
三重一大	含义	重大决策、重大事项、重要人事任免及大额资金支付业务
	要求	应当按照规定的权限和程序实行集体决策审批或者联签制度。任何个人不得单独进行决策或者擅自改变集体决策意见。重大决策、重大事项、重要人事任免及大额资金支付业务的具体标准由企业自行确定

✓选择题爱考的知识点！一般考查知识点的应用，建议在理解的基础上加以熟悉。

✓十分重要！几乎每年必考，一般以文字描述形式出现，考查知识点的直接还原，必须掌握。

2.组织架构的运行（见表6-24）

表6-24　　组织架构的运行

治理结构和内部机构	总体要求	企业应当根据组织架构的设计规范，对现有治理结构和内部机构设置进行全面梳理，确保本企业治理结构、内部机构设置和运行机制等符合现代企业制度要求
	治理结构	企业梳理治理结构，应当重点关注董事、监事、经理及其他高级管理人员的任职资格和履职情况，以及董事会、监事会和经理层的运行效果。治理结构存在问题的，应当采取有效措施加以改进
	内部机构	企业梳理内部机构设置，应当重点关注内部机构设置的合理性和运行的高效性等。内部机构设置和运行中存在职能交叉、缺失或运行效率低下的，应当及时解决
子公司	总体要求	企业拥有子公司的，应当建立科学的投资管控制度，通过合法有效的形式履行出资人职责、维护出资人权益
	重点关注	子公司特别是异地、境外子公司的发展战略、年度财务预决算、重大投融资、重大担保、大额资金使用、主要资产处置、重要人事任免、内部控制体系建设等重要事项
全面评估	企业应当定期对组织架构设计与运行的效率和效果进行全面评估，发现组织架构设计与运行中存在缺陷的，应当进行优化调整。企业组织架构调整应当充分听取董事、监事、高级管理人员和其他员工的意见，按照规定的权限和程序进行决策审批	

二、发展战略

《企业内部控制应用指引第2号——发展战略》所称发展战略，是指企业在对现实状况和未来趋势进行综合分析和科学预测的基础上，制定并实施的长远发展目标与战略规划。

（一）制定与实施发展战略需关注的主要风险（见表6-25）

✓要求记忆！可能考查知识点的直接默写。记忆技巧：存在→实施→反馈（合不合适、是否激进）→稳定性（会不会频繁变动）。

表6-25 制定与实施发展战略需关注的主要风险

对象	风险点	可能导致的不良后果
发展战略	缺乏明确的发展战略或者发展战略的实施不到位	可能导致企业盲目发展，难以形成竞争优势，丧失发展机遇和动力
	过于激进，脱离企业实际能力或偏离主业	可能导致企业过度扩张，甚至经营失败
	因主观原因频繁变动	可能导致资源浪费，甚至危及企业的生存和持续发展

（二）内部控制要求与措施

✓建议通读，掌握关键要求即可，考试一般以案例改错形式出现。提示：本应用指引涉及的控制活动为：授权审批。

1.发展战略的制定

（1）制定发展目标&战略规划（见表6-26）

表6-26 制定发展目标&战略规划

制定发展目标	总体要求	企业应当在充分调查研究、科学分析预测和广泛征求意见的基础上制定发展目标
	考虑因素	应当综合考虑宏观经济政策、国内外市场需求变化、技术发展趋势、行业及竞争对手状况、可利用资源水平和自身优势与劣势等影响因素
制定战略规划	企业应当根据发展目标制定战略规划 战略规划应当明确发展的阶段性和发展程度，确定每个发展阶段的具体目标、工作任务和实施路径	

✓选择题较冷门考点，其中，应着重关注：战略委员会负责提交发展战略方案；董事会审议；股东大会批准实施（爱考）。

（2）战略委员&董事会（表6-27）

表6-27 战略委员&董事会

战略委员会	组织结构	企业应当在董事会下设立战略委员会，或指定相关机构负责发展战略管理工作，履行相应职责
	职责&议事规则	企业应当明确战略委员会的职责和议事规则，对战略委员会会议的召开程序、表决方式、提案审议、保密要求和会议记录等做出规定，确保议事过程规范透明、决策程序科学民主 战略委员会应当组织有关部门对发展目标和战略规划进行可行性研究和科学论证，形成发展战略建议方案；必要时，可借助中介机构和外部专家的力量为其履行职责提供专业咨询意见
	成员	战略委员会成员应当具有较强的综合素质和实践经验，其任职资格和选任程序应当符合有关法律法规和企业章程的规定
董事会	应当严格审议战略委员会提交的发展战略方案，重点关注其全局性、长期性和可行性。董事会如果在审议方案中发现重大问题，应当责成战略委员会对方案做出调整。企业的发展战略方案经董事会审议通过后，报经股东（大）会批准实施	

2.发展战略的实施（见表6-28）

✓可以结合“战略管理”相关内容进行理解。

表6-28 发展战略的实施

发展战略的实施	制订年度工作计划，编制全面预算，将年度目标分解、落实；同时，完善发展战略管理制度，确保发展战略有效实施
发展战略的宣传	企业应当重视发展战略的宣传工作，通过内部各层级会议和教育培训等有效方式，将发展战略及其分解落实情况传递到内部各管理层级和全体员工
发展战略的监控	战略委员会应当加强对发展战略实施情况的监控，定期收集和分析相关信息，对于明显偏离发展战略的情况，应当及时报告
发展战略的调整	由于经济形势、产业政策、技术进步、行业状况以及不可抗力等因素发生重大变化，确需对发展战略做出调整的，应当按照规定权限和程序调整发展战略

三、人力资源

《企业内部控制应用指引第3号——人力资源》所称人力资源，是指企业组织生产经营活动而录（任）用的各种人员，包括董事、监事、高级管理人员和全体员工。

（一）人力资源管理需关注的主要风险（见表6-29）

✓要求记忆！可能考查知识点的直接默写。记忆技巧：使用前（开发与引进）→使用→退出。

表6-29 **人力资源管理需关注的主要风险**

对象	风险点	可能导致的不良后果
人力资源	缺乏或过剩、结构不合理、开发机制不健全	可能导致企业发展战略难以实现
	激励约束制度不合理、关键岗位人员管理不完善	可能导致人才流失、经营效率低下或关键技术、商业秘密和国家机密泄露
	退出机制不当	可能导致法律诉讼或企业声誉受损

（二）内部控制要求与措施 ✓建议通读，掌握关键要求即可，考试一般以案例改错形式出现。提示：本应用指引涉及的控制活动为：绩效考评。

企业应当重视人力资源建设，根据发展战略，结合人力资源现状和未来需求预测，建立人力资源发展目标，制定人力资源总体规划和能力框架体系，优化人力资源整体布局，明确人力资源的引进、开发、使用、培养、考核、激励、退出等管理要求，实现人力资源的合理配置，全面提升企业核心竞争力。

1.人力资源的引进与开发

（1）人力资源的引进工作

企业应当根据人力资源总体规划，结合生产经营实际需要，制订年度人力资源需求计划。完善人力资源引进制度，规范工作流程。按照计划、制度和程序组织人力资源引进工作（见表6-30）。

表6-30 **人力资源的引进工作**

确定选聘人员	①企业应当根据人力资源能力框架要求，明确各岗位的职责权限、任职条件和工作要求，遵循德才兼备、以德为先和公开、公平、公正的原则，通过公开招聘、竞争上岗等多种方式选聘优秀人才，重点关注选聘对象的价值取向和责任意识 ②企业选拔高级管理人员和聘用中层及以下员工时，应当切实做到因事设岗、以岗选人，避免因人设事或设岗，确保选聘人员能够胜任岗位职责要求 注意：企业选聘人员应当实行岗位回避制度
劳动合同和保密协议	①企业确定选聘人员后，应当依法签订劳动合同，建立劳动用工关系 ②企业对于在产品技术、市场、管理等方面掌握或涉及关键技术、知识产权、商业秘密或国家机密的工作岗位人员，应当与其签订有关岗位保密协议，明确保密义务
试用期和岗前培训	企业应当建立选聘人员试用期和岗前培训制度，对试用人员进行严格考查，促进选聘员工全面了解岗位职责，掌握岗位基本技能，适应工作要求 试用期满考核合格后，方可正式上岗；试用期满考核不合格者，应当及时解除劳动关系

✓选择题冷门考点，一般考查知识点的应用，建议在理解的基础上加以熟悉。

（2）人力资源的开发工作

企业应当重视人力资源开发工作，建立员工培训长效机制，营造尊重知识、尊重人才和关心员工职业发展的文化氛围以及后备人才队伍建设，促进全体员工的知识、技能的持续更新，不断提升员工的服务效能。

2.人力资源的使用与退出

（1）人力资源使用（见表6-31）

表6-31　　　　　　　　　**人力资源使用**

<table>
<tr><td>激励约束机制</td><td>企业应当建立和完善人力资源的激励约束机制，设置科学的业绩考核指标体系，对各级管理人员和全体员工进行严格考核与评价，以此作为确定员工薪酬、职级调整和解除劳动合同等的重要依据，确保员工队伍处于持续优化状态</td></tr>
<tr><td>薪酬制度</td><td>企业应当制定与业绩考核挂钩的薪酬制度，切实做到薪酬安排与员工贡献相协调，体现效率优先、兼顾公平</td></tr>
<tr><td>轮岗制度</td><td>企业应当制定各级管理人员和关键岗位员工的轮岗制度，明确轮岗范围、轮岗周期、轮岗方式等，形成相关岗位员工的有序持续流动，全面提升员工素质</td></tr>
</table>

（2）人力资源退出（见表6-32）

表6-32　　　　　　　　　**人力资源退出**

<table>
<tr><td rowspan="3">员工退出机制</td><td colspan="2">企业应当按照有关法律法规规定，结合企业实际，建立健全员工退出（辞职、解除劳动合同、退休等）机制，明确退出的条件和程序，确保员工退出机制得到有效实施</td></tr>
<tr><td>不能胜任岗位要求的员工</td><td>① 应当及时暂停其工作，安排再培训，或调整工作岗位，安排转岗培训
② 仍不能满足岗位职责要求的，应当按照规定的权限和程序解除劳动合同</td></tr>
<tr><td>竞业限制期限 & 离任审计</td><td>企业应当与退出员工依法约定保守关键技术、商业秘密、国家安全机密和竞业限制的期限。企业关键岗位人员离职前，应当根据有关法律法规的规定进行工作交接或离任审计</td></tr>
</table>

✓选择题较冷门考点，一般以文字描述形式的选择题出现，考查知识点的直接还原。

（3）定期评估年度人力资源计划执行情况

企业应当定期对年度人力资源计划执行情况进行评估，总结人力资源管理经验，分析存在的主要缺陷和不足，完善人力资源政策，促进企业各团队充满生机和活力。

四、社会责任（见表6-33）

表6-33　　社会责任

社会责任概述	
含义	企业在经营发展过程中应当履行的社会职责和义务
主要包括	①安全生产；②产品质量（含服务）；③环境保护与资源节约；④促进就业与员工权益保护等

✓要求记忆！可能考查知识点的直接还原，按概念的组成部分记忆：安全生产、产品质量、环境保护+资源耗费、促进就业+员工权益保护。

（一）履行社会责任方面需关注的主要风险（见表6-34）

表6-34　　履行社会责任方面需关注的主要风险

主要对象	风险点	可能导致的不良后果
安全生产	安全生产措施不到位，责任不落实	可能导致企业发生安全事故
产品质量（含服务）	产品质量低劣，侵害消费者利益	可能导致企业作出巨额赔偿、形象受损，甚至破产
环境保护与资源节约	环境保护投入不足，资源耗费大，造成环境污染或资源枯竭	可能导致企业作出巨额赔偿、缺乏发展后劲，甚至停业
促进就业与员工权益保护	促进就业和员工权益保护不够	可能导致员工积极性受挫，影响企业发展和社会稳定

（二）内部控制要求与措施　✓建议通读，掌握关键要求即可，考试一般以案例改错形式出现。

企业应当重视履行社会责任，切实做到经济效益与社会效益、短期利益与长远利益、自身发展与社会发展相互协调，实现企业与员工、企业与社会、企业与环境的健康和谐发展。

1.安全生产（见表6-35）

表6-35　　安全生产

总体要求	企业应当根据国家有关安全生产的规定，结合本企业实际情况，建立严格的安全生产管理体系、操作规范和应急预案，强化安全生产责任追究制度，切实做到安全生产
机构设置	企业应当设立安全管理部门和安全监督机构，负责企业安全生产的日常监督管理工作

续表

安全生产的投入	企业应当重视安全生产投入，在人力、物力、资金、技术等方面提供必要的保障，健全检查监督机制，确保各项安全措施落实到位，不得随意降低保障标准和要求
安全生产的原则	企业应当贯彻预防为主的原则，采用多种形式增强员工安全意识，重视岗位培训，对于特殊岗位实行资格认证制度 【注意】企业应当加强生产设备的经常性维护管理，及时排除安全隐患
安全事故的处理	企业如果发生生产安全事故，应当按照安全生产管理制度妥善处理，排除故障，减轻损失，追究责任 【注意】发生重大生产安全事故应当启动应急预案，同时按照国家有关规定及时报告，严禁迟报、谎报和瞒报

涉及"重大"问题，为选择题比较爱考的考点，一般考查知识点的直接还原，建议考生熟悉。

2.产品质量（见表6-36）

表6-36 **产品质量**

总体要求	企业应当根据国家和行业相关产品质量的要求，从事生产经营活动，切实提高产品质量和服务水平，努力为社会提供优质、安全、健康的产品和服务，最大限度地满足消费者的需求，对社会和公众负责，接受社会监督，承担社会责任
生产流程	企业应当规范生产流程，建立严格的产品质量控制和检验制度，严把质量关，禁止缺乏质量保障、危害人民生命健康的产品流向社会
售后服务	企业应当加强产品的售后服务。售后发现存在严重质量缺陷、隐患的产品时，应当及时召回或采取其他有效措施，最大限度地降低或消除缺陷、隐患产品对社会的危害 企业应当妥善处理消费者提出的投诉和建议，切实保护消费者权益

3.环境保护与资源节约

（1）总体要求与措施

企业应当按照国家有关环境保护与资源节约的规定，结合本企业实际情况，建立环境保护与资源节约制度，认真落实节能减排责任，积极开发和使用节能产品，发展循环经济，降低污染物排放，提高资源综合利用效率。

注意：企业应当通过宣传教育等有效形式，不断提高员工的环境保护和资源节约意识。

（2）环境保护与资源节约具体要求与措施（见表6-37）

表6-37　　环境保护与资源节约具体要求与措施

生态保护	清洁生产	企业应当重视生态保护，加大对环保工作的人力、物力、财力的投入和技术支持，不断改进工艺流程，降低能耗和污染物排放水平，实现清洁生产
	废料回收和循环利用	企业应当加强对废气、废水、废渣的综合治理，建立废料回收和循环利用制度
资源节约和保护	企业应当着力开发、利用可再生资源，防止对不可再生资源进行掠夺性或毁灭性开发 企业应当重视国家产业结构相关政策，应特别关注产业结构调整的发展要求，加快高新技术开发和传统产业改造，切实转变发展方式，实现低投入、低消耗、低排放和高效率	
建立监控制度	企业应当建立环境保护和资源节约的监控制度，定期开展监督检查，发现问题，及时采取措施予以纠正 责任追究：污染物排放超过国家有关规定的，企业应当承担治理或相关法律责任 【注意】发生紧急、重大环境污染事件时，应当启动应急机制，及时报告和处理，并依法追究相关责任人的责任	

✓选择题冷门考点，适当了解即可。

4.促进就业与员工权益保护

（1）总体要求

企业应当依法保护员工的合法权益，贯彻人力资源政策，保护员工依法享有劳动权利和履行劳动义务，保持工作岗位相对稳定，积极促进充分就业，切实履行社会责任。

（2）促进就业（见表6-38）

表6-38　　促进就业

减轻就业负担	企业应当避免在正常经营情况下批量辞退员工，增加社会负担
实习基地	企业应当按照产学研用相结合的社会需求，积极创建实习基地，大力支持社会有关方面培养、锻炼社会需要的应用型人才
社会公益	企业应当积极履行社会公益方面的责任和义务，关心、帮助社会弱势群体，支持慈善事业

（3）员工权益保护（见表6-39）

表6-39 **员工权益保护**

薪酬	企业应当与员工签订并履行劳动合同，遵循按劳分配、同工同酬的原则，建立科学的员工薪酬制度和激励机制，不得克扣或无故拖欠员工薪酬 企业应当建立高级管理人员与员工薪酬的正常增长机制，切实保持合理水平，维护社会公平
社保	企业应当及时办理员工社会保险，足额缴纳社会保险费，保障员工依法享受社会保险待遇
健康管理	企业应当按照有关规定做好健康管理工作，预防、控制和消除职业危害；按期对员工进行非职业性健康监护，对从事有职业危害作业的员工进行职业性健康监护
休假	企业应当遵守法定的劳动时间和休息休假制度，确保员工的休息休假权利
职工代表大会和工会组织	企业应当加强职工代表大会和工会组织建设，维护员工合法权益，积极开展员工职业教育培训，创造平等发展机会。企业应当尊重员工人格，维护员工尊严，杜绝性别、民族、宗教、年龄等各种歧视，保障员工身心健康

五、企业文化

《企业内部控制应用指引第5号——企业文化》所称企业文化，是指企业在生产经营实践中逐步形成的、为整体团队所认同并遵守的价值观、经营理念和企业精神，以及在此基础上形成的行为规范的总称。

✔要求记忆！可能考查知识点的直接默写。

（一）企业文化建设需关注的主要风险（见表6-40）

表6-40 **企业文化建设需关注的主要风险**

风险点	可能导致的不良后果
缺乏积极向上的企业文化	可能导致员工丧失对企业的信心和认同感，企业缺乏凝聚力和竞争力
缺乏开拓创新、团队协作和风险意识	可能导致企业发展目标难以实现，影响可持续发展
缺乏诚实守信的经营理念	可能导致舞弊事件的发生，造成企业损失，影响企业信誉
忽视企业间的文化差异和理念冲突	可能导致并购、重组失败

（二）内部控制要求与措施 ✓建议通读，掌握关键要求即可，考试一般以案例改错形式出现。

1.企业文化的建设

（1）企业应当采取切实有效的措施，积极培育具有自身特色的企业文化，引导和规范员工行为，打造以主业为核心的企业品牌，形成团队的向心力，促进企业长远发展。

（2）企业应当培育体现企业特色的发展愿景、积极向上的价值观、诚实守信的经营理念、履行社会责任和开拓创新的企业精神，以及团队协作和风险防范意识。企业应当重视并购、重组后的企业文化建设，平等对待被并购方的员工，促进并购双方的文化融合。

（3）企业应当根据发展战略和实际情况，总结优良传统，挖掘文化底蕴，提炼核心价值，确定文化建设的目标和内容，形成企业文化规范，使其成为员工行为守则的重要组成部分。

（4）董事、监事、经理和其他高级管理人员应当在企业文化建设中发挥领导和模范作用，以自身的优秀品格和脚踏实地的工作作风，带动、影响整个团队，共同营造积极向上的企业文化环境。

（5）企业应当促进文化建设在内部各层级的有效沟通，加强企业文化的宣传贯彻，确保全体员工共同遵守。

（6）企业文化建设应当融入生产经营全过程，切实做到文化建设与发展战略的有机结合，增强员工的责任感和使命感，规范员工行为方式，使员工自身价值在企业发展中得到充分体现。企业应当加强对员工的文化教育和熏陶，全面提升员工的文化修养和内在素质。

2.企业文化的评估（见表6-41）

表6-41 企业文化的评估

建立企业文化评估制度	企业应当建立企业文化评估制度，明确评估的内容、程序和方法，落实评估责任制，避免企业文化建设流于形式
文化评估关注重点	①董事、监事、经理和其他高级管理人员在企业文化建设中的责任履行情况 ②全体员工对企业核心价值观的认同感；员工对企业未来发展的信心 ③并购：参与企业并购、重组各方文化的融合度 ④企业经营管理行为与企业文化的一致性 ⑤企业品牌的社会影响力
重视评估结果	企业应当重视企业文化的评估结果，巩固和发扬成果，针对评估过程中发现的问题，研究影响企业文化建设的因素，分析深层次的原因，及时采取措施加以改进

联系第四章第二节公司战略与企业文化：战略稳定性与文化适应性。

六、资金活动

《企业内部控制应用指引第6号——资金活动》所称资金活动，是指企业筹资、投资和资金营运等活动的总称。

✓要求记忆！可能考查知识点的直接默写。
记忆技巧：按概念的组成部分记忆：筹资、投资、资金调度、管控。

（一）资金活动需关注的主要风险（见表6-42）

表6-42　**资金活动需关注的主要风险**

主要对象	风险点	可能导致的不良后果
筹资	筹资决策不当，引发资本结构不合理或无效融资	可能导致企业筹资成本过高或债务危机
投资	投资决策失误，引发盲目扩张或丧失发展机遇	可能导致资金链断裂或资金使用效益低下
资金营运	资金调度不合理、营运不畅	可能导致企业陷入财务困境或资金冗余
	资金活动管控不严	可能导致资金被挪用、侵占、抽逃，或有关人员遭受欺诈

✓建议通读，掌握关键要求即可，考试一般以案例改错形式出现。提示：本应用指引涉及控制活动为：不相容职务分离、授权审批、会计系统、财产保护、预算控制和运营分析。

（二）内部控制要求与措施

企业应当根据自身发展战略，科学确定投融资目标和规划，完善严格的资金授权、批准、审验等相关管理制度，加强资金活动的集中归口管理，明确筹资、投资、营运等各环节的职责权限和岗位分离要求，定期或不定期检查和评价资金活动情况，落实责任追究制度，确保资金的安全和有效运行（见表6-43）。

表6-43　**内部控制要求与措施**

企业财会部门	负责资金活动的日常管理，参与投融资方案等可行性研究 总会计师或分管会计工作的负责人应当参与投融资决策过程
子公司	企业应当采取合法、有效措施，强化对子公司资金业务的统一监控
有条件的企业集团	应当探索财务公司、资金结算中心等资金集中管控模式

1.筹资

（1）筹资方案（见表6-44）

表6-44 **筹资方案**

<table>
<tr><td rowspan="3">拟订筹资方案</td><td colspan="3">企业应当根据筹资目标和规划，结合年度全面预算，拟订筹资方案</td></tr>
<tr><td colspan="3">需明确筹资用途、规模、结构和方式等相关内容，对筹资成本和潜在风险做出充分估计</td></tr>
<tr><td colspan="3">境外筹资还应考虑所在地的政治、经济、法律、市场等因素</td></tr>
<tr><td rowspan="2">论证筹资方案</td><td colspan="3">企业应当对筹资方案进行科学论证，不得依据未经论证的方案开展筹资活动</td></tr>
<tr><td colspan="3">【注意】重大筹资方案应当形成可行性研究报告，全面反映风险评估情况。企业可以根据实际需要，聘请具有相应资质的专业机构进行可行性研究</td></tr>
<tr><td rowspan="4">审批筹资方案</td><td colspan="3">企业应当对筹资方案进行严格审批，重点关注筹资用途的可行性和相应的偿债能力</td></tr>
<tr><td rowspan="3">授权审批控制</td><td>重大筹资方案</td><td>应当按照规定的权限和程序实行集体决策或者联签制度</td></tr>
<tr><td>筹资方案的报批</td><td>筹资方案需经有关部门批准的，应当履行相应的报批程序</td></tr>
<tr><td>筹资方案发生重大变更</td><td>应当重新进行可行性研究并履行相应审批程序</td></tr>
</table>

✓"重大"问题：适当关注，是考试爱考的考点，一般考查知识点的直接还原。

（2）筹集资金（见表6-45）

表6-45 **筹集资金**

<table>
<tr><td rowspan="4">筹集资金</td><td colspan="3">企业应当根据批准的筹资方案，严格按照规定权限和程序筹集资金</td></tr>
<tr><td rowspan="3">相关风险</td><td>银行借款</td><td rowspan="2">应当重点关注利率风险、筹资成本、偿还能力以及流动性风险等</td></tr>
<tr><td>发行债券</td></tr>
<tr><td>发行股票</td><td>应当重点关注发行风险、市场风险、政策风险以及公司控制权风险等</td></tr>
<tr><td rowspan="3">筹资方式</td><td>银行借款</td><td colspan="2">应当与有关金融机构进行洽谈，明确借款规模、利率、期限、担保、还款安排、相关的权利义务和违约责任等内容。双方达成一致意见后签署借款合同，据此办理相关借款业务</td></tr>
<tr><td>发行债券</td><td colspan="2">应当合理选择债券种类，对还本付息方案做出系统安排，确保按期、足额偿还到期本金和利息</td></tr>
<tr><td>发行股票</td><td colspan="2">应当依照《中华人民共和国证券法》等有关法律法规和证券监管部门的规定，优化企业组织架构，进行业务整合，并选择具备相应资质的中介机构协助企业做好相关工作，确保符合股票发行条件和要求</td></tr>
</table>

（3）使用资金

①企业应当严格按照筹资方案确定的用途使用资金。

②所筹资金用于投资的，参照《应用指引第11号——工程项目》相关规定。

③由于市场环境变化等确需改变资金用途的，应当履行相应的审批程序。严禁擅自改变资金用途。

（4）会计系统控制（见表6-46）✓较冷门的考点，适当注意，考试一般考查知识点的直接还原。

表6-46　**会计系统控制**

立账	企业应当建立筹资业务的记录、凭证和账簿
核算和监督	应当按照国家统一会计准则制度，正确核算和监督资金筹集、本息偿还、股利支付等相关业务
资料保管	应当妥善保管筹资合同或协议、收款凭证、入库凭证等资料
账务核对	应当定期与资金提供方进行账务核对，确保筹资活动符合筹资方案的要求

2.投资

（1）投资方案（见表6-47）

表6-47　**投资方案**

<table>
<tr><td>拟订投资方案</td><td colspan="3">企业应当根据投资目标和规划，合理安排资金投放结构，科学确定投资项目，拟订投资方案，重点关注投资项目的收益和风险
• 企业选择投资项目应当突出主业，谨慎从事股票投资或衍生金融产品等高风险投资
• 境外投资还应考虑政治、经济、法律、市场等因素的影响
• 企业采用并购方式进行投资的，应当严格控制并购风险，重点关注并购对象的隐性债务、承诺事项、可持续发展能力、员工状况及其与本企业治理层及管理层的关联关系，合理确定支付对价，确保实现并购目标</td></tr>
<tr><td>论证投资方案</td><td colspan="3">企业应当加强对投资方案的可行性研究，重点对投资目标、规模、方式、资金来源、风险与收益等做出客观评价
注意：企业根据实际需要，可以委托具备相应资质的专业机构进行可行性研究，提供独立的可行性研究报告</td></tr>
<tr><td rowspan="4">审批投资方案</td><td colspan="3">企业应当按照规定的权限和程序对投资项目进行决策审批
重点审查：投资方案是否可行，投资项目是否符合国家产业政策及相关法律法规的规定、是否符合企业投资战略目标和规划、是否具有相应的资金能力，投入资金能否按时收回，预期收益能否实现，以及投资和并购风险是否可控等</td></tr>
<tr><td rowspan="3">授权审批控制</td><td>重大投资方案</td><td>应当按照规定的权限和程序实行集体决策或者联签制度</td></tr>
<tr><td>投资方案的报批</td><td>需经有关管理部门批准的，应当履行相应的报批程序</td></tr>
<tr><td>投资方案发生重大变更</td><td>应当重新进行可行性研究并履行相应审批程序</td></tr>
</table>

✓较冷门的考点，适当注意，考试一般考查知识点的直接还原。

（2）投资操作（见表6-48）

表6-48　　投资操作

投资操作	企业应当根据批准的投资方案，与被投资方签订投资合同或协议，明确出资时间、金额、方式、双方权利义务和违约责任等内容，按规定的权限和程序审批后履行投资合同或协议	
	项目跟踪管理	企业应当指定专门机构或人员对投资项目进行跟踪管理，及时收集被投资方经审计的财务报告等相关资料，定期组织投资效益分析，关注被投资方的财务状况、经营成果、现金流量以及投资合同履行情况，发现异常情况，应当及时报告并妥善处理

（3）投资收回和处置（见表6-49）

表6-49　　投资收回和处置

概述	企业应当加强投资收回和处置环节的控制，对投资收回、转让、核销等决策和审批程序做出明确规定
收回投资	企业应当重视投资到期本金的回收
转让投资	转让投资应当由相关机构或人员合理确定转让价格，报授权批准部门批准，必要时可委托具有相应资质的专门机构进行评估
核销投资	核销投资应当取得不能收回投资的法律文书和相关证明文件。企业对于到期无法收回的投资，应当建立责任追究制度

（4）会计系统控制（见表6-50）

表6-50　　会计系统控制

会计政策的确定	企业应当根据对被投资方的影响程度，合理确定投资会计政策
立账	企业应当建立投资管理台账
核算和监督	应当详细记录投资对象、金额、持股比例、期限、收益等事项
资料保管	应当妥善保管投资合同或协议、出资证明等资料
计提减值准备和确认减值损失	企业财会部门对于被投资方出现财务状况恶化、市价当期大幅下跌等情形的，应当根据国家统一的会计准则制度规定，合理计提减值准备、确认减值损失

3.营运（见表6-51）

表6-51 营运

总体要求	企业应当加强资金营运全过程的管理，统筹协调内部各机构在生产经营过程中的资金需求，切实做好资金在采购、生产、销售等各环节的综合平衡，全面提升资金营运效率	
定期召开资金调度会/资金安全检查	对资金预算执行情况进行综合分析，发现异常情况，及时采取措施妥善处理，避免资金冗余或资金链断裂	
	临时性资金短缺	可以通过短期融资等方式获取资金
	资金短期闲置	在保证安全性和流动性的前提下，可以通过购买国债等多种方式，提高资金效益
全面预算管理	• 严格按照预算要求组织协调资金调度，确保资金及时收付，实现资金的合理占用和营运良性循环 • 应当严禁资金的体外循环，切实防范资金营运中的风险	
会计系统控制	企业应当加强对营运资金的会计系统控制，严格规范资金的收支条件、程序和审批权限	
	资金收入	企业在生产经营及其他业务活动中取得的资金收入应当及时入账，不得账外设账，严禁收款不入账、设立“小金库”
	资金支出	企业办理资金支付业务，应当明确支出款项的用途、金额、预算、限额、支付方式等内容，并附原始单据或相关证明，履行严格的授权审批程序后，方可安排资金支出
	不相容职务相分离	不得由一人办理货币资金全过程业务，严禁将办理资金支付业务的相关印章和票据集中一人保管

七、采购业务

《企业内部控制应用指引第7号——采购业务》所称采购，是指购买物资（或接受劳务）及支付款项等相关活动。

（一）采购业务需关注的主要风险（见表6-52）✓要求记忆！可能考查知识点的直接默写。记忆技巧：采购前（计划、市场预测）、采购中（供应商、方式、招标、授权审批、舞弊【特殊事项】）、采购后（验收、付款）。

表6-52　**采购业务需关注的主要风险**

主要对象	风险点	可能导致的不良后果
采购计划	安排不合理，市场变化趋势预测不准确，造成库存短缺或积压	可能导致企业生产停滞或资源浪费
供应商/采购方式/价格	供应商选择不当，采购方式不合理，招投标或定价机制不科学，授权审批不规范	可能导致采购物资质次价高，出现舞弊或遭受欺诈
验收/付款	采购验收不规范，付款审核不严	可能导致采购物资、资金损失或信用受损

（二）内部控制要求与措施 ✓建议通读，掌握关键要求即可，考试一般以案例改错形式出现。

提示：本应用指引涉及控制活动为：不相容职务分离、授权审批、会计系统、财产保护、预算控制和运营分析。

企业应当结合实际情况，全面梳理采购业务流程，完善采购业务相关管理制度，统筹安排采购计划，明确请购、审批、购买、验收、付款、采购后评估等环节的职责和审批权限，按照规定的审批权限和程序办理采购业务，建立价格监督机制，定期检查和评价采购过程中的薄弱环节，采取有效控制措施，确保物资采购满足企业生产经营需要。

1.购买

（1）采购业务总体要求

企业的采购业务应当集中，避免多头采购或分散采购，以提高采购业务效率，降低采购成本，堵塞管理漏洞（见表6-53）。

表6-53　**采购业务总体要求**

采购人员	企业应当对办理采购业务的人员定期进行岗位轮换	
采购业务的性质	重要和技术性较强	应当组织相关专家进行论证，实行集体决策和审批
	除小额零星物资或服务外	不得安排同一机构办理采购业务全过程
	小额零星物资或服务	可安排同一机构办理采购业务全过程

（2）采购申请（见表6-54）

表6-54 **采购申请**

总体需求与措施	企业应当建立采购申请制度，依据购买物资或接受劳务的类型，确定归口管理部门，授予相应的请购权，明确相关部门或人员的职责权限及相应的请购和审批程序	
	企业可以根据实际需要设置专门的请购部门，对需求部门提出的采购需求进行审核，并进行归类汇总，统筹安排企业的采购计划	
采购项目	预算内	具有请购权的部门应当严格按照预算执行进度办理请购手续，并根据市场变化提出合理的采购申请
	超预算和预算外	应先履行预算调整程序，由具备相应审批权限的部门或人员审批后，再行办理请购手续

✓考试爱考的考点，注意超预算的项目要先调预算，一般考查知识点的直接还原。

可以减少供应商的信用风险→可以降低市场风险。虽然本处从未与市场风险联系起来考查，但希望同学们注意其内在联系。

（3）采购要素（见表6-55）

表6-55 **采购要素**

供应商	企业应当建立科学的供应商评估和准入制度，确定合格供应商清单，与选定的供应商签订质量保证协议，建立供应商管理信息系统	
	企业应对供应商提供物资或劳务的质量、价格、交货及时性、供货条件及其资信、经营状况等进行实时管理和综合评价，根据评价结果对供应商进行合理选择和调整	
	企业可委托具有相应资质的中介机构对供应商进行资信调查	
采购方式	大宗采购	应当采用招标方式，合理确定招投标的范围、标准、实施程序和评标规则
	一般物资或劳务	可以采用询价或定向采购的方式并签订合同协议
	小额零星物资或劳务	可以采用直接购买等方式
定价机制	企业应当建立采购物资定价机制，采取协议采购、招标采购、谈判采购、询比价采购等多种方式合理确定采购价格，最大限度地减轻市场变化对企业采购价格的影响	
	大宗采购	应当采用招投标方式确定采购价格
	其他商品或劳务采购	应当根据市场行情制定最高采购限价，并适时调整最高采购限价
采购合同	• 企业应当根据确定的供应商、采购方式、采购价格等情况拟定采购合同，准确描述合同条款，明确双方权利、义务和违约责任，按照规定权限签订采购合同 • 企业应当根据生产建设进度和采购物资特性，选择合理的运输工具和运输方式，办理运输、投保等事宜	

✓多选题爱考的知识点，一般考查知识点的直接还原，建议关注。

✓选择题较冷门考点，考试一般考查知识点的直接还原，建议适当关注。

（4）采购验收与采购过程管理（见表6-56）

验收思路：东西进入企业，所有权即将转移，这个时候做验收（考查主观题时，题干可能不会提及验收，需要同学们自己纠正。因此同学们容易遗忘验收的问题，这个坑建议小心处理）。注意验收过程不相容职务相分离问题，即采购人员不能做验收，这也是考试中常见的坑，希望同学们能规避。

表6-56　**采购验收与采购过程管理**

采购验收	• 企业应当建立严格的采购验收制度，确定检验方式，由专门的验收机构或验收人员对采购项目的品种、规格、数量、质量等相关内容进行验收，出具验收证明 • 验收过程中发现异常情况时，负责验收的机构或人员应当立即向企业有权管理的相关机构报告，相关机构应当查明原因并及时处理 注意：涉及大宗和新、特物资采购的，还应进行专业测试
采购过程管理	企业应当加强物资采购供应过程的管理，依据采购合同中确定的主要条款跟踪合同履行情况，对有可能影响生产或工程进度的异常情况，应出具书面报告并及时提出解决方案
	企业应当做好采购业务各环节的记录，实行全过程的采购登记制度或信息化管理，确保采购过程的可追溯性

特殊物资，特殊处理。

✓较冷门考点，建议适当关注，一般考查知识点的直接还原。

2.付款（见表6-57）

表6-57　**付款**

付款流程	企业应当加强采购付款的管理，完善付款流程，明确付款审核人的责任和权力，严格审核采购预算、合同、相关单据凭证、审批程序等相关内容，审核无误后按照合同规定及时办理付款	
	采购发票	企业在付款过程中，应当严格审查采购发票的真实性、合法性和有效性
		发现虚假发票的，应查明原因，及时报告处理
	过程控制和跟踪管理	企业应当重视采购付款的过程控制和跟踪管理，发现异常情况的，应当拒绝付款，避免出现资金损失和信用受损
	付款方式	企业应当合理选择付款方式，并严格遵循合同规定，防范付款方式不当带来的法律风险，保证资金安全
预付账款和定金	涉及大额或长期的预付款项，应当定期进行追踪核查，综合分析预付账款的期限、占用款项的合理性、不可收回风险等情况，发现有疑问的预付款项，应当及时采取措施	

续表

<table>
<tr><td rowspan="2">会计系统控制</td><td colspan="2">企业应当加强对购买、验收、付款业务的会计系统控制，详细记录供应商情况、请购申请、采购合同、采购通知、验收证明、入库凭证、商业票据、款项支付等情况，确保会计记录、采购记录与仓储记录核对一致</td></tr>
<tr><td>专人函证、核对往来款</td><td>企业应当指定专人通过函证等方式，定期与供应商核对应付账款、应付票据、预付账款等往来款项</td></tr>
<tr><td rowspan="2">退货管理</td><td colspan="2">企业应当建立退货管理制度，对退货条件、退货手续、货物出库、退货货款回收等做出明确规定，并在与供应商的合同中明确退货事宜，及时收回退货货款</td></tr>
<tr><td colspan="2">涉及符合索赔条件的退货，应在索赔期内及时办理索赔</td></tr>
</table>

✔较冷门的考点，适当注意，考试一般考查知识点的直接还原。

八、资产管理

《企业内部控制应用指引第8号——资产管理》所称资产，是指企业拥有或控制的存货、固定资产和无形资产。

（一）资产管理需关注的主要风险（见表6-58）

✔要求记忆！可能考查知识点的直接默写。记忆技巧：按概念的组成部分记忆：存货、固定资产、无形资产。

表6-58　　资产管理需关注的主要风险

主要对象	风险点	可能导致的不良后果
存货	积压或短缺	可能导致流动资金占用过量、存货价值贬损或生产中断
固定资产	更新改造不够、使用效能低下、维护不当、产能过剩	可能导致企业缺乏竞争力、资产价值贬损、安全事故频发或资源浪费
无形资产	缺乏核心技术、权属不清、技术落后、存在重大技术安全隐患	可能导致企业法律纠纷、缺乏可持续发展能力

（二）内部控制要求与措施

✔建议通读，掌握关键要求即可，考试一般以案例改错形式出现。提示：本应用指引涉及的控制活动为：不相容职务分离、授权审批、会计系统和财产保护。

企业应当加强各项资产管理，全面梳理资产管理流程，及时发现资产管理中的薄弱环节，切实采取有效措施加以改进，并关注资产减值迹象，合理确认资产减值损失，不断提高企业资产管理水平。企业应当重视和加强各项资产的投保工作，采用招标等方式确定保险人，降低资产损失风险，防范资产投保舞弊。

1.存货

（1）总体要求

企业应当采用先进的存货管理技术和方法，规范存货管理流程，明确存货取得、验收入库、原料加工、仓储保管、领用发出、盘点处置等环节的管理要求，充分利用信息系统，强化会计、出入库等相关记录，确保存货管理全过程的风险得到有效控制。

（2）存货管理（见表6-59）

表6-59　**存货管理**

<table>
<tr><td rowspan="1">岗位责任制</td><td colspan="2">企业应当建立存货管理岗位责任制，明确内部相关部门和岗位的职责权限，切实做到不相容岗位相互分离、制约和监督
企业内部除存货管理、监督部门及仓储人员外，其他部门和人员接触存货，应当经过相关部门特别授权</td></tr>
<tr><td rowspan="5">存货验收</td><td colspan="2">企业应当重视存货验收工作，规范存货验收程序和方法，对入库存货的数量、质量、技术规格等方面进行查验，验收无误方可入库</td></tr>
<tr><td>外购存货</td><td>应当重点关注合同、发票等原始单据与存货的数量、质量、规格等核对一致</td></tr>
<tr><td>技术含量较高的货物</td><td>必要时可委托具有检验资质的机构或聘请外部专家协助验收</td></tr>
<tr><td>自制存货</td><td>应当重点关注产品质量，检验合格的半成品、产成品才能办理入库手续，不合格品应及时查明原因、落实责任、报告处理</td></tr>
<tr><td>其他方式取得的存货</td><td>应重点关注存货来源、质量状况、实际价值是否符合有关合同或协议的约定</td></tr>
<tr><td>存货保管</td><td colspan="2">企业应当建立存货保管制度，定期对存货进行检查，重点关注下列事项：
① 存货在不同仓库之间流动时应当办理出入库手续
② 应当按仓储物资所要求的储存条件储存，并健全防火、防洪、防盗、防潮、防病虫害和防变质等管理规范
③ 加强生产现场的材料、周转材料、半成品等物资的管理，防止浪费、被盗和流失
④ 对代管、代销、暂存、受托加工的存货，应单独存放和记录，避免与本单位存货混淆
⑤ 结合企业实际情况，加强存货的保险投保，保证存货安全，合理降低存货意外损失风险</td></tr>
</table>

✓多选题较冷门考点，一般以文字描述形式出现，考查知识点的直接还原。

（3）存货的后续管理（见表6-60）

表6-60 **存货的后续管理**

特殊物资，特殊处理。

✓选择题冷门考点，知道一下，一般考查知识点的直接还原。

发出和领用	企业应当明确存货发出和领用的审批权限，仓储部门应当根据经审批的销售（出库）通知单发出货物 注意：大批存货、贵重商品或危险品的发出应当实行特别授权
记录库存相关情况	企业仓储部门应当详细记录存货入库、出库及库存情况，做到存货记录与实际库存相符，并定期与财会部门、存货管理部门进行核对
库存状态管理	企业应当根据各种存货采购间隔期和当前库存，综合考虑企业生产经营计划、市场供求等因素，充分利用信息系统，合理确定存货采购日期和数量，确保存货处于最佳库存状态
存货盘点清查	企业应当建立存货盘点清查制度，结合本企业实际情况确定盘点周期、盘点流程等相关内容，核查存货数量，及时发现存货减值迹象
	企业至少应当于每年年度终了开展全面盘点清查，盘点清查结果应当形成书面报告 盘点清查中发现的盘盈、盘亏、毁损、闲置以及需要报废的存货，应当查明原因、落实并追究责任，按照规定权限经批准后处置

2.固定资产

（1）总体要求

企业应当加强房屋建筑物、机器设备等各类固定资产的管理，重视固定资产维护和更新改造，不断提升固定资产的使用效能，积极促进固定资产处于良好运行状态。

（2）具体要求（见表6-61）

表6-61 **具体要求**

维护	固定资产目录	企业应当制定固定资产目录，对每项固定资产进行编号，按照单项资产建立固定资产卡片，详细记录各项固定资产的来源、验收、使用地点、责任单位和责任人、运转、维修、改造、折旧、盘点等相关内容
	日常维修和大修理	企业应当严格执行固定资产日常维修和大修理计划，定期对固定资产进行维护保养，切实消除安全隐患
	流程监控	企业应当强化对生产线等关键设备运转的监控，规范操作流程，实行岗前培训和岗位许可制度，确保设备安全运转

续表

更新改造	企业应当根据发展战略，充分利用国家有关自主创新政策，加大技改投入，不断促进固定资产技术升级，淘汰落后设备，切实做到保持本企业固定资产技术的先进性和企业发展的可持续性	
投保	企业应当严格执行固定资产投保政策，对应投保的固定资产项目按规定程序进行审批，及时办理投保手续	
抵押	企业应当规范固定资产抵押管理，确定固定资产抵押程序和审批权限等	
	固定资产用作抵押	应由相关部门提出申请，经企业授权部门或人员批准后，由资产管理部门办理抵押手续
	对接收的抵押资产的管理	编制专门的资产目录，合理评估抵押资产的价值
清查	企业应当建立固定资产清查制度，至少每年进行一次全面清查	
	对固定资产清查中发现的问题，应当查明原因，追究责任，妥善处理 企业应当加强固定资产处置的控制，关注固定资产处置中的关联交易和处置定价，防范资产流失	

3.无形资产

企业应当加强对品牌、商标、专利、专有技术、土地使用权等无形资产的管理，分类制定无形资产管理办法，落实无形资产管理责任制，促进无形资产的有效利用，充分发挥无形资产对提升企业核心竞争力的作用（见表6-62）。

表6-62　**无形资产**

无形资产权益保护	企业应当全面梳理外购、自行开发以及其他方式取得的各类无形资产的权属关系，加强无形资产的权益保护，防范侵权行为和法律风险
	无形资产具有保密性质，企业应当采取严格的保密措施，严防泄露商业秘密 企业购入或者以支付土地出让金等方式取得的土地使用权，应当取得土地使用权有效证明文件
定期评估	企业应当定期对专利、专有技术等无形资产的先进性进行评估，淘汰落后技术，加大研发投入，促进技术更新换代，不断提升自主创新能力，努力做到核心技术处于同行业领先水平
品牌建设	企业应当重视品牌建设，加强商誉管理，通过提供高质量产品和优质服务等多种方式，不断打造和培育主业品牌，切实维护和提升企业品牌的社会认可度

九、销售业务

《企业内部控制应用指引第9号——销售业务》所称销售，是指企业出售商品（或提供劳务）及收取款项等相关活动。

✓要求记忆！可能考查知识点直接默写。

记忆技巧：销售前（政策&策略、市场预测）、销售过程中&过程后（客户信用、结算、回款）、舞弊【特殊事项】。

（一）销售业务需关注的主要风险（见表6-63）

表6-63　**销售业务需关注的主要风险**

主要对象	风险点	可能导致的不良后果
销售政策、市场预测、销售渠道	销售政策和策略不当，市场预测不准确，销售渠道管理不当等	可能导致销售不畅、库存积压、经营难以为继
客户信用管理、结算方式、账款回收	客户信用管理不到位，结算方式选择不当，账款回收不力等	可能导致销售款项不能收回或有关人员遭受欺诈
销售过程	存在舞弊行为	可能导致企业利益受损

（二）内部控制要求与规范

✓建议通读，掌握关键要求即可，考试一般以案例改错形式出现。提示：本应用指引涉及的控制活动为：不相容职务分离、授权审批、会计系统、财产保护、运营分析和绩效考评（除了预算控制之外，其他常见的控制活动均有涉及）。

企业应当结合实际情况，全面梳理销售业务流程，完善销售业务相关管理制度，确定适当的销售政策和策略，明确销售、发货、收款等环节的职责和审批权限，按照规定的权限和程序办理销售业务，定期检查、分析销售过程中的薄弱环节，采取有效控制措施，确保实现销售目标。

1.销售（见表6-64）

表6-64　**销售**

销售政策和策略	企业应当加强市场调查，合理确定定价机制和信用方式，根据市场变化及时调整销售策略，灵活运用销售折扣、销售折让、信用销售、代销和广告宣传等多种策略和营销方式，促进销售目标实现，不断提高市场占有率
客户信用	企业应当健全客户信用档案，关注重要客户资信变动情况，采取有效措施，防范信用风险 注意：企业对于境外客户和新开发客户，应当建立严格的信用保证制度

可以减少客户的信用风险→可以降低市场风险。虽然本处从未与市场风险联系起来考查，但希望同学们注意其内在联系。

✓选择题、主观题爱考的考点，一般考查知识点的直接还原，建议掌握。

续表

订立销售合同	订立前	应当与客户进行业务洽谈、磋商或谈判，关注客户信用状况、销售定价、结算方式等相关内容
	重大的销售业务谈判	应当吸收财会、法律等专业人员参加，并形成完整的书面记录
	合同的内容与审批	销售合同应当明确双方的权利和义务，审批人员应当对销售合同草案进行严格审核
	重要的销售合同	应当征询法律顾问或专家的意见
发货	销售部门	应当按照经批准的销售合同开具相关销售通知
	发货和仓储部门	应当对销售通知进行审核，严格按照所列项目组织发货，确保货物的安全发运
	销售退回	企业应当加强销售退回管理，分析销售退回原因，及时妥善处理
	发票问题	企业应当严格按照发票管理规定开具销售发票。严禁开具虚假发票
销售记录	企业应当做好销售业务各环节的记录，填制相应的凭证，设置销售台账，实行全过程的销售登记制度	
客户服务和跟踪	企业应当完善客户服务制度，加强客户服务和跟踪，提升客户满意度和忠诚度，不断改进产品质量和服务水平	

✔ 选择题冷门考点，适当关注。若考查，一般考查知识点的直接还原。

2.收款（见表6-65）

表6-65 **收款**

应收款项管理	企业应当完善应收款项管理制度，严格考核，实行奖惩	
	销售部门	负责应收款项的催收，催收记录（包括往来函电）应妥善保存
	财会部门	负责办理资金结算并监督款项回收
商业票据管理	企业应当加强商业票据管理，明确商业票据的受理范围，严格审查商业票据的真实性和合法性，防止票据欺诈	
	关注点	商业票据的取得、贴现和背书
	追索监控和跟踪管理	对已贴现但仍承担收款风险的票据以及逾期票据，应当进行追索监控和跟踪管理

✔ 考试爱考的考点，可以考查主观题案例改错。建议掌握销售部门和财会部门的职责。

续表

<table>
<tr><td rowspan="3">会计系统控制</td><td colspan="2">企业应当加强对销售、发货、收款业务的会计系统控制，详细记录销售客户、销售合同、销售通知、发运凭证、商业票据、款项收回等情况，确保会计记录、销售记录与仓储记录核对一致</td></tr>
<tr><td>专人函证核对往来款</td><td>企业应当指定专人通过函证等方式，定期与客户核对应收账款、应收票据、预收账款等往来款项</td></tr>
<tr><td>应收款项坏账管理</td><td>企业应当加强应收款项坏账的管理。应收款项全部或部分无法收回的，应当查明原因，明确责任，并严格履行审批程序，按照国家统一的会计准则或有关制度进行处理</td></tr>
</table>

【总结】

专人函证核对往来款只出现在两个地方：

① 采购，与供应商核对往来款

② 销售，与客户核对往来款

十、研究与开发

《企业内部控制应用指引第10号——研究与开发》所称研究与开发，是指企业为获取新产品、新技术、新工艺等所开展的各种研发活动。

✓要求记忆！可能考查知识点的直接默写。记忆技巧：研发前（可行性研究）、研发中（人财物配置、过程管理、舞弊【特殊事项】）、研发后（成果保护）。

（一）开展研发活动需关注的主要风险（见表6-66）

表6-66 **开展研发活动需关注的主要风险**

<table>
<tr><th>主要对象</th><th colspan="2">风险点</th><th>可能导致的不良后果</th></tr>
<tr><td>研究项目</td><td colspan="2">未经科学论证或论证不充分</td><td>可能导致创新不足或资源浪费</td></tr>
<tr><td rowspan="2">研发人员、研发过程</td><td>研发人员</td><td>配备不合理</td><td rowspan="2">可能导致研发成本过高、舞弊或研发失败</td></tr>
<tr><td>研发过程</td><td>管理不善</td></tr>
<tr><td>研究成果</td><td colspan="2">转化应用不足、保护措施不力</td><td>可能导致企业利益受损</td></tr>
</table>

（二）内部控制要求与措施

✓建议通读，掌握关键要求即可，考试一般以案例改错形式出现。
提示：本应用指引涉及控制活动为：不相容职务分离、授权审批和财产保护。

企业应当重视研发工作，根据发展战略，结合市场开拓和技术进步要求，科学制订研发计划，强化研发全过程管理，规范研发行为，促进研发成果的转化和有效利用，不断提升企业自主创新能力。

1.立项与研究

（1）研究项目的立项与审批（见表6-67）

表6-67　　　　　**研究项目的立项与审批**

<table>
<tr><td rowspan="2">立项</td><td colspan="2">企业应当根据实际需要，结合研发计划，提出研究项目立项申请，开展可行性研究，编制可行性研究报告</td></tr>
<tr><td colspan="2">企业可以组织独立于申请及立项审批之外的专业机构和人员进行评估论证，出具评估意见</td></tr>
<tr><td rowspan="3">审批</td><td colspan="2">研究项目应当按照规定的权限和程序进行审批</td></tr>
<tr><td>重大研究项目</td><td>应当报经董事会或类似权力机构集体审议、决策</td></tr>
<tr><td>重点关注</td><td>审批过程中，应当重点关注研究项目促进企业发展的必要性、技术的先进性以及成果转化的可行性</td></tr>
</table>

注意不相容岗位相分离，即立项、评估、审批为两两互为不相容岗位。

✓细小知识点，可能出现在主观题中，让同学们改错。

✓"重大"问题：额外关注！爱考的知识点，选择题一般考查知识点的直接还原。也可能出现在主观题中，让同学们改错。

（2）研究（见表6-68）

表6-68　　　　　**研究**

<table>
<tr><td rowspan="4">研究过程管理</td><td colspan="2">企业应当加强对研究过程的管理，合理配备专业人员，严格落实岗位责任制，确保研究过程高效、可控</td></tr>
<tr><td>跟踪检查、评估成果</td><td>企业应当跟踪检查研究项目进展情况，评估各阶段研究成果，提供足够的经费支持，确保项目按期、保质完成，有效规避研究失败风险</td></tr>
<tr><td>委托外单位承担研究项目</td><td>企业研究项目委托外单位承担的，应当采用招标、协议等适当方式确定受托单位，签订外包合同，约定研究成果的产权归属、研究进度和质量标准等相关内容</td></tr>
<tr><td>与其他单位合作进行研究</td><td>应当对合作单位进行尽职调查，签订书面合作研究合同，明确双方投资、分工、权利义务、研究成果产权归属等</td></tr>
<tr><td rowspan="2">研究成果验收</td><td colspan="2">企业应当建立和完善研究成果验收制度，组织专业人员对研究成果进行独立评审和验收</td></tr>
<tr><td colspan="2">企业对于通过验收的研究成果，可以委托相关机构进行审查，确认是否申请专利或作为非专利技术、商业秘密等进行管理
企业对于需要申请专利的研究成果，应当及时办理有关专利申请手续</td></tr>
<tr><td>核心研究人员管理</td><td colspan="2">企业应当建立严格的核心研究人员管理制度，明确界定核心研究人员范围和名册清单，签署符合国家有关法律法规要求的保密协议
企业与核心研究人员签订劳动合同时，应当特别约定研究成果归属、离职条件、离职移交程序、离职后保密义务、离职后竞业限制年限及违约责任等内容</td></tr>
</table>

2.开发与保护（见表6-69）

表6-69 **开发与保护**

研究成果的开发与转化	企业应当加强研究成果的开发，形成科研、生产、市场一体化的自主创新机制，促进研究成果转化 研究成果的开发应当分步推进，通过试生产充分验证产品性能，在获得市场认可后方可进行批量生产
研究成果保护	企业应当建立研究成果保护制度
	加强对专利权、非专利技术、商业秘密及研发过程中形成的各类涉密图纸、程序、资料的管理，严格按照制度规定借阅和使用 禁止无关人员接触研究成果
研发活动评估	企业应当建立研发活动评估制度，加强对立项与研究、开发与保护等过程的全面评估，认真总结研发管理经验，分析存在的薄弱环节，完善相关制度和办法，不断改进和提升研发活动的管理水平

十一、工程项目

《企业内部控制应用指引第11号——工程项目》所称工程项目，是指企业自行或者委托其他单位所进行的建造、安装工程。

（一）工程项目需关注的主要风险（见表6-70）

✔要求记忆！可能考查知识点的直接默写。记忆技巧：立项→招标→工程造价→工程物资（建设）→竣工结算。

表6-70 **工程项目需关注的主要风险**

主要对象	风险点	可能导致的不良后果
工程立项	缺乏可行性研究或者可行性研究流于形式，决策不当，盲目上马	可能导致难以实现预期效益或项目失败
工程招标	暗箱操作，存在商业贿赂	可能导致中标人实质上难以承担工程项目、中标价格失实及相关人员涉案
工程造价	工程造价信息不对称，技术方案不落实，概预算脱离实际	可能导致项目投资失控
工程建设	工程物资质次价高，工程监理不到位，项目资金不落实	可能导致工程质量低劣、进度延迟或中断
工程验收	竣工验收不规范，最终把关不严	可能导致工程交付使用后存在重大隐患

（二）内部控制要求与规范

✓建议通读，掌握关键要求即可，考试一般以案例改错形式出现。提示：本应用指引涉及的控制活动为：不相容职务分离、授权审批、会计系统、财产保护和预算控制。

企业应当建立和完善工程项目各项管理制度，全面梳理各个环节可能存在的风险点，规范工程立项、招标、造价、建设、验收等环节的工作流程，明确相关部门和岗位的职责权限，做到可行性研究与决策、概预算编制与审核、项目实施与价款支付、竣工决算与审计等不相容职务相互分离，强化工程建设全过程的监控，确保工程项目的质量、进度和资金安全。

✓适当关注工程项目中的不相容职务分离，为选择题爱考的知识点，一般考查知识点的直接还原。

1.工程立项

（1）项目立项（见表6-71）

表6-71　**项目立项**

立项	
总体要求	企业应当指定专门机构归口管理工程项目，根据发展战略和年度投资计划： ①提出项目建议书；②开展可行性研究；③编制可行性研究报告
项目建议书	主要内容包括：项目的必要性和依据、产品方案、拟建规模、建设地点、投资估算、资金筹措、项目进度安排、经济效果和社会效益的估计、环境影响的初步评价等
可行性研究	企业可以委托具有相应资质的专业机构开展可行性研究，并按照有关要求形成可行性研究报告
可行性研究报告	主要内容包括：项目概况，项目建设的必要性、市场预测，项目建设选址及建设条件论证，建设规模和建设内容，项目外部配套建设，环境保护、劳动保护与卫生防疫，消防、节能、节水，总投资及资金来源，经济、社会效益，项目建设周期及进度安排，招投标法规定的相关内容等

（2）项目评审（见表6-72）

表6-72　**项目评审**

总体要求	企业应当组织规划、工程、技术、财会、法律等部门的专家对项目建议书和可行性研究报告进行充分论证和评审，出具评审意见，作为项目决策的重要依据
重点关注	项目投资方案、投资规模、资金筹措、生产规模、投资效益、布局选址、技术、安全、设备、环境保护等方面，核实相关资料的来源和取得途径是否真实、可靠和完整
相应资质的专业机构	企业可以委托具有相应资质的专业机构对可行性研究报告进行评审，出具评审意见。从事项目可行性研究的专业机构不得再从事可行性研究报告的评审

(3) 项目决策与工程许可（见表6-73）

✓系爱考的知识点，选择题一般考查知识点的直接还原。也可能出现在主观题中，让同学们改错。建议同学们关注。

表6-73　**项目决策与工程许可**

<table>
<tr><td rowspan="3">项目决策</td><td colspan="2">企业应当按照规定的权限和程序对工程项目进行决策，决策过程应有完整的书面记录</td></tr>
<tr><td>重大工程项目的立项</td><td>应当报经董事会或类似权力机构集体审议批准</td></tr>
<tr><td colspan="2">注意：
① 总会计师或分管会计工作的负责人应当参与项目决策
② 任何个人不得单独决策或者擅自改变集体决策意见
③ 工程项目决策失误应当实行责任追究制度</td></tr>
<tr><td>工程许可</td><td colspan="2">企业应当在工程项目立项后、正式施工前，依法取得建设用地、城市规划、环境保护、安全、施工等方面的许可</td></tr>
</table>

2. 工程招标

(1) 总体要求

企业的工程项目一般应当采用公开招标的方式，择优选择具有相应资质的承包单位和监理单位，见表6-74。

表6-74　**总体要求**

✓系选择题冷门考点，适当关注即可。一般考查知识点的直接还原。

<table>
<tr><td rowspan="3">承包单位的选择</td><td rowspan="2">可以</td><td>总包</td><td>将工程的勘察、设计、施工、设备采购一并发包给一个项目总承包单位</td></tr>
<tr><td>分包</td><td>将其中的一项或者多项发包给一个工程总承包单位</td></tr>
<tr><td>不可以</td><td colspan="2">不得违背工程施工组织设计和招标设计计划，将应由一个承包单位完成的工程分解为若干部分发包给几个承包单位</td></tr>
<tr><td rowspan="3">招标</td><td>招标要求、评标原则</td><td colspan="2">企业应当依照国家招投标法的规定，遵循公开、公正、平等竞争的原则，发布招标公告，提供载有招标工程的主要技术要求、主要合同条款、评标的标准和方法，以及开标、评标、定标的程序等内容的招标文件</td></tr>
<tr><td>标底</td><td colspan="2">企业可以根据项目特点决定是否编制标底。需要编制标底的，标底编制过程和标底应当严格保密</td></tr>
<tr><td>注意</td><td colspan="2">在确定中标人前，企业不得与投标人就投标价格、投标方案等实质性内容进行谈判</td></tr>
</table>

✓系主观题改错爱考的知识点，通常考查知识点的直接还原，建议关注。

（2）招标具体要求（见表6-75）

表6-75　　**招标具体要求**

<table>
<tr><td>开评标、定标</td><td colspan="2">企业应当依法组织工程招标的开标、评标和定标，并接受有关部门的监督</td></tr>
<tr><td rowspan="3">评标委员会</td><td>成员</td><td>由企业的代表和有关技术、经济方面的专家组成</td></tr>
<tr><td>职责</td><td>评标委员会应当客观、公正地履行职务，遵守职业道德，对所提出的评审意见承担责任</td></tr>
<tr><td>注意</td><td>① 企业应当采取必要的措施，保证评标在严格保密的情况下进行
② 评标委员会成员和参与评标的有关工作人员不得透露对投标文件的评审和比较、中标候选人的推荐情况以及与评标有关的其他情况，不得私下接触投标人，不得收受投标人的财物或者其他好处</td></tr>
<tr><td>定标</td><td colspan="2">企业应当按照规定的权限和程序从中标候选人中确定中标人，及时向中标人发出中标通知书，在规定的期限内与中标人订立书面合同，明确双方的权利、义务和违约责任
【注意】：企业和中标人不得再行订立背离合同实质性内容的其他协议</td></tr>
</table>

✓系考试爱考的知识点，较重要，建议关注，一般考查知识点的直接还原，也可能出现在主观题中让同学们改错。

3.工程造价（见表6-76）

表6-76　　**工程造价**

总体要求	企业应当加强工程造价管理，明确初步设计概算和施工图预算的编制方法，按照规定的权限和程序进行审核批准，确保概预算科学合理。企业可以委托具备相应资质的中介机构开展工程造价咨询工作
设计要求	企业应当向招标确定的设计单位提供详细的设计要求和基础资料，进行有效的技术、经济交流
	初步设计应当在技术、经济交流的基础上，采用先进的设计管理实务技术，进行多方案比选
	施工图设计深度及图纸交付进度应当符合项目要求，防止因设计深度不足、设计缺陷，造成施工组织、工期、工程质量、投资失控以及生产运行成本过高等问题
设计变更管理	企业应当建立设计变更管理制度。设计单位应当提供全面、及时的现场服务。因过失造成设计变更的，应当实行责任追究制度
概预算审核	企业应当组织工程、技术、财会等部门的相关专业人员或委托具有相应资质的中介机构对编制的概预算进行审核，重点审查编制依据、项目内容、工程量的计算、定额套用等是否真实、完整和准确。工程项目概预算按照规定的权限和程序审核批准后执行

4.工程建设

（1）总体要求

企业应当加强对工程建设过程的监控，实行严格的概预算管理，切实做到及时备料、科学施工、保障资金、落实责任，确保工程项目达到设计要求。

（2）工程物资的采购（见表6-77）

✓系选择题冷门考点，适当关注即可，一般考查知识点的直接还原。

表6-77 **工程物资的采购**

企业自行采购工程物资	应当按照《企业内部控制应用指引第7号——采购业务》等相关指引的规定，组织工程物资采购、验收和付款
由承包单位采购工程物资	企业应当加强监督，确保工程物资采购符合设计标准和合同要求。严禁不合格工程物资投入工程项目建设
重大设备和大宗材料的采购	应当根据有关招标采购的规定执行

（3）工程监理（见表6-78）

表6-78 **工程监理**

要求	企业应当实行严格的工程监理制度，委托经过招标确定的监理单位进行监理
工程监理单位	应当依照国家法律法规及相关技术标准、设计文件和工程承包合同，对承包单位在施工质量、工期、进度、安全和资金使用等方面实施监督
工程监理人员	应当具备良好的职业操守，客观公正地执行监理任务，发现工程施工不符合设计要求、施工技术标准和合同约定的，应当要求承包单位改正；发现工程设计不符合建筑工程质量标准或者合同约定的质量要求的，应当报告企业要求设计单位改正
【注意】未经工程监理人员签字，工程物资不得在工程上使用或者安装，不得进行下一道工序施工，不得拨付工程价款，不得进行竣工验收 ✓从未考过，适当关注。	

（4）工程款结算与工程变更（见表6-79）

表6-79　**工程款结算与工程变更**

财会部门	掌握工程进度	企业财会部门应当加强与承包单位的沟通，准确掌握工程进度
	工程价款结算	根据合同约定，按照规定的审批权限和程序办理工程价款结算，不得无故拖欠
工程变更	① 企业应当严格控制工程变更，确需变更的，应当按照规定的权限和程序进行审批 ② 因工程变更等原因造成价款支付方式及金额发生变动的，应当提供完整的书面文件和其他相关资料，并对工程变更价款的支付进行严格审核	
	重大项目变更	应当按照项目决策和概预算控制的有关程序和要求重新履行审批手续

5.工程验收（见表6-80）

表6-80　**工程验收**

总体要求	企业收到承包单位的工程竣工报告后，应当及时编制竣工决算，开展竣工决算审计，组织设计、施工、监理等有关单位进行竣工验收
审核竣工决算	企业应当组织审核竣工决算，重点审查决算依据是否完备、相关文件资料是否齐全、竣工清理是否完成、决算编制是否正确
	企业应当加强竣工决算审计，未实施竣工决算审计的工程项目，不得办理竣工验收手续
项目竣工验收	企业应当及时组织工程项目竣工验收 ① 交付竣工验收的工程项目，应当符合规定的质量标准，有完整的工程技术、经济资料，并具备国家规定的其他竣工条件 ② 验收合格的工程项目，应当编制交付使用财产清单，及时办理交付使用手续
档案管理	企业应当按照国家有关档案管理的规定，及时收集、整理工程建设各环节的文件资料，建立完整的工程项目档案
完工项目后评估	企业应当建立完工项目后评估制度，重点评价工程项目预期目标的实现情况和项目投资效益等，并以此作为绩效考核和责任追究的依据

十二、担保业务

《企业内部控制应用指引第12号——担保业务》所称担保，是指企业作为担保人按照公平、自愿、互利的原则与债权人约定，当债务人不履行债务时，依照法律规定和合同协议承担相应法律责任的行为。

（一）办理担保业务需关注的主要风险（见表6-81）

✓要求记忆！可能考查知识点的直接默写。

记忆技巧：担保前（被担保人靠不靠谱?）、担保中（监控、被担保人特殊状况）、舞弊【特殊事项】

表6-81　　办理担保业务需关注的主要风险

主要对象	风险点	可能导致的不良后果
担保申请人	资信状况调查不深，审批不严或越权审批	可能导致企业担保决策失误或遭受欺诈
监控	对被担保人出现财务困难或经营陷入困境等状况监控不力，应对措施不当	可能导致企业承担法律责任
担保过程	存在舞弊行为	可能导致经办审批等相关人员涉案或企业利益受损

（二）内部控制要求与措施

✓建议通读，掌握关键要求即可，考试一般以案例改错形式出现。

提示：本应用指引涉及的控制活动为：不相容职务分离、授权审批、会计系统和财产保护。

企业应当依法制定和完善担保业务政策及相关管理制度，明确担保的对象、范围、方式、条件、程序、担保限额和禁止担保等事项，规范调查评估、审核批准、担保执行等环节的工作流程，按照政策、制度、流程办理担保业务，定期检查担保政策的执行情况及效果。切实防范担保业务风险。

1.调查评估与审批

（1）对担保申请人的资信调查和风险评估（见表6-82）

表6-82　　对担保申请人的资信调查和风险评估

总体要求	①企业应当指定相关部门负责办理担保业务，对担保申请人进行资信调查和风险评估，应就评估结果出具书面报告 ②企业也可委托中介机构对担保业务进行资信调查和风险评估工作
重点关注事项	①担保业务是否符合国家法律法规和本企业担保政策等相关要求 ②担保申请人的资信状况，一般包括：基本情况、资产质量、经营情况、偿债能力、盈利水平、信用程度和行业前景等 ③担保申请人用于担保和第三方担保的资产状况及其权利归属 ④企业要求担保申请人提供反担保的，还应当对与反担保有关的资产状况进行评估
不得提供担保的情形	①担保项目不符合国家法律法规和本企业担保政策的 ②已进入重组、托管、兼并或破产清算程序的 ③财务状况恶化、资不抵债、管理混乱、经营风险较大的 ④与其他企业存在较大经济纠纷、面临法律诉讼且可能承担较大赔偿责任的 ⑤与本企业已经发生过担保纠纷且仍未妥善解决的，或不能及时足额缴纳担保费用的

【思路】企业为他人提供担保，无外乎是想在风险较小的情况下白赚担保费用。因此眼看着被担保对象不能还债或者信用不好，企业是不会做冤大头的（较冷门考点，该知识点不要求记忆，但按照以上的思路，足以应对选择题或主观题改错）。

（2）授权审批与监控（见表6-83）

表6-83　　　　　　　　**授权审批与监控**

授权审批	企业应当建立担保授权和审批制度，规定担保业务的授权批准方式、权限、程序、责任和相关控制措施，在授权范围内进行审批，不得超越权限审批	
	重大担保业务	应当报经董事会或类似权力机构批准
	变更担保事项	应当重新履行调查评估与审批程序
	经办人员	经办人员应当在职责范围内，按照审批人员的批准意见办理担保业务。对于审批人超越权限审批的担保业务，经办人员应当拒绝办理
统一监控	企业应当采取合法有效的措施加强对子公司担保业务的统一监控	
	企业内设机构	未经授权不得办理担保业务
	为关联方提供担保	企业为关联方提供担保的，与关联方存在经济利益或近亲属关系的有关人员在评估与审批环节应当回避
	对境外企业提供担保	对境外企业进行担保的，应当遵守外汇管理规定，并关注被担保人所在国家的政治、经济、法律等因素

✓较冷门考点，一般考查知识点的直接还原。适当关注即可。

✓较冷门考点，一般考查知识点的直接还原。适当关注即可。

2.执行与监控

（1）担保合同的订立和日常管理（见表6-84）

表6-84　　　　　　**担保合同的订立和日常管理**

订立担保合同	企业应当根据审核批准的担保业务订立担保合同	
	担保合同的内容	应明确被担保人的权利、义务、违约责任等相关内容，并要求被担保人定期提供财务报告与有关资料，及时通报担保事项的实施情况
	担保申请人	担保申请人同时向多方申请担保的，企业应当在担保合同中明确约定本企业的担保份额和相应的责任
日常管理	总体要求	企业担保经办部门应当加强担保合同的日常管理，定期监测被担保人的经营情况和财务状况，对被担保人进行跟踪和监督，了解担保项目的执行、资金的使用、贷款的归还、财务运行及风险等情况，确保担保合同的有效履行
	担保合同履行过程中，如果被担保人出现异常情况，应当及时报告，妥善处理 对于被担保人未按有法律效力的合同条款偿付债务或履行相关合同项下的义务的，企业应当按照担保合同履行义务，同时主张对被担保人的追索权	

（2）担保业务的内部控制与监控（见表6-85）

表6-85　　担保业务的内部控制与监控

<table>
<tr><td rowspan="3">会计系统控制</td><td colspan="2">企业应当加强对担保业务的会计系统控制，及时足额收取担保费用，建立担保事项台账，详细记录担保对象、金额、期限、用于抵押和质押的物品或权利以及其他有关事项</td></tr>
<tr><td>财会部门</td><td>应当及时收集、分析被担保人担保期内经审计的财务报告等相关资料，持续关注被担保人的财务状况、经营成果、现金流量以及担保合同的履行情况，积极配合担保经办部门防范担保业务风险</td></tr>
<tr><td>确认预计负债和损失</td><td>对于被担保人出现财务状况恶化、资不抵债、破产清算等情形的，企业应当根据国家统一的会计准则制度规定，合理确认预计负债和损失</td></tr>
<tr><td>反担保财产管理</td><td colspan="2">妥善保管被担保人用于反担保的权利凭证，定期核实财产的存续状况和价值，发现问题及时处理，确保反担保财产安全完整</td></tr>
<tr><td>责任追究制度</td><td colspan="2">对在担保中出现重大决策失误、未履行集体审批程序或不按规定管理担保业务的部门及人员，应当严格追究相应的责任</td></tr>
<tr><td>终止担保关系</td><td colspan="2">① 企业应当在担保合同到期时，全面清查用于担保的财产、权利凭证，按照合同约定及时终止担保关系
② 企业应当妥善保管担保合同、与担保合同相关的主合同、反担保函或反担保合同，以及抵押、质押的权利凭证和有关原始资料，切实做到担保业务档案的完整无缺</td></tr>
</table>

十三、业务外包（见表6-86）

表6-86　　业务外包

<table>
<tr><th colspan="3">《企业内部控制应用指引第13号——业务外包》</th></tr>
<tr><td>概念</td><td colspan="2">企业利用专业化分工优势，将日常经营中的部分业务委托给本企业以外的专业服务机构或其他经济组织（以下简称“承包方”）完成的经营行为</td></tr>
<tr><td rowspan="3">注意</td><td colspan="2">本指引不涉及工程项目外包</td></tr>
<tr><td colspan="2">企业应当对外包业务实施分类管理，通常划分为重大外包业务和一般外包业务</td></tr>
<tr><td>重大外包业务</td><td>对企业生产经营有重大影响的外包业务</td></tr>
<tr><td>外部业务包括</td><td colspan="2">研发、资信调查、可行性研究、委托加工、物业管理、客户服务、IT服务等</td></tr>
</table>

（一）企业的业务外包需关注的主要风险（见表6-87）

✓要求记忆！可能考查知识点的直接默写。
记忆技巧：外包前（价格、范围）、外包中（监控）、舞弊【特殊事项】。

表6-87　　企业的业务外包需关注的主要风险

主要对象	风险点	可能导致的不良后果
外包范围、价格、承包方	外包范围和价格确定不合理，承包方选择不当	可能导致企业遭受损失
监控	业务外包监控不严、服务质量低劣	可能导致企业难以发挥业务外包的优势
舞弊	业务外包存在商业贿赂等舞弊行为	可能导致企业相关人员涉案

（二）内部控制要求与措施

✓建议通读，掌握关键要求即可，考试一般以案例改错形式出现。提示：本应用指引涉及控制活动为：不相容职务分离、授权审批和会计系统。

企业应当建立和完善业务外包管理制度，规定业务外包的范围、方式、条件、程序和实施等相关内容，明确相关部门和岗位的职责权限，强化业务外包全过程的监控，防范外包风险，充分发挥业务外包的优势。企业应当权衡利弊，避免核心业务外包。

1.承包方选择

（1）承包方案的授权审批（见表6-88）

表6-88　　承包方案的授权审批

总体要求	企业应当根据年度生产经营计划和业务外包管理制度，结合确定的业务外包范围，拟订实施方案，按照规定的权限和程序审核批准
重大业务外包	重大业务外包的决策：总会计师或分管会计工作的负责人应当参与
	重大业务外包的方案：应当提交董事会或类似权力机构审批

✓适当关注，为选择题爱考的知识点，一般考查知识点的直接还原。也可能出现在主观题中，让同学们改错。

【理解】承包商要靠谱。

（2）承包方的选择　✓多选题冷门考点，建议适当关注。

企业应当按照批准的业务外包实施方案选择承包方。

表6-89　　　　　　　　**承包方的选择**

<table>
<tr><td rowspan="1">承包方的条件</td><td colspan="2">① 承包方是依法成立和合法经营的专业服务机构或其他经济组织，具有相应的经营范围和固定的办公场所
② 承包方应当具备相应的专业资质，其从业人员符合岗位要求和任职条件，并具有相应的专业技术资格
③ 承包方的技术及经验水平符合本企业业务外包的要求</td></tr>
<tr><td rowspan="3">选择承包方</td><td>总体要求</td><td>企业应当引入竞争机制，遵循公开、公平、公正的原则，采用适当方式，择优选择外包业务的承包方</td></tr>
<tr><td>招标方式</td><td>采用招标方式选择承包方的，应当符合招投标法的相关规定</td></tr>
<tr><td>公开、公平、公正</td><td>相关人员在选择承包方的过程中，不得收受贿赂、回扣或者索取其他好处。承包方及其工作人员不得利用向企业及其工作人员行贿、提供回扣或者给予其他好处等不正当手段承揽业务</td></tr>
<tr><td rowspan="3">确定承包方</td><td colspan="2">企业应当按照规定的权限和程序从候选承包方中确定最终承包方，并签订业务外包合同</td></tr>
<tr><td>业务外包合同内容</td><td>外包业务的内容和范围，双方权利和义务，服务和质量标准，保密事项，费用结算标准和违约责任等事项</td></tr>
<tr><td>外包业务需要保密的内容</td><td>应当在业务外包合同或者另行签订的保密协议中明确规定承包方的保密义务和责任，要求承包方向其从业人员提示保密要求和应承担的责任</td></tr>
</table>

提示：企业应当综合考虑内外部因素，合理确定外包价格，严格控制业务外包成本，切实做到符合成本效益原则。

2.业务外包实施

企业应当加强业务外包实施的管理，严格按照业务外包制度、工作流程和相关要求，组织开展业务外包，并采取有效的控制措施，确保承包方严格履行业务外包合同，见表6-90。

表6-90　　　　　　　　**业务外包实施**

<table>
<tr><td rowspan="2">与承包方的对接工作</td><td colspan="2">企业应当做好与承包方的对接工作，加强与承包方的沟通与协调，及时搜集相关信息，发现和解决外包业务日常管理中存在的问题</td></tr>
<tr><td>重大业务外包</td><td>企业应当密切关注承包方的履约能力，建立相应的应急机制，避免业务外包失败造成本企业生产经营活动中断</td></tr>
<tr><td>会计系统控制</td><td colspan="2">企业应当根据国家统一的会计准则制度，加强对外包业务的核算与监督，做好业务外包费用结算工作</td></tr>
<tr><td>持续评估履约能力</td><td colspan="2">① 企业应当对承包方的履约能力进行持续评估，有确凿证据表明承包方存在重大违约行为，导致业务外包合同无法履行的，应当及时终止合同
② 承包方违约并造成企业损失的，企业应当按照合同对承包方进行索赔，并追究责任人的责任</td></tr>
<tr><td>验收</td><td colspan="2">企业应当组织相关部门或人员对完成的业务外包合同进行验收，出具验收证明。验收过程中发现异常情况时，应当立即报告，查明原因，及时处理</td></tr>
</table>

十四、财务报告

《企业内部控制应用指引第14号——财务报告》所称财务报告，是指反映企业某一特定日期财务状况和某一会计期间经营成果、现金流量的文件。

（一）编制、对外提供和分析利用财务报告需关注的主要风险（见表6-91）

✓要求记忆！可能考查知识点的直接默写。

记忆技巧：编制（是否合规、符合准则）→提供（虚假报告）→利用。

表6-91　**编制、对外提供和分析利用财务报告需关注的主要风险**

主要对象	风险点	可能导致的不良后果
财务报告的编制	违反会计法律法规和国家统一的会计准则或有关制度	可能导致企业承担法律责任和声誉受损
财务报告的提供	提供虚假财务报告	误导财务报告使用者，造成决策失误，干扰市场秩序
财务报告的利用	不能有效利用财务报告，难以及时发现企业经营管理中存在的问题	可能导致企业财务和经营风险失控

（二）内部控制要求与措施

✓建议通读，掌握关键要求即可，考试一般以案例改错形式出现。

【提示】在应用指引涉及的控制活动为：不相容职务分离、授权审批和会计系统。

企业应当严格执行会计法律法规和国家统一的会计准则及有关制度，加强对财务报告编制、对外提供和分析、利用全过程的管理，明确相关工作流程和要求，落实责任制，确保财务报告合法合规、真实完整和有效利用。

①总会计师或分管会计工作的负责人负责组织领导财务报告的编制、对外提供和分析利用等相关工作。

✓选择题爱考的知识点。

【提示】在《第14号应用指引——财务报告》中，需额外注意总会计师或分管会计工作的负责人的职能，这些都是考试爱考的知识点。

②企业负责人对财务报告的真实性、完整性负责。

【辨析】本章第四节提及：董事会对内部控制自我评价报告的真实性负责。

✓此为易混淆知识点，一般考查知识点的直接还原。

1.财务报告的编制

（1）会计政策、会计估计与财务报表的真实性、完整性（见表6-92）

✓该知识点可联系会计相关知识理解，大致翻译：按会计准则要求好好记账。

表6-92　**会计政策、会计估计与财务报表的真实性、完整性**

会计政策和会计估计	企业编制财务报告，应当重点关注会计政策和会计估计，对财务报告产生重大影响的交易和事项的处理应当按照规定的权限和程序进行审批
	企业在编制年度财务报告前，应当进行必要的资产清查、减值测试和债权债务核实
登记完整、核对无误	根据登记完整、核对无误的会计账簿记录和其他有关资料编制财务报告，做到内容完整、数字真实、计算准确，不得漏报或者随意进行取舍

（2）会计要素（见表6–93）

表6–93　　会计要素

资产、负债、所有者权益	企业财务报告列示的资产、负债、所有者权益金额应当真实可靠	
	资产	各项资产计价方法不得随意变更，如有减值，应当合理计提减值准备，严禁虚增或虚减资产
	负债	各项负债应当反映企业的现时义务，不得提前、推迟或不确认负债，严禁虚增或虚减负债
	所有者权益	所有者权益应当反映企业资产扣除负债后由所有者享有的剩余权益，由实收资本、资本公积、留存收益等构成。企业应当做好所有者权益保值、增值工作，严禁虚假出资、抽逃出资、资本不实
收入、费用和利润	企业财务报告应当如实列示当期收入、费用和利润	
	收入	各项收入的确认应当遵循规定的标准，不得虚列或者隐瞒收入，推迟或提前确认收入
	费用	各项费用、成本的确认应当符合规定，不得随意改变费用、成本的确认标准或计量方法，虚列、多列、不列或者少列费用、成本
	利润	利润由收入减去费用后的净额、直接计入当期利润的利得和损失等构成。不得随意调整利润的计算、分配方法，编造虚假利润

（3）现金流量

企业财务报告列示的各种现金流量由经营活动、投资活动和筹资活动的现金流量构成，应当按照规定划清各类交易和事项的现金流量的界限。

（4）财务报告其他事项（见表6–94）

表6–94　　财务报告其他事项

财务报告附注	附注是财务报告的重要组成部分，对反映企业财务状况、经营成果、现金流量的报表中需要说明的事项，做出真实、完整、清晰的说明 企业应当按照国家统一的会计准则或有关制度编制附注
合并财务报表	企业集团应当编制合并财务报表，明确合并财务报表的合并范围和合并方法，如实反映企业集团的财务状况、经营成果和现金流量
充分利用信息技术	企业编制财务报告，应当充分利用信息技术，提高工作效率和工作质量，减少或避免编制差错和人为调整因素

2.财务报告的对外提供（见表6-95）

表6-95　　**财务报告的对外提供**

总体要求	企业应当依照法律法规和国家统一的会计准则或有关制度的规定，及时对外提供财务报告	
财务报告的签章	公章	企业财务报告编制完成后，应当装订成册，加盖公章
	个人签章	企业负责人、总会计师或分管会计工作的负责人、财会部门负责人签名并盖章
财务报告的审计	财务报告须经注册会计师审计的，注册会计师及其所在的会计师事务所出具的审计报告，应当随同财务报告一并提供	
	企业对外提供的财务报告应当及时整理归档，并按有关规定妥善保存	

✓考试爱考的知识点，需要适当关注，考试一般考查知识点的直接还原。

3.财务报告的分析利用

（1）财务报告分析工作（见表6-96）

表6-96　　**财务报告分析工作**

财务报告分析总体要求	企业应当重视财务报告分析工作，定期召开财务分析会议，充分利用财务报告反映的综合信息，全面分析企业的经营管理状况和存在的问题，不断提高经营管理水平	
财务分析会议	频率	定期召开
	参加人员	应吸收有关部门负责人参加
	总会计师或分管会计工作的负责人	应当在财务分析和利用工作中发挥主导作用

（2）财务报告分析的主要内容（见表6-97）

表6-97　　**财务报告分析的主要内容**

资产分布、负债水平和所有者权益结构	通过资产负债率、流动比率、资产周转率等指标分析企业的偿债能力和营运能力，分析企业净资产的增减变化，了解和掌握企业规模和净资产的不断变化过程
各项收入、费用的构成及其增减变动情况	通过净资产收益率、每股收益等指标，分析企业的盈利能力和发展能力，了解和掌握当期利润增减变化的原因和未来发展趋势
经营活动、投资活动、筹资活动现金流量的运转情况	重点关注现金流量能否保证生产经营的正常运行，防止现金短缺或闲置

（3）形成分析报告并及时传递给企业内部有关管理层级

企业定期的财务分析应当形成分析报告，成为内部报告的组成部分。财务分析报告结果应当及时传递给企业内部有关管理层级，充分发挥财务报告在企业生产经营管理中的重要作用。

十五、全面预算

《企业内部控制应用指引第15号——全面预算》所称全面预算，是指企业对一定期间经营活动、投资活动、财务活动等做出的预算安排。

✔要求记忆！可能考查知识点的直接默写。
记忆技巧：实施前（有没有预算/预算合不合理）、实施中（能否按预算实施）。

（一）实行全面预算管理需关注的主要风险（见表6-98）

表6-98　实行全面预算管理需关注的主要风险

主要对象	风险点	可能导致的不良后果
没有或不健全	不编制预算或预算不健全	可能导致企业经营缺乏约束或盲目经营
预算目标及其编制	预算目标不合理、编制不科学	可能导致企业资源浪费或发展战略难以实现
预算刚性	预算缺乏刚性、执行不力、考核不严	可能导致预算管理流于形式

✔建议通读，掌握关键要求即可，考试一般以案例改错形式出现。
提示：本应用指引涉及控制活动为：授权审批、预算控制和运营分析。

（二）内部控制要求与措施

企业应当加强全面预算工作的组织领导，明确预算管理体制以及各预算执行单位的职责权限、授权批准程序和工作协调机制，见表6-99。

表6-99　内部控制要求与措施

预算管理委员会	概述	企业应当设立预算管理委员会使其履行全面预算管理职责
	成员	由企业负责人及内部相关部门负责人组成
	主要职责	拟定预算目标和预算政策，制定预算管理的具体措施和办法，组织编制、平衡预算草案，下达经批准的预算，协调解决预算编制和执行中的问题，考核预算执行情况，督促完成预算目标
	下设机构	预算管理工作机构：履行日常管理职责 预算管理工作机构一般设在财会部门
提示		总会计师或分管会计工作的负责人应当协助企业负责人进行企业全面预算管理工作的组织领导

1.预算编制

企业应当建立和完善预算编制工作制度，明确编制依据、编制程序、编制方法等内容，确保预算编制依据合理、程序适当、方法科学，避免预算指标过高或过低。企业应当在预算年度开始前完成全面预算草案的编制工作，见表6-100。

表6-100　**预算编制**

<table>
<tr><td rowspan="2">编制年度全面预算</td><td colspan="2">企业应当根据发展战略和年度生产经营计划，综合考虑预算期内经济政策、市场环境等因素，按照上下结合、分级编制、逐级汇总的程序，编制年度全面预算</td></tr>
<tr><td>预算编制方法</td><td>企业可以选择或综合运用固定预算、弹性预算、滚动预算等方法编制预算</td></tr>
<tr><td>预算管理委员会</td><td>关键字：研究论证&提交</td><td>应当对预算管理工作机构在综合平衡基础上提交的预算方案进行研究论证，从企业发展全局角度提出建议，形成全面预算草案，并提交董事会</td></tr>
<tr><td>董事会</td><td>关键字：审核</td><td>审核全面预算草案，应当重点关注预算的科学性和可行性，确保全面预算与企业发展战略、年度生产经营计划相协调
企业全面预算应当按照相关法律法规及企业章程的规定报经审议批准。批准后，应当以文件形式下达执行</td></tr>
</table>

【总结】教材涉及的各种专业委员会（见表6-101）

表6-101　**教材涉及的各种专业委员会**

<table>
<tr><td>专业委员会</td><td>成员要求</td><td>下设部门</td><td>简要职责</td></tr>
<tr><td colspan="4">提名、薪酬与考核委员会【在《18项应用指引第1号——组织架构》中提及，并没有详细介绍】</td></tr>
<tr><td>战略委员会</td><td>综合素质&实践经验（没有特殊需求）</td><td></td><td>提交发展战略方案；董事会审议；股东大会批准实施</td></tr>
<tr><td>预算管理委员会</td><td>由企业负责人及内部相关部门负责人组成</td><td>预算管理工作机构：
①履行日常管理职责
②一般设在财会部门</td><td>履行全面预算管理职责
在部门提交预算的基础上，形成全面预算草案，并提交董事会；董事会审核</td></tr>
<tr><td>风险管理委员会</td><td></td><td>风险管理职能部门</td><td>提交全面风险管理年度报告
审议…【总计6个】</td></tr>
<tr><td>审计委员会</td><td>全部都由独立的非执行董事组成，他们至少拥有相关财务工作经验</td><td>内部审计部门</td><td>311等</td></tr>
</table>

注意董事会、战略委员会的关键字，该知识点为选择题易混淆知识点，适当关注。

✔选择题高频考点，一般考查知识点的直接还原，十分重要，需要引起重视！

2.预算执行

（1）总体要求

企业应当加强对预算执行的管理，明确预算指标分解方式、预算执行审批权限和要求、预算执行情况报告等，落实预算执行责任制，确保预算刚性，严格预算执行。

（2）预算分解（见表6-102）

表6-102　　**预算分解**

<table>
<tr><td rowspan="2">预算分解</td><td>企业全面预算一经批准下达，各预算执行单位应当认真组织实施，将预算指标层层分解，从横向和纵向落实到内部各部门、各环节和各岗位，形成全方位的预算执行责任体系</td></tr>
<tr><td>企业应当将年度预算作为组织、协调各项生产经营活动的基本依据，将年度预算细分为季度、月度预算，通过实施分期预算控制，实现年度预算目标</td></tr>
</table>

（3）预算执行和控制（见表6-103）

表6-103　　**预算执行和控制**

<table>
<tr><td>总体要求</td><td colspan="2">企业应当根据全面预算管理要求，组织各项生产经营活动和投融资活动，严格预算执行和控制</td></tr>
<tr><td rowspan="2">资金收付</td><td colspan="2">企业应当加强资金收付业务的预算控制，及时组织资金收入，严格控制资金支付，调节资金收付平衡，防范支付风险</td></tr>
<tr><td>超预算或预算外的资金收付</td><td>应当实行严格的审批制度</td></tr>
<tr><td>日常业务</td><td colspan="2">企业办理采购与付款、销售与收款、成本费用、工程项目、对外投融资、研究与开发、信息系统、人力资源、安全环保、资产购置与维护等业务和事项，均应符合预算要求。涉及生产过程和成本费用的，还应执行相关计划，以及定额、定率标准</td></tr>
<tr><td>重大预算项目</td><td colspan="2">对于工程项目、对外投融资等重大预算项目，企业应当密切跟踪其实施进度和完成情况，实行严格监控</td></tr>
</table>

✔适当关注，为选择题冷门知识点。
【辨析】
"采购应用指引"要求：对于超预算的采购项目，应先履行预算调整流程。

（4）与预算单位的沟通

企业预算管理工作机构应当加强与各预算执行单位的沟通，运用财务信息和其他相关资料监控预算执行情况，采用恰当方式及时向决策机构和各预算执行单位报告、反馈预算执行进度、执行差异及其对预算目标的影响，促进企业全面预算目标的实现。

（5）分析预算执行情况，保持预算的稳定（见表6-104）

表6-104　　**分析预算执行情况，保持预算的稳定**

<table>
<tr><td rowspan="4">预算执行情况分析</td><td colspan="3">企业预算管理工作机构和各预算执行单位应当建立预算执行情况分析制度，定期召开预算执行分析会议，通报预算执行情况，研究、解决预算执行中存在的问题，提出改进措施</td></tr>
<tr><td rowspan="3">分析预算执行情况</td><td>收集信息</td><td>充分收集有关财务、业务、市场、技术、政策、法律等方面的信息资料</td></tr>
<tr><td>分析方法</td><td>根据不同情况分别采用比率分析、比较分析、因素分析等方法</td></tr>
<tr><td colspan="2">从定量与定性两个层面充分反映预算执行单位的现状、发展趋势及其存在的潜力</td></tr>
<tr><td rowspan="2">保持预算稳定</td><td colspan="3">企业批准下达的预算应当保持稳定，不得随意调整</td></tr>
<tr><td>调整预算</td><td colspan="2">市场环境、国家政策或不可抗力等客观因素，导致预算执行发生重大差异确需调整预算的，应当履行严格的审批程序</td></tr>
</table>

理解：一般情况下为了保持预算的刚性，不得随意调整，但由于不可抗力，预算可调整。

3.预算考核　✓选择题爱考的知识点，一般考查知识点的直接还原。建议适当关注。

（1）企业应当建立严格的预算执行考核制度，对各预算执行单位和个人进行考核，切实做到有奖有惩、奖惩分明。

（2）企业预算管理委员会应当定期组织预算执行情况考核，对各预算执行单位负责人签字上报的预算执行报告和已掌握的动态监控信息进行核对，确认各执行单位预算完成情况。必要时，实行预算执行情况内部审计制度。

（3）企业预算执行情况考核工作，应当坚持公开、公平、公正的原则，考核过程及结果应有完整的记录。

十六、合同管理

《企业内部控制应用指引第16号——合同管理》所称合同，是指企业与自然人、法人及其他组织等平等主体之间设立、变更、终止民事权利义务关系的协议。企业与职工签订的劳动合同，不适用本指引。

✓要求记忆！可能考查知识点的直接默写。
记忆技巧：签订（没有合同/未授权/主体有问题/合同内容重大疏漏）→履行（履行、监控）→纠纷处理【后续事项】。

（一）合同管理需关注的主要风险（见表6-105）

表6-105 合同管理需关注的主要风险

主要对象	风险点	可能导致的不良后果
没有合同、合同主体无权限、内容	未订立合同、未经授权对外订立合同、合同对方主体资格未达要求、合同内容存在重大疏漏和欺诈	可能导致企业合法权益受到侵害
合同履行、监控	合同未全面履行或监控不当	可能导致企业诉讼失败、经济利益受损
合同纠纷	合同纠纷处理不当	可能损害企业利益、信誉和形象

✓建议通读，掌握关键要求即可，考试一般以案例改错形式出现。
【提示】本应用指引涉及的控制活动为：授权审批。

（二）内部控制要求与措施

企业应当加强合同管理，确定合同归口管理部门，明确合同拟定、审批、执行等环节的程序和要求，定期检查和评价合同管理中的薄弱环节，采取相应控制措施，促进合同有效履行，切实维护企业的合法权益。

1.合同的订立

（1）合同订立前 ✓冷门考点，知道即可，一般考查知识点的直接还原。

企业对外发生经济行为，除即时结清方式外，应当订立书面合同，见表6-106。

表6-106 合同订立前

合同订立前	应当充分了解合同对方的主体资格、信用状况等有关内容，确保对方当事人具备履约能力
影响重大、涉及较高专业技术或法律关系复杂的合同	①应当组织法律、技术、财会等专业人员参与谈判，必要时可聘请外部专家参与相关工作 ②谈判过程中的重要事项和参与谈判人员的主要意见，应当予以记录并妥善保存

✓选择题爱考的知识点，一般考查知识点的直接还原。请同学们注意法律部门的角色，此为易错点，建议额外关注。

（2）拟定合同文本（见表6-107）

表6-107 拟定合同文本

总体要求	企业应当根据协商、谈判等的结果，拟定合同文本，按照自愿、公平原则，明确双方的权利、义务和违约责任，做到条款内容完整、表述严谨准确、相关手续齐备，避免出现重大疏漏	
合同文本	一般由业务承办部门起草、法律部门审核	
	重大合同或法律关系复杂的特殊合同	应当由法律部门参与起草
注意事项	①国家或行业有合同示范文本的，可以优先选用，但对涉及权利义务关系的条款应当进行认真审查，并根据实际情况进行适当修改 ②合同文本须报经国家有关主管部门审查或备案的，应当履行相应程序	

（3）审核合同文本（见表6-108）

表6-108　**审核合同文本**

总体要求	企业应当对合同文本进行严格审核
重点关注	① 合同的主体、内容和形式是否合法，合同内容是否符合企业的经济利益 ② 对方当事人是否具有履约能力，合同权利和义务、违约责任和争议解决条款是否明确等
影响重大或法律关系复杂的合同文本	应当组织内部相关部门进行审核。相关部门提出不同意见的，应当认真分析研究，慎重对待，并准确无误地加以记录，必要时应对合同条款做出修改。内部相关部门应当认真履行职责

“重大”问题：特殊事项。
✓选择题冷门考点，适当关注即可。

（4）签署合同与内部控制（见表6-109）

表6-109　**签署合同与内部控制**

签署合同	企业应当按照规定的权限和程序与对方当事人签署合同	
	正式对外订立的合同，应当由企业法定代表人或由其授权的代理人签名或加盖有关印章	
	授权审批控制	① 授权签署合同的，应当签署授权委托书 ② 属于上级管理权限内的合同，下级单位不得签署 ③ 下级单位认为确有需要签署涉及上级管理权限的合同，应当提出申请，并经上级合同管理机构批准后办理 ④ 上级单位应当加强对下级单位合同订立、履行情况的监督检查
内部控制	合同专用章保管	企业应当建立合同专用章保管制度。合同经编号、审批及企业法定代表人或由其授权的代理人签署后，方可加盖合同专用章
	信息安全保密	企业应当加强合同信息安全保密工作，未经批准，不得以任何形式泄露合同订立与履行过程中涉及的商业秘密或国家机密

✓适当关注，为选择题较冷门考点，一般考查知识点的直接还原。解题思路：严格的授权审批，通读、理解即可。

【补充解释】
①空白凭证与章；②章与章：有财务支付职能的章应该分别保管，法人章与财务专用章分开保管。

2.合同的履行

（1）监控合同履行情况（见表6-110）

表6-110 监控合同履行情况

<table>
<tr><td>总体要求</td><td>企业应当遵循诚实信用原则严格履行合同，对合同履行实施有效监控，强化对合同履行情况及效果的检查、分析和验收，确保合同全面、有效履行</td></tr>
<tr><td rowspan="2">协议补充</td><td>合同生效后，企业就质量、价款、履行地点等内容与合同对方没有约定或者约定不明确的，可以协议补充</td></tr>
<tr><td>不能达成补充协议的，按照国家相关法律法规、合同有关条款或者交易习惯确定</td></tr>
</table>

（2）合同变更或解除和合同纠纷管理（见表6-111）

表6-111 合同变更或解除和合同纠纷管理

<table>
<tr><td>合同变更或解除</td><td colspan="2">在合同履行过程中发现有显失公平、条款有误或对方有欺诈行为等情形，或因政策调整、市场变化等客观因素，已经或可能导致企业利益受损，应当按规定程序及时报告，并经双方协商一致，按照规定权限和程序办理合同变更或解除事宜 翻译：情况不对，立马撤退。</td></tr>
<tr><td rowspan="4">合同纠纷管理</td><td colspan="2">企业应当加强合同纠纷管理，在履行合同过程中发生纠纷的，应当依据国家相关法律法规，在规定时效内与对方当事人协商并按规定权限和程序及时报告</td></tr>
<tr><td>协商一致</td><td>合同纠纷经协商一致的，双方应当签订书面协议</td></tr>
<tr><td>经协商无法解决</td><td>合同纠纷经协商无法解决的，应当根据合同约定选择仲裁或诉讼方式解决</td></tr>
<tr><td>授权审批控制</td><td>①企业内部授权处理合同纠纷的，应当签署授权委托书
②纠纷处理过程中，未经授权批准，相关经办人员不得向对方当事人做出实质性答复或承诺</td></tr>
</table>

（3）其他内部控制措施（见表6-112）

表6-112 其他内部控制措施

<table>
<tr><td rowspan="2">会计系统控制</td><td colspan="2">企业财会部门应当根据合同条款审核后办理结算业务</td></tr>
<tr><td colspan="2">未按合同条款履约的，或应签订书面合同而未签订的，财会部门有权拒绝付款，并及时向企业有关负责人报告</td></tr>
<tr><td>合同登记管理</td><td colspan="2">合同管理部门应当加强合同登记管理，充分利用信息化手段，定期对合同进行统计、分类和归档，详细登记合同的订立、履行和变更等情况，实行合同的全过程封闭管理</td></tr>
<tr><td rowspan="3">履行情况评估</td><td colspan="2">企业一当建立合同履行情况评估制度，应至少于每年年末对合同履行的总体情况和重大合同履行的具体情况进行分析评估，对分析评估中发现的合同履行中存在的不足，应当及时加以改进</td></tr>
<tr><td>绩效考核制度</td><td>企业应当健全合同管理考核</td></tr>
<tr><td>责任追究制度</td><td>对合同订立、履行过程中出现的违法违规行为，应当追究有关机构或人员的责任</td></tr>
</table>

十七、内部信息传递

《企业内部控制应用指引第17号——内部信息传递》所称内部信息传递，是指企业内部各管理层级之间通过内部报告形式传递生产经营管理信息的过程。

（一）内部信息传递需关注的主要风险（见表6-113）

✓要求记忆！可能考查知识点的直接默写。记忆技巧：设计阶段（系统）、实施（传递）、泄露商业秘密【特殊事项】。

表6-113　　内部信息传递需关注的主要风险

主要对象	风险点	可能导致的不良后果
内部报告系统	内部报告系统缺失、功能不健全、内容不完整	可能影响生产经营的有序运行
内部信息传递	不通畅、不及时	可能导致决策失误、相关政策措施难以落实
	泄露商业秘密	可能削弱企业核心竞争力

（二）内部控制要求与措施

✓建议通读，掌握关键要求即可，考试一般以案例改错形式出现。【提示】本应用指引涉及的控制活动为：预算控制、运营分析、绩效考评。

企业应当加强内部报告管理，全面梳理内部信息传递过程中的薄弱环节，建立科学的内部信息传递机制，明确内部信息传递的内容、保密要求及密级分类、传递方式、传递范围以及各管理层级的职责权限等，促进内部报告的有效利用，充分发挥内部报告的作用。

1.内部报告的形成（见表6-114）

表6-114　　内部报告的形成

内部报告的指标体系	企业应当根据发展战略、风险控制和业绩考核要求，科学规范不同级次内部报告的指标体系，采用经营快报等多种形式，全面反映与企业生产经营管理相关的各种内外部信息	
	设计	内部报告指标体系的设计应当与全面预算管理相结合，并随着环境和业务的变化不断进行修订和完善。设计内部报告指标体系时，应当关注企业成本费用预算的执行情况
	内部报告	应当简洁明了、通俗易懂、传递及时，便于企业各管理层级和全体员工掌握相关信息，正确履行职责
内部报告流程	企业应当制定严密的内部报告流程，充分利用信息技术，强化内部报告信息集成和共享，将内部报告纳入企业统一信息平台，构建科学的内部报告网络体系	
	企业内部各管理层级均应指定专人负责内部报告工作，重要信息应及时上报。并可直接报告高级管理人员	
	企业应当建立内部报告审核制度，确保内部报告信息质量	

体现了控制活动中预算控制的作用，建议关注即可，为选择题冷门考点，一般考查知识点的直接还原。

续表

收集、分析、整理外部信息	企业应当关注市场环境、政策变化等外部信息对企业生产经营管理的影响，广泛收集、分析、整理外部信息，并通过内部报告传递到企业内部相关管理层级，以便采取应对策略	
拓宽内部报告渠道	企业应当拓宽内部报告渠道，通过落实奖励措施等多种有效方式，广泛收集合理化建议	
	反舞弊	企业应当重视和加强反舞弊机制建设，通过设立员工信箱、投诉热线等方式，鼓励员工及企业利益相关方举报和投诉企业内部的违法违规、舞弊和其他有损企业形象的行为

额外关注反舞弊！反舞弊作为内部控制5要素中的信息与沟通要素出现，因此在"内部信息传递应用指引"中，反舞弊措施也会出现。

2.内部报告的使用

企业各级管理人员应当充分利用内部报告管理和指导企业的生产经营活动，及时反映全面预算执行情况，协调企业内部相关部门和各单位的运营进度，严格绩效考核和责任追究，确保企业实现发展目标，见表6-115。

表6-115　　**内部报告的使用**

风险评估	企业应当有效利用内部报告进行风险评估，准确识别和系统分析企业生产经营活动中的内外部风险，确定风险应对策略，实现对风险的有效控制	
	内部报告反映出的问题	应当及时解决
	涉及突出问题和重大风险	应当启动应急预案
内部报告保密制度	企业应当制定严格的内部报告保密制度，明确保密内容、保密措施、密级程度和传递范围，防止泄露商业秘密	
内部报告评估制度	定期对内部报告的形成和使用进行全面评估，重点关注内部报告的及时性、安全性和有效性	

✓从未考过，该知识点可以作为多选题考点，考查知识点的直接还原，建议知道即可。

十八、信息系统

《企业内部控制应用指引第18号——信息系统》所称信息系统，是指企业利用计算机和通信技术，对内部控制进行集成、转化和提升所形成的信息化管理平台。

（一）利用信息系统实施内部控制需关注的主要风险（见表6-116）

✓要求记忆！可能考查知识点的直接默写。记忆技巧：实施前（有没有系统/合不合要求/授权），运行中（维护、安全措施）。

表6-116 **利用信息系统实施内部控制需关注的主要风险**

主要对象	风险点	可能导致的不良后果
信息系统	缺乏或规划不合理	可能造成信息孤岛或重复建设，导致企业经营管理效率低下
开发 & 授权	系统开发不符合内部控制要求，授权管理不当	可能导致无法利用信息技术实施有效控制
运维 & 安全	系统运行维护和安全措施不到位	可能导致信息泄露或毁损、系统无法正常运行

✓建议通读，掌握关键要求即可，考试一般以案例改错形式出现。

【提示】本应用指引涉及控制活动为：不相容职务分离和授权审批。

（二）内部控制要求与措施

企业应当重视信息系统在内部控制中的作用，根据内部控制要求，结合组织架构、业务范围、地域分布、技术能力等因素，制定信息系统建设整体规划，加大投入，有序组织信息系统开发、运行与维护，优化管理流程，防范经营风险，全面提升企业现代化管理水平。企业应当指定专门机构对信息系统建设实施归口管理，明确相关单位的职责权限，建立有效工作机制。企业可委托专业机构从事信息系统的开发、运行和维护工作。企业负责人对信息系统建设工作负责。

1.信息系统的开发

（1）提出项目建设方案（见表6-117）

表6-117 **提出项目建设方案**

项目建设方案	企业应当根据信息系统建设整体规划提出项目建设方案	
	明确的内容	明确建设目标、人员配备、职责分工、经费保障和进度安排等相关内容
	授权审批	按照规定的权限和程序审批后实施
信息系统归口管理部门	应当组织内部各单位提出开发需求和关键控制点，规范开发流程，明确系统设计、编程、安装调试、验收、上线等全过程的管理要求，严格按照建设方案、开发流程和相关要求组织开发工作	
信息系统的开发方式	可以采取自行开发、外购调试、业务外包等方式	
	外购调试或业务外包	应当采用公开招标等形式择优确定供应商或开发单位

✓适当关注，该知识点可以与"外包应用指引"联系考查，但是考试暂未考过。

（2）信息系统的开发（见表6-118）

表6-118　**信息系统的开发**

【案例】会计电算化中，手工录入凭证时，若录入的借贷方金额不等，则不能保存凭证，这体现了信息系统的控制功能。

信息系统控制	应当将生产经营管理业务流程、关键控制点和处理规则嵌入系统程序，实现手工环境下难以实现的控制功能
设置用户权限	应当按照不同业务的控制要求，通过信息系统中的权限管理功能控制用户的操作权限，避免将不相容职责的处理权限授予同一用户
检查和校验	企业应当针对不同数据的输入方式，考虑对进入系统数据的检查和校验功能
后台操作	对于必需的后台操作，应当加强管理，建立规范的流程制度，对操作情况进行监控或者审计。企业应当在信息系统中设置操作日志功能，确保操作的可审计性
异常的跟踪处理	对异常的或者违背内部控制要求的交易和数据，应当设计由系统自动报告，并设置跟踪处理机制

（3）信息系统开发过程的跟踪管理

企业信息系统归口管理部门应当加强信息系统开发全过程的跟踪管理，组织开发单位与内部各单位的日常沟通和协调。督促开发单位按照建设方案、计划进度和质量要求完成编程工作，对配备的硬件设备和系统软件进行检查验收，组织系统上线运行等。

（4）验收与上线准备（表6-119）

表6-119　**验收与上线准备**

✔ 多选题冷门考点，一般考查知识点的直接还原，建议通读，有印象即可。

<table>
<tr><td>验收</td><td colspan="2">企业应当组织独立于开发单位的专业机构对开发完成的信息系统进行验收测试，确保在功能、性能、控制要求和安全性等方面符合开发需求</td></tr>
<tr><td rowspan="4">上线准备</td><td colspan="2">企业应当切实做好信息系统上线的各项准备工作</td></tr>
<tr><td>人员培训</td><td>培训业务操作和系统管理人员</td></tr>
<tr><td>系统切换和过度</td><td>制订科学的上线计划和新旧系统转换方案，考虑应急预案，确保新旧系统顺利切换和平稳衔接</td></tr>
<tr><td>数据迁移</td><td>系统上线涉及数据迁移的，还应制订详细的数据迁移计划</td></tr>
</table>

2.信息系统的运行与维护

（1）企业应当加强信息系统运行与维护的管理，制定信息系统工作程序、信息管理制度以及各模块子系统的具体操作规范，及时跟踪、发现和解决系统运行中存在的问题，确保信息系统按照规定的程序、制度和操作规范持续、稳定运行，见表6-120。

表6-120　　　　　　　信息系统的运行与维护

信息系统变更管理流程	企业应当建立信息系统变更管理流程，信息系统变更应当严格遵照管理流程进行操作
系统操作人员	① 不得擅自进行系统软件的删除、修改等操作 ② 不得擅自升级、改变系统软件版本 ③ 不得擅自改变软件系统环境配置

✓选择题爱考的知识点，一般以文字形式的选择题出现，考查知识点的直接还原，建议适当关注。

（2）信息系统的安全管理（见表6-121）

表6-121　　　　　　　信息系统的安全管理

<table>
<tr><td rowspan="5">信息系统的安全管理</td><td rowspan="2">确定安全等级</td><td colspan="2">企业应当根据业务性质、重要性程度、涉密情况等确定信息系统的安全等级，采用相应技术手段保证信息系统运行安全有序</td></tr>
<tr><td>注意</td><td>企业应当建立不同等级信息的授权使用制度</td></tr>
<tr><td colspan="3">企业应当建立信息系统安全保密和泄密责任追究制度</td></tr>
<tr><td colspan="3">委托专业机构进行系统运行与维护管理的，应当审查该机构的资质，并与其签订服务合同和保密协议</td></tr>
<tr><td colspan="3">企业应当采取安装安全软件等措施防范信息系统受到病毒等恶意软件的感染和破坏</td></tr>
</table>

（3）信息系统的维护（见表6-122）

表6-122　　　　　　　信息系统的维护

<table>
<tr><td>用户管理制度</td><td colspan="2">加强对重要业务系统的访问权限管理，定期审阅系统账号，避免授权不当或存在非授权账号，禁止不相容职务用户账号的交叉操作</td></tr>
<tr><td rowspan="2">加强网络安全</td><td colspan="2">企业应当综合利用防火墙、路由器等网络设备，漏洞扫描、入侵检测等软件技术以及远程访问安全策略等手段，加强网络安全，防范来自网络的攻击和非法侵入</td></tr>
<tr><td>涉密或关键数据</td><td>通过网络传输的涉密或关键数据，应当采取加密措施，确保信息传递的保密性、准确性和完整性</td></tr>
<tr><td>数据定期备份</td><td colspan="2">企业应当建立系统数据定期备份制度，明确备份范围、频度、方法、责任人、存放地点、有效性检查等内容</td></tr>
<tr><td rowspan="2">关键信息设备的管理</td><td>资产保护</td><td>企业应当加强服务器等关键信息设备的管理，建立良好的物理环境，指定专人负责检查，及时处理异常情况</td></tr>
<tr><td>授权审批</td><td>未经授权，任何人不得接触关键信息设备</td></tr>
</table>

【考试技巧】 应用指引措施部分的混分技巧

从控制活动的7种手段（不相容职务分离、授权审批、会计系统控制、财产保护、预算控制、运营分析和绩效考评）下手，其中不相容职务分离和授权审批涉及范围广，考查频率高，是混分和改错的重中之重。

第四节　内部控制评价与审计

◇ 内部控制评价

◇ 企业内部控制审计

◇ 审计委员会在内部控制中的作用

一、内部控制评价（见表6-123）

✓《内部控制评价指引》相关内容，考试一般以文字形式选择题出现，考查知识点的直接还原。

表6-123　　**内部控制评价**

内部控制评价概述	
Who （主体）	由企业董事会和管理层实施 ✓适当关注，选择题冷门考点，一般考查知识点的直接还原。
What （内容）	内部控制5个要素，以及《基本规范》及《应用指引》中的内容
How （工作要求）	在确定具体内容后，企业应制定内部控制评价程序，对内部控制有效性进行全面评价，包括财务报告内部控制有效性和非财务报告内部控制有效性，同时为内部评价工作形成工作底稿，详细记录企业执行评价工作的内容，包括评价要素、关键风险点、采取的控制措施、有关证据资料以及认定结果等
	企业还应在评价工作中明确内部控制缺陷的认定准则
	完成评价后，企业应当准备一份内部控制自我评价报告，在其年报中进行披露
	企业董事会应当对内部控制评价报告的真实性负责

✓易混淆知识点，选择题爱考的知识点，一般考查知识点的直接还原。
【辨析】企业负责人对财务报告的真实性、完整性负责。

（一）内部控制评价应当遵循的原则

根据《评价指引》的要求，内部控制评价应遵守以下三个原则（见表6-124）：

✓多选题冷门考点，一般以文字形式出现，考查知识点的直接还原。建议掌握三个原则的名称（全面性、重要性和客观性）、了解具体内容即可。

表6-124　　**内部控制评价应当遵循的原则**

原则	涉及内容
全面性原则	内部控制的设计与运行、企业及其所属单位的各种业务和事项
重要性原则	重要业务单位、重大业务事项 & 高风险领域
客观性原则	准确地揭示经营管理的风险状况，如实反映内部控制设计与运行的有效性

（二）内部控制评价的内容

✓从未考过，通读即可。

理解：5（内部控制5要素）+2（设计、运行情况进行全面评价&工作底稿）

根据《评价指引》的要求，内部控制评价的内容涉及以下七个方面：

（1）企业应当对内部控制设计与运行情况进行全面评价。

（2）企业对内部环境的设计及实际运行情况进行认定和评价。

（3）企业对日常经营管理过程中的风险识别、风险分析、应对策略等进行认定和评价。

（4）企业对相关控制措施的设计和运行情况进行认定和评价。

（5）企业对信息收集、处理和传递的及时性，反舞弊机制的健全性，财务报告的真实性，信息系统的安全性，以及利用信息系统实施内部控制的有效性等进行认定和评价。

（6）企业对内部监督机制的有效性进行认定和评价，重点关注监事会、审计委员会、内部审计机构等是否在内部控制设计和运行中有效发挥监督作用。

(2)(3)(4)(5)(6)为内部控制五要素，分别为：内部环境、风险评估、控制活动、信息与沟通和内部监督。

（7）内部控制评价工作应当形成工作底稿，详细记录企业执行评价工作的内容，包括评价要素、主要风险点、采取的控制措施、有关证据资料以及认定结果等。评价工作底稿应当设计合理、证据充分、简便易行、便于操作。

（三）内部控制评价的程序

✓多选题较冷门考点，若考查，一般考查知识点的直接还原。建议掌握四步骤名称，有印象即可。

内部控制评价的程序包括4个步骤，如图6-1所示：

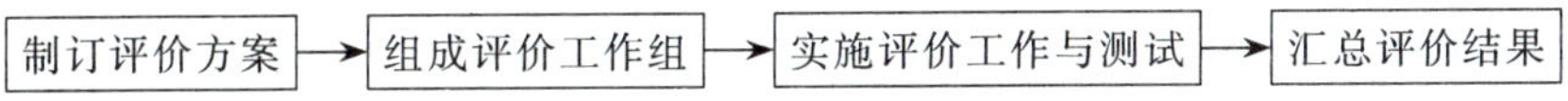

制订评价方案 → 组成评价工作组 → 实施评价工作与测试 → 汇总评价结果

图6-1　内部控制评价的程序

1.制订评价方案

✓从未考过，通读，有印象即可，以防考查选择题（一般考查知识点的直接还原）。

企业可以授权审计部门或专门机构负责内部控制评价的实施工作。该评价部门或机构应具备以下条件：

①能够独立行使对内部控制系统建立与运行过程及结果进行监督的权力；

②具备与监督和评价内部控制系统相适应的专业胜任能力和职业道德素养；

③与企业其他职能机构就监督与评价内部控制系统方面保持协调一致，在工作中相互配合、相互制约；

④能够得到企业董事会和经理层的支持，通常直接接受董事会及其审计委员会的领导和监事会的监督，有足够的权威性来保证内部控制评价工作的顺利开展。

✓该知识点为易错点，一般考查知识点的直接还原。注意：评价工作组成员可以是内部机构相关负责人和业务骨干！

2.组成评价工作组

评价工作组成员应具备独立性、业务胜任能力和职业道德素养，并吸收企业内部相关机构熟悉情况、参与日常监控的负责人或业务骨干参加。

【备注】

①对于拥有内部审计部门的企业来说，内审部门很可能承担内部控制评价组的工作。

②如果企业决定利用外聘会计师事务所为其提供内部控制评价服务，根据《基本规范》的要求，该事务所不应同时为企业提供内部控制的审计服务。

✓十分重要！几乎每年必考！一般考查知识点的直接还原，即外聘会计师事务所不得同时为同一企业提供内部控制评价服务和内部控制审计服务。

【理解】王婆卖瓜，自卖自夸。

3.实施评价工作与测试

评价工作组需了解公司层面基本情况、各业务层面的主要流程，识别有关主要风险后，才能开展实施及测试设计和运行有效性的内部控制工作。

①了解公司层面基本情况。了解其经营业务范围、企业文化、发展战略、组织结构、人力资源等内部环境及内部控制内容中五个要素的运作情况。

②了解各业务层面的主要流程及风险。把工作重点放在主要业务流程上，如资金管理流程、销售流程和采购流程等。

评价工作组可审阅的内控流程文档有三种，分别为：风险控制矩阵文档、流程图文档和审批权限表文档。

✓历年来，该知识仅考查过一次（综合题的一小问，考查知识点的直接还原）。建议通读为主，掌握内控流程文档的名字即可。

评价工作组可审阅的内控流程文档见表6-125：

表6-125　**评价工作组可审阅的内控流程文档**

文档名称	关注点
风险控制矩阵文档	关注点在于复核风险流程的合理性 例如，文档是否包含了流程面临的所有风险，列示的风险是否得到定期或及时的处理，对于各项风险的重要性水平分析是否合理，以及复核控制点的识别，关键控制点、重要控制点、一般控制点的判断是否合适
流程图文档	关注点在于流程图是否与实际操作及风险控制矩阵描述相符合，流程图是否清楚地标示所有风险点及控制点，流程图中责任部门、岗位以及其他管理机构是否表述清楚，表述的流程路径是否清晰、是否存在交叉，以及内容是否涵盖所有流程实际操作及相应的控制措施
审批权限表文档	关注点在于部门及岗位的描述是否准确，权限的划分和设置是否合理

③确定检查评价范围和重点。关键控制点为：能够满足所有合规、运营及财务三个方面认定的相关控制。两个层面为：设计的有效性、运行的有效性。

【理解】内部控制三目标（运营目标、财务报告目标&合规目标）。

✓需要理解，该知识点可以与后续的缺陷认定（设计缺陷、运行缺陷）联系考查，通常不会单独命题。

④开展现场检查测试：评价工作组可综合运用不同评价方法，收集被评价单位内部控制设计与运行是否有效的证据，按照要求填写工作底稿、记录有关测试结果。

如果发现内部控制出现缺陷，则需与管理层沟通，对有关缺陷进行认定并进行记录。

评价工作组运用的不同评价方法见表6-126：

表6-126　　评价工作组运用的不同评价方法

评价方法	做法
个别访谈	个别访谈企业或被评价单位的不同人员，了解公司内部控制的现状与运行
调查问卷	通过扩大对象范围，如企业中的全体员工收集简单结果
专题讨论	集合企业中有关专业人员就内部控制执行情况或控制问题进行分析和讨论
穿行测试	在流程中任意选取一项交易为样本，获取原始单据，跟踪交易从最初起源，到会计处理、信息系统和财务报告编制，直到这项交易在财务报表中被报告出来
实地查验	例如，评价工作人员的实地盘点以测试企业记录存货的数量，或有关控制的有效性
抽样	抽样方法可以分为随机抽样和其他抽样 随机抽样一般被认为是最具有代表性或是基于统计学的取样方式，从样本库中抽取一定数量的样本进行控制测试，以获取有关控制的运行状况。随机选取通常采用电脑来完成
比较分析	通过数据分析，识别评价关注点的方法
审阅与检查	通过核对有关证据而获取有关控制的运行状况，如选择某些调节表上的差异，追溯到相应的单据记录（如银行对账单）或检查调节表是否有相关负责人签字

【总结】评价方法的适用情况（见表6-127）

表6-127 评价方法的适用情况

评价方法	适用情况	
	企业层面	业务层面
个别访谈	√	√
调查问卷	√	
专题讨论	√	
穿行测试		√
实地查验		√
抽样		√
比较分析		√
审阅与检查		√

✓近年来已有选择题出现，考查方式确定为某一特定的评价方法适用于哪一层面。因此，建议同学们能区分评价方法的适用情况。

4.汇总评价结果（见表6-128）✓通读即可，为几乎不考的冷门考点。

表6-128 汇总评价结果

评价工作组人员	形成工作底稿，记录评价所实施的程序及有关结果
评价工作组	应当建立评价质量交叉复核制度 有关评价报告应由评价工作组负责人严格审核确认，与被评价单位进行通报，在提交内部控制评价部门或机构前得到被评价单位相关责任人签字确认
内部控制评价部门或机构	编制内部控制缺陷认定汇总表 重大缺陷应当由董事会予以最终认定 ✓十分重要！为几乎每年必考的选择题选项！必须掌握！

内部控制缺陷

（四）内部控制缺陷的认定

✓高频选择题考点！一般以小案例形式出现，描述一种缺陷，要求考生判断，案例描述的缺陷属于内部控制的哪种缺陷，考查较灵活。建议掌握缺陷的名字，具体含义理解即可，能根据案例描述进行判断缺陷的类型即可。

1.内部控制缺陷的分类

（1）按照内部控制缺陷的本质分类（见表6-129）

表6-129　　按照内部控制缺陷的本质分类

类型	含义
设计缺陷	企业缺少为实现控制目标所必需的控制，或现存的控制并不合理及未能满足控制目标
	设计缺陷既可以是系统的设计缺陷，也可以是系统外手工控制的设计缺陷
运行缺陷	设计合理及有效的内部控制，但在运作上没有被正确地执行

（2）按照内部控制缺陷严重程度分类（见表6-130）

表6-130　　按照内部控制缺陷严重程度分类

类型	含义
重大缺陷（实质性漏洞）	一个或多个控制缺陷的组合，可能严重影响内部整体控制的有效性，进而导致企业无法及时防范或发现严重偏离整体控制目标的情形
重要缺陷	一个或多个一般缺陷的组合，其严重程度低于重大缺陷，但导致企业无法及时防范或发现严重偏离整体控制目标的严重程度依然很大，需引起管理层关注
一般缺陷	除重要缺陷、重大缺陷外的其他缺陷

✓重要，该知识点一般与重大缺陷、重要缺陷、一般缺陷的含义、认定一起考查，爱出文字形式的选择题（考查知识点的直接还原），综合性较强。建议大致掌握。

2.内部控制认定程序与整改

对于重大缺陷或重要缺陷的整改方案，应向董事会（审计委员会）、监事会或经理层报告并审定。

①重要缺陷并不影响企业内部控制的整体有效性，但应当引起董事会和管理层的重视。

②如果出现不适合向经理层报告的情形，则应当直接向董事会（审计委员会）、监事会报告。

对于一般缺陷，可以向企业管理层报告，并视情况考虑是否需要向董事会（审计委员会）、监事会报告。

【总结】重大缺陷、重要缺陷与一般缺陷的考点罗列（见表6-131）

表6-131　**重大缺陷、重要缺陷与一般缺陷的考点罗列**

分类	性质	整改方案的报告与审定	认定
重大缺陷	严重影响内部整体控制的有效性	董事会（审计委员会）、监事会或经理层	董事会认定
重要缺陷	并不影响内部控制的整体有效性，但需引起管理层关注	董事会（审计委员会）、监事会或经理层	
一般缺陷	除重大缺陷、重要缺陷之外的其他缺陷	管理层，视情况向董事会（审计委员会）、监事会报告	

【提示】

或的意思为：如果出现不适合向经理层报告的情形，就不向经理层报告。

（五）内部控制评价报告

✓从未考查，若考查，一般以选择题方式出现，考查知识点的直接还原。建议通读，有印象即可。

1.内部控制评价报告概述（见表6-132）

表6-132　**内部控制评价报告概述**

内部控制评价报告	应当报经董事会或类似权力机构批准后对外披露或报送相关部门
关键时点	应当以12月31日作为年度内部控制评价报告的基准日，并于基准日后4个月内报出内部控制评价报告
注意事项	企业应当建立内部控制评价工作档案管理制度。内部控制评价的有关文件资料、工作底稿和证明材料等应当妥善保管

2.内部控制评价报告披露内容（见表6-133）

表6-133　**内部控制评价报告披露内容**

披露内容	《评价指引》要求企业在评价报告中至少披露以下内容： ①董事会对内部控制报告真实性的声明，实质就是董事会全体成员对内部控制有效性负责 ②内部控制评价工作的总体情况，即概要说明 ③内部控制评价的依据，一般指《内控规范》、《评价指引》及企业在此基础上制定的评价办法 ④内部控制评价的范围，描述内部控制评价所涵盖的被评价单位，以及纳入评价范围的业务事项

续表

披露内容	⑤ 内部控制评价的程序和方法 ⑥ 内部控制缺陷及其认定情况，主要描述适用于企业内部控制缺陷的具体认定标准，并声明与以前年度保持一致，同时，根据内部控制缺陷认定标准，确定评价期末存在的重大缺陷、重要缺陷和一般缺陷 ⑦ 内部控制缺陷的整改情况及重大缺陷拟采取的整改措施 ⑧ 内部控制有效性的结论，对不存在重大缺陷的情形，出具评价期末内部控制有效的结论；对存在重大缺陷的情形，不得做出内部控制有效的结论，并需描述该重大缺陷的成因、表现形式及其对实现相关控制目标的重要程度

二、企业内部控制审计

✓《内部控制审计指引》相关内容，考试一般以文字形式选择题出现，考查知识点的直接还原。

企业内部控制审计

（一）内部控制的审计要求（见表6-134）

表6-134　内部控制的审计要求

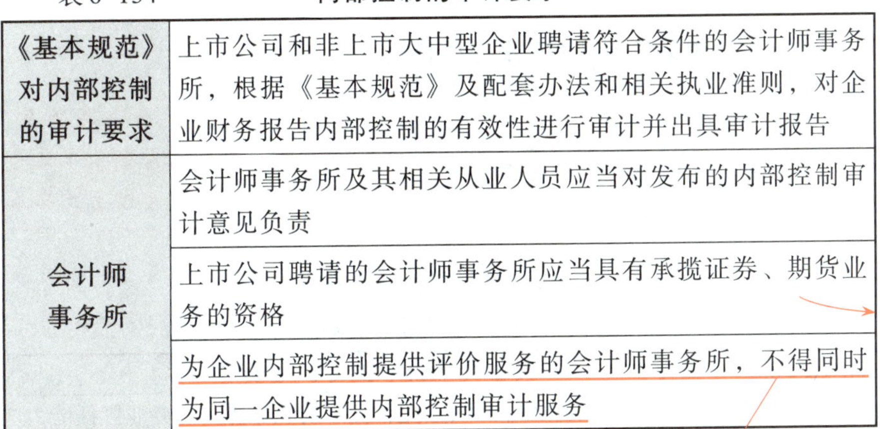

《基本规范》对内部控制的审计要求	上市公司和非上市大中型企业聘请符合条件的会计师事务所，根据《基本规范》及配套办法和相关执业准则，对企业财务报告内部控制的有效性进行审计并出具审计报告
会计师事务所	会计师事务所及其相关从业人员应当对发布的内部控制审计意见负责
	上市公司聘请的会计师事务所应当具有承揽证券、期货业务的资格
	为企业内部控制提供评价服务的会计师事务所，不得同时为同一企业提供内部控制审计服务

✓知道即可，选择题冷门考点（知识点的直接还原），以备万一。

✓再次重申，几乎每年必考！外聘会计师事务所不得同时为同一企业提供内部控制评价服务和内部控制审计服务。理解：王婆卖瓜，自卖自夸。

（二）注册会计师的责任与角色（见表6-135、表6-136）

表6-135　内部控制审计与《审计指引》相关概述

内部控制审计	会计师事务所接受委托，对特定基准日内部控制设计与运行的有效性进行审计	
《审计指引》重申	董事会的责任	建立健全和有效实施内部控制，评价内部控制的有效性
	注册会计师的责任	在实施审计工作的基础上对内部控制的有效性发表审计意见

✓选择题冷门考点，若考查，一般是知识点的直接还原，了解即可。

表6-136　　注册会计师的责任与角色详述

✓选择题较冷门考点，一般考查知识点的直接还原。建议了解即可。

责任	注册会计师要在实施审计工作的基础上，获取充分、适当的证据，对内部控制的有效性发表意见并提供合理保证	
审计对象	财务报告内部控制	注册会计师会对财务报告内部控制的有效性发表审计意见
	非财务报告内部控制	注册会计师如果在审计过程中注意到非财务报告内部控制的重大缺陷，将会在其内部控制审计报告中增加“非财务报告内部控制重大缺陷描述段”予以披露
审计方式	注册会计师可以单独进行内部控制审计，也可将内部控制审计与财务报表审计整合进行（以下简称“整合审计”）	
	在整合审计中，注册会计师应当对内部控制设计与运行的有效性进行测试，以同时实现下列目标： • 获取充分、适当的证据，支持其在内部控制审计中对内部控制有效性发表的意见 • 获取充分、适当的证据，支持其在财务报表审计中对控制风险的评估结果	

三、审计委员会在内部控制中的作用

✓每年必考的知识点，考试题型为主观题和选择题。选择题是每年必考，一般以文字描述形式出现，考查知识点的直接还原。主观题考查频率低于选择题，一般以案例形式出现，要求同学们进行改错，并说明理由。该知识点十分重要，具体备考建议将在后续具体知识点详述。

（一）审计委员会与内部控制（见表6-137）

表6-137　　审计委员会与内部控制

✓高频考点，一般考查知识点的运用，即以小案例形式出现，要求考生判断案例中的审计委员会的人员是否合理。解题思路：全部为独立、非行政董事。

组织结构	董事会下设立的专门委员会	
成员要求	负责人	应当具备相应的独立性、良好的职业操守和专业胜任能力
	成员	应全部由独立、非行政董事组成，他们至少拥有相关的财务工作经验
审计委员会的职责	概述	董事会将内部控制授权给审计委员会负责。在一般情况下，审计委员会负责整个风险管理过程，包括确保内部控制系统（财务、非财务）是充分且有效的，除非这项任务由另外的独立风险委员会或董事会承担
	详述	① 审计委员会负责审查企业内部控制，监督内部控制的有效实施和内部控制的自我评价情况，协调内部控制及其他相关事宜等 ② 审计委员会应批准年报中有关内部控制和风险管理的陈述 ③ 审计委员会也会收到管理层关于企业内运作的内部控制系统有效性的报告，以及内部或外聘审计师关于对控制所执行测试的结论的报告

✓选择题较冷门考点，通读有印象即可。

（二）审计委员会履行职责的方式（见表6-138）

表6-138　　**审计委员会履行职责的方式**

概述	审计委员会的任务会因企业的规模、复杂性及风险状况而有所不同		
履责方式详述	审计委员会关键数字	3	建议审计委员会每年至少举行三次会议，并于审计周期的主要日期举行
		1	审计委员会应每年至少与外聘及内部审计师会面一次，讨论与审计相关的事宜，但无须管理层出席
		1	审计委员会应每年对其权限及其有效性进行复核，并就必要的人员变更向董事会报告
	审计委员会主席		可能特别希望与其他关键人员（比如董事会主席、首席执行官、财务总监、高级审计合伙人和内部审计主管）进行私下会面
	审计委员会成员		审计委员会成员之间的不同意见如无法内部调解，应提请董事会解决

✓重要！高频考点，一般以文字描述形式出现，考查知识点的直接还原，着重关注数字是否正确&管理层无须出席（与审计师会面时）。

✓从未考过。【理解】内部搞不定的，往上捅（董事会下设审计委员会）。

（三）审计委员会与合规 ✓从未考过，通读有印象即可。

1.审计委员会的主要活动之一是核查对对外报告规定的遵守情况。审计委员会一般有责任确保企业履行对外报告的义务。

2.管理层的责任是编制财务报表，审计师的责任是编制审计计划和执行审计。

3.审计委员会如果对拟采用的财务报告的任何方面不满意，则应告知董事会。审计委员会还应对财务报表后所附的与财务有关的信息（例如，运营和财务复核信息及公司治理部分关于审计和风险管理的陈述）进行复核。

（四）审计委员会与内部审计

1.审计委员会 ✓选择题爱考的知识点，一般考查知识点的直接还原，建议大致掌握。

（1）确保充分且有效的内部控制是审计委员会的义务，其中包括监督内部审计部门的工作。

（2）审计委员会应监察和评估内部审计职能在企业整体风险管理系统中的角色和有效性。

（3）审计委员会应该核查内部审计的有效性，并批准对内部审计主管的任命和解聘，还应确保内部审计部门能直接与董事会主席接触，并负有向审计委员会说明的责任。

（4）审计委员会复核及评估年度内部审计工作计划。

（5）审计委员会收到关于内部审计部门工作的定期报告，复核和监察管理层对内部审计调查结果的反应，审计委员会应确保内部审计部门提出的建议已执行。

2. 内部审计

（1）内部审计活动（见表6-139） ✓选择题冷门考点，通读有印象即可。

表6-139 **内部审计活动**

内部审计职能部门	内部审计职能部门的组成取决于企业的规模、复杂性、经营活动范围和风险概况，以及董事会为审计部门分配的职责	
提示	内部审计职能可由企业内部或外部服务提供商执行	
内部审计师	独立性	审计师必须对他们所审计的活动保持独立性，这样才能自由且客观地完成工作。为保持独立性： ① 负责复核特定部门的雇员应独立于该职能部门 ② 直接将发现向董事会或其下属审计委员会报告
	权利	审计师必须拥有针对企业内的所有业务、部门及职能进行检查的权力，与企业的任何人员直接进行沟通的权力，以及使用审计工作所需的所有的记录、文档或数据的权力
	要求	审计师应具备必要的知识、技巧，并受过训练，以熟练、专业地实施审计工作，还应参与继续教育和培训

（2）内部审计师在企业中的地位（见表6-140） ✓选择题较冷门考点，可以与审计委员会相关知识点联系考查（一般为知识点的直接还原），建议大致了解。

表6-140 **内部审计师在企业中的地位**

主要作用	内部审计师的主要作用是独立且客观地复核及评价企业的活动，以维持或改善企业风险管理、内部控制及公司治理的效益与效率
报告途径	（内部审计师必须保持客观性和独立性，因此）内部审计师可向高级管理层或审计委员会报告，而不必担心受到指责
沟通	内部审计师应被允许直接与外聘审计师沟通

✓选择题冷门考点，建议通读有印象，本知识点一般与审计委员会相关知识点联系考查，辨析思路：奋斗在内部审计第一线上的，职能范围比较具体（相比于风险管理职能部门）。

（3）内部审计师的职能范围

对于内部审计部门所作的任何报告和建议，管理层均应采取相应行动，或者管理层说明尚未针对报告采取行动的原因。

内部审计的目的包括：

①评价会计、运营及行政控制的可靠性、充分性及有效性.

②确保企业的内部控制能使交易得以迅速及正确地记录，并正确地保护资产.

③确定公司是否遵循了法律法规及其自身制定的政策及管理层是否采取了适当的步骤，来应对控制的不足。

内部审计师为企业增加新产品或服务提供建设性的商业建议，而且常常在兼并、收购和转型活动中发挥作用。

内部审计部门的工作应进行适当的规划，并被复核和记录。

（4）内部审计报告 ✓几乎不考的选择题考点，通读即可。

内部审计完成后，最后一项工作即编制审计报告。通常审计报告包括工作目标、审计师已实施的程序概述、审计意见及建议。

①完成审计后，内部审计师首先要与被审计部门经理会面，审核内部审计报告草稿，更正任何不精确的信息，并与管理层的承诺和行动达成一致。

②将内部审计报告终稿提交给有责任且有权力按照建议执行任何纠正举措的管理人员。

③应进一步跟进，使内部审计师能够确定如何部署任何商定的举措，并将未来审计活动的重点放在新的领域中。跟进活动开始前，一般应首先获得审核管理层的反应，然后确认纠正措施是及时且有效的。

④审计师应及时跟进，并将结果向董事会或其下属的审计委员会报告。

（五）向股东报告内部控制 ✓暂未考过，大致了解，有印象即可，以防出选择题。

①企业董事会应维持完善的内部控制系统，以保护股东投资及公司资产安全，并将企业业绩及内部控制情况告知股东。

②董事会应对集团内部控制系统的有效性展开复核，并至少每年向股东汇报一次。

③为向股东汇报而执行的复核应涉及所有重大控制，包括财务、运营、合规控制和风险管理系统。

④年报应为股东提供有关审计委员会的工作信息。

⑤审计委员会主席应出席年度股东大会，并回答股东提出的关于审计委员会工作方面的问题。

⑥企业管理层必须就企业实施的内部控制进行汇报。董事会无法亲自实施所有的复核工作，因此，必须授权给审计委员会和内部审计部门。

智能测评

扫码听分享	做题看反馈
亲爱的同学，本章属于重点章节。本章系统介绍了内部控制的基本框架、要素，内部控制的应用（18项指引）和内部控制评价，这些内容不仅在考试中很重要，在企业管理实务中也非常重要，可以结合企业的内部管理进行理解、学习。 扫一扫二维码，来听导师的分享吧。	 学完马上测！ 请扫描上方的二维码进入本章测试，检测一下自己学习的效果。做完题目，还可以查看自己的个性化测试反馈报告。这样，在以后复习的时候，就更有针对性、效率更高啦！

附录一

注册会计师全国统一考试（专业阶段）历年真题在线练习

CPA备考，“做题”必不可少。题量无须太多，不必采取“题海战术”，但有一种题是必做，并且需要透彻掌握的，那就是历年真题。

CPA考纲和教材每年都有调整，部分真题已经不再适合直接使用，如果考生不加甄别地大量练习历年真题，很可能被一些已过时的题目所误导。

为了帮助考生更好地利用历年真题来进行备考，高顿网校CPA研究中心对2012年至今的历年真题进行了精心整理，按年份组卷，考生们可以随时随地在手机上在线练习。

“历年真题在线练习”具有如下特点：

1.根据最新考纲和教材，剔除或修改已过时的题目，排除教材修改带来的影响。

2.在线练习，即时反馈，随时随地检测学习效果。

立即开始练习真题，只需以下两步：

第一步：扫描下方二维码：

第二步：点击相应试卷，开始在线练习。

附录二

注册会计师全国统一考试（专业阶段）机考系统指导课程

自2016年开始，CPA考试全面取消纸笔作答。掌握机考的操作方法和必备技巧，对于通过考试来说，至关重要。

如果考前对机考系统没有进行充分的了解和练习，在考场上很容易因为机考环境陌生、操作不熟练、打字速度慢，浪费了很多时间，题目做不完，从而导致考试失败。

为了最大限度地帮助考生们排除上述障碍，我们特别研发了《机考系统指导课程》，全面讲解了机考的各种注意事项和操作技巧。其内容包括：

1.分题型、科目，介绍机考系统的操作方法；

2.分享独门机考技巧，如果熟练掌握，可在考试中节约出大量宝贵的时间，用于答题，提升通过几率。

如何学习这些课程呢？

第一步：扫描下方二维码，购买课程：

第二步：下载“高顿网校”APP，登录后在“学习空间”听课。

附录三

命题规律总结及备考方法建议

一、题型、题量和分值

近三年（2014—2016）“公司战略与风险管理”科目的题型、题量和分值情况如下（见附表3-1）：

附表3-1　　“公司战略与风险管理”科目考情表

题型	说明	题量	分值
单项选择题	每题1分	24	24
多项选择题	每题1.5分	14	21
简答题	4题：6分+8分+8分+8分	4	30
综合题	共1题，25分	1	25
合计	—	43	100

说明：

1.关于“英文附加分”：“简答题”中第一道分值为6分的题目，可以选择用中文或英文作答。如果该题全部以英文作答并回答正确，则可以得到附加分5分。也就是说，卷面满分为105分。

2.从历年标准来看，及格分数线为60分（具体以中注协官方公布分数为准）。

3.2017年“公司战略与风险管理”科目的考试时间为10月15日（星期日）13:30~15:30。

二、各章考情总结（见附表3-2）

附表3-2　　各章考情表

章节名称	近三年平均分值	知识难度	重要程度	说明
第一章 战略与战略管理	8.5	★	★	次重要
第二章　战略分析	17.5	★★	★★	重要
第三章　战略选择	32	★★	★★★	十分重要
第四章　战略实施	8	★★	★	较重要
第五章　风险与风险管理	15	★★	★★	重要
第六章　风险管理框架下的内部控制	19	★★★	★★	十分重要

三、命题特点总结

《公司战略与风险管理》一书（主教材）相对CPA其他教材较薄，理解难度相对而言并不大，容易让考生产生“战略非常简单，背了就能过”的错觉。但是见识过真题之后同学们就会知道它并不是想象中的那么简单。

1. 客观题：覆盖范围广，考查灵活

包括单项选择题和多项选择题。客观题考查范围广，重点与非重点都有可能涉及，要求考生对教材有全面认识。

近年来，直接考查知识点文字描述的客观题比例有所降低。多以小案例的形式出现，考查知识点的灵活运用。所以在学习中不能仅限于背诵，还需要理解相关内容。

2. 主观题：应用为主，默写为辅

包括简答题与综合题。主观题全部以案例形式呈现，考查对知识点的分析应用能力。案例长度变长、题量略微增加、考查更加灵活，是主观题的趋势和特点。因此，考生对于本科目的认识不能仅仅停留在“背了就行”的层面上。

3. 总体趋势和应对策略（见附表3-3）

附表3-3　　**总体趋势和应对策略表**

总体趋势	应对策略
趋势一：命题更加灵活	在理解记忆的同时，注重思考与分析，活学活用，才能打胜仗
趋势二：题干变长，阅读量变大	平时培养阅读习惯，多关注财经类新闻和文章，不仅可以掌握行业动态，还可以提升阅读速度，对考试大有裨益
趋势三：考试更贴近生活（例如：XX手机炸了，体现了什么类型的风险?）	做生活的有心人，不妨多阅读“大事件、大新闻”的相关报道，平时多思考，修炼到家，考试时才能稳如泰山，坚如磐石

四、备考方法建议

1. 制订合理的学习计划并严格执行

“凡事预则立，不预则废”。备考之前，一定要制订清晰、实用的学习计划。这里给大家的建议是将整个备考过程分为三个阶段：

第一阶段：基础阶段（见附表3-4）

建议学习时间：130小时~160小时。

（说明：各阶段的“建议学习时间”是高顿统计的平均数字，指投入的有效学习时间，仅供参考。请考生根据自己的实际情况，制订个人学习计划。）

附表 3-4　　基础阶段计划表

目标	建立知识框架，打好基础，攻克客观题
内容	通读教材，听课辅助理解，按章做题
方法	本阶段应以章为单位，借助网课和真题，将教材整体通读理解，步步为营，打好基础 第一步：通读教材 将官方教材细致通读，不需要搞清楚哪些是重点，哪些是非重点，全部都一视同仁，囫囵吞枣先过一遍。此时无须刻意记忆，对知识点不能全部弄明白也没关系，但是一定要对教材整体知识架构有所了解，对知识点有大致印象，能建立简单的知识框架 第二步：听课辅助理解 在通读教材的同时，需要通过听课来辅助理解。在老师讲解的基础上，通过思考、自我举例等，搞清楚每一个知识点的内容。由于仍处于基础阶段，对于教材所有知识点要求全面理解，不能厚此薄彼。注意：此时不推荐同学们记忆主观题考点 第三步：整章练习 每学习完一章的知识点之后，即进行整章练习。本阶段应以选择题为主，推荐使用历年真题。集中练习客观题，一方面可以熟悉命题形式，另一方面可以回顾复习知识点，以加深理解和记忆，培养灵活运用知识点的能力 针对错题，一定要用专门的错题本记录下来，并加以反复练习和思考，直至完全弄懂 综上，通过“三步走”的学习方法完成基础阶段的学习后，应当足以应对考试的选择题部分

第二阶段：强化阶段（见附表 3-5）

建议学习时间：35 小时~45 小时

附表 3-5　　强化阶段计划表

目标	主观题专项突破
内容	记忆主观题知识点，按章练习主观题
方法	在本阶段，要着重针对可以考查主观题的知识点，在理解的基础上加以记忆。记忆时，抓住关键字，理清内在逻辑会让背诵更加轻松 背诵完成后，仍然以章节为单位，进行主观题练习。此时，使用历年真题帮助同学们培养题感，在做主观题的过程中还需要揣摩解题套路 强化阶段完成后，考生足以应对考试的主观题部分

第三阶段：冲刺阶段（见附表3-6）

建议学习时间：35小时~45小时

附表3-6　　冲刺阶段计划表

目标	熟悉机考，培养考感，查缺补漏
内容	套卷模拟测试，整体回顾复习
方法	考前一点时间，还需要好好“磨刀” 在这段时间里，套卷练习必不可少。注意，整卷练习是需要在完全模拟考试的环境中进行的，因此需要遵守考试时间（2个小时），也需要使用机考环境。试卷完成后必须进行反思，查缺补漏。这样才能在最后的一点时间内有效提分 除此之外，要以每章的知识框架为脉络，将学习过程中自己总结的重难点知识、高频考点再次整体回顾一遍，并翻开错题本，对相关考点再次巩固温习 冲刺阶段完成后，你就可以从容步入考场，成功已经在向你招手了

2. 考试时间合理分配

“公司战略与风险管理”科目的考题题干长、主观题文字输入量大，而考试时间只有2小时，时间是非常紧张的。所以在平时的练习中就要注意提高答题效率、练习快速打字，在考试中将有限的时间合理分配给各种题型，通关的几率就会大大提升。

考霸讲师建议，考试中各个题型的时间分配如下（见附表3-7），在平时的学习过程中也可以参考这个时间标准来训练自己的答题速度。（仅供参考，请考生根据自己的实际情况确定）

附表3-7　　考试时间分配表

题型	题量	分值	考试时间分配建议	
单项选择题	24	24	18分钟	45秒/题
多项选择题	14	21	22分钟	90秒/题
简答题	4	30	40分钟	10分钟/题
综合题	1	25	40分钟	40分钟/题
合计	43	100	120分钟	

了解了考试的命题规律和备考方法建议，接下来，就请你严格执行学习计划，一步一个脚印，千万不要轻易放弃。

CPA考试是一场马拉松，胜利属于坚持到最后的人！